SOCIAL WELFARE
FAILURE STUDIES

사회복지 실패학

김성철 저

양 성 원

머리말

복지국가라는 이름 아래 우리는 쉼 없이 달려왔습니다. 제도는 늘어났고, 예산은 확대되었으며, 복지를 말하는 담론은 곳곳에 퍼졌습니다. 그러나 과연 우리는 제대로 가고 있었던 것일까요? 여전히 누군가는 복지의 문턱에 서서 기다리고 있고, 누군가는 그 문턱조차 인식되지 못한 채 사각지대에서 고통받고 있습니다. 심지어 복지를 제공받는 이조차도 종종 좌절과 상처를 이야기합니다.

이 책은 바로 그 불편한 진실에서 시작되었습니다.

『사회복지실패학』은 사회복지를 비판하거나 해체하기 위한 책이 아닙니다. 오히려 그 누구보다 복지를 사랑하기에, 복지의 실패를 정직하게 마주하고자 쓴 책입니다. 실천가의 양심과 학자의 성찰, 그리고 시민의 책임을 담아, 지금까지 우리가 지나온 복지의 길을 돌아보고, 앞으로 나아갈 방향을 함께 고민하고자 합니다.

복지는 인간의 존엄을 지키는 최후의 보루입니다. 그렇기에 그 실패는 단지 행정이나 제도의 문제가 아니라, 인간에 대한 이해와 공동체에 대한 철학이 무너졌다는 신호이기도 합니다. 돌봄이 시스템이 되고, 관계가 숫자로 환산되며, 정책이 절차로만 전락한 곳에서 복지는 본래의 얼굴을 잃어버립니다. 이 책은 그 잃어버린 얼굴을 되찾고자 하는 간절한 시도입니다.

그러나 실패를 마주한다고 해서 낙담할 필요는 없습니다. 오히려 그 실패야말로 우리에게 새로운 길을 열어주는 출발점이 될 수 있습니다. 본서는 그 대안으로서 NPO경영학을 제안합니다. 시장도, 국가도 온전히 감당하지 못하는 복합적 사회문제를 해결하기 위해선, 제3의 영역인 비영리조직의 창의성과 유연성, 그리고 공공성을 기반으로 한 전략적 접근이 절실합니다. 사회적 가치와 공동체 회복을 중심에

둔 NPO 경영은 오늘의 위기를 넘어 내일의 희망으로 가는 중요한 다리가 될 것입니다.

이 책은 기존의 사회복지학을 보완하고 확장하는 이론서이자, 동시에 현실에 뿌리내린 실천서입니다. 학문과 현장의 언어를 잇고자 하였으며, 통계보다 삶을, 논리보다 진심을 담으려 애썼습니다. 혼자서 집필하는 과정은 때때로 외롭고 무거웠지만, 그 과정 내내 곁에서 응원해준 수많은 실천가들의 목소리와 현장의 기록들이 큰 힘이 되어주었습니다. 이 책은 결국 그들의 땀과 눈물 위에 세워진 것입니다.

아울러 이 책의 기획과 출간을 흔쾌히 수락해주신 도서출판 양성원의 모든 편집진께도 깊은 감사의 마음을 전합니다. 복지의 실패를 다룬다는 민감하고도 절실한 주제를 출판의 사명으로 받아들여주셨고, 마감의 압박 속에서도 문장 하나하나에 진심을 담아주셨습니다. 책이 책으로 존재할 수 있게 해주신 이들의 헌신이 있었기에 오늘 이 글이 세상에 나오게 되었습니다.

이제 이 책을 독자 여러분께 조심스레 내어놓습니다. 이 책이 사회복지의 실패를 반추하는 도구로 그치지 않고, 복지의 본질을 회복하고, 새로운 실천을 위한 나침반이 되기를 바랍니다. 각자의 자리에서 이 책을 읽는 독자들이, 단지 '무엇을 할 것인가'를 넘어서, '왜 우리는 이 일을 하는가'라는 질문과 마주하게 되길 소망합니다.

『사회복지실패학』은 마침표가 아니라, 다시 묻고 다시 시작하자는 '느린 선언'입니다. 혼자 꾸는 꿈이 아니라, 함께 가야 할 길입니다. 한국 사회복지의 어제와 오늘을 성찰하며, 내일을 새롭게 써 내려가고자 하는 모든 이들과 이 책이 깊은 대화를 나누길 바랍니다.

2025년 9월

김성철

사회복지실패학: 실패를 통해 배우는 사회복지의 교훈

사회복지의 궁극적인 목표는 인간의 존엄성과 삶의 질을 향상시키는 데 있으며, 이를 위한 중요한 수단으로 사회적 안전망 구축이 요구된다. 그러나 복지 정책과 서비스가 기대만큼의 효과를 발휘하지 못하는 경우가 많으며, 이는 사회적 불평등과 갈등을 심화시키는 요인이 되기도 한다.

사회복지 실패는 단일한 원인보다는 복합적이고 구조적인 요인에서 기인한다. 정책 설계 단계에서의 현실 반영 부족, 전달체계의 비효율, 행정적 한계, 현장의 제약, 그리고 공공과 민간 간의 협업 부재 등 다양한 층위에서 복지 서비스의 실효성이 저하된다. 특히 복지 사각지대의 발생, 자원의 불균형한 분배, 지원의 비효율성 등은 사회적 취약계층이 더욱 어려운 환경에 처하게 되는 중요한 원인으로 작용한다. 이러한 문제들은 단순한 정책 실패나 행정 착오를 넘어서, 사회복지제도 전반의 지속 가능성과 신뢰성을 저해하는 구조적 한계로 인식될 필요가 있다.

최근에는 사회복지 실천 실패가 단지 정책 · 행정 영역의 문제가 아니라, 지식 생산 체계와도 밀접하게 연관되어 있음이 주목받고 있다. 정영미(2024)는 연구자가 부실학술지에 결과를 발표하거나, 검증되지 않은 정보를 인용하는 사례가 증가함에 따라 연구윤리가 훼손되고 복지정책의 신뢰 기반이 약화된다고 지적하였다. 이는 복지정책의 근거로 활용되는 연구 결과물의 신뢰성과 정확성, 학술 생태계의 건강성이 실천 현장에 직 · 간접적 영향을 미치고 있음을 시사한다.

본서는 이러한 사회복지 실패 사례를 체계적으로 분석하고, 실패의 원인을 심층적으로 고찰함으로써 보다 효과적인 사회복지 실천 방안을 모색하는 데 목적이 있다. 13주에 걸쳐 다양한 사회복지 실패 사례를 다루며, 각 주제별로 정책적, 제도적, 운영적 측면에서의 문제들을 구체적으로 살펴보고자 한다. 아울러 해외 사례와의 비교 분석을 통해 우리 사회에 적용 가능한 대안을 제시하고, 지속 가능한 복지 시스템 구축을 위한 전략을 제안한다.

이 책은 단순히 복지제도의 한계를 지적하는 데 그치지 않고, 실패를 통하여 배우는 경험을 공유하고자 한다. 실패는 좌절의 표지가 아니라, 보다 나은 대안을 설계하고 혁신적인 복지 모델을 구축하는 데 중요한 자원이 될 수 있다. 따라서 본서는 정책 결정자, 사회복지 실무자, 연구자뿐만 아니라 사회복지에 관심 있는 일반 시민들에게도 유익한 통찰과 성찰의 기회를 제공할 것이다.

사회복지 실패를 직시하고, 이를 개선하기 위한 노력과 분석이 계속될 때 우리는 보다 공정하고 지속 가능한 복지 체계를 설계할 수 있을 것이다. 이를 위해 단기적 처방이 아닌 장기적 비전과 실천 중심의 연구가 병행되어야 하며, 정부, 민간, 지역사회 간의 유기적인 협력체계가 요구된다. 본서를 통해 사회복지 실패를 극복하고, 한국형 지속가능 복지모델 구축을 위한 실천적 해법을 함께 모색하고자 한다.

차 례

Chapter

01

사회복지 실패란 무엇인가?

1. 사회복지 실패의 개념

사회복지 실패란 사회복지 정책과 서비스가 국민의 삶의 질 향상이라는 목표를 달성하지 못하거나, 오히려 부작용을 초래함으로써 그 기능을 충분히 수행하지 못하는 상태를 의미하며(윤홍식, 2024; 김기룡, 2025), 이러한 현상은 단순한 정책 집행의 오류를 넘어 사회구조적 모순, 정책 설계의 한계, 전달체계의 비효율, 제도화 과정의 문제 등 복합적인 요인에서 비롯된다(강철희 외, 2024).

2. 사회복지 실패의 유형

1) 정책 실패

사회복지 정책이 현실과 괴리되거나 제도적 미비로 인해 작동하지 못하는 경우로, 이는 설계 단계에서 현실성이 부족하거나 실행 중 예상치 못한 장애 요인이 발생해 나타난다(김기룡, 2024).

(1) 잘못된 정책 설계

정책이 사회 변화와 복지 대상자의 요구를 반영하지 못하면 지원의 한계가 발생하며, 피드백과 평가 체계 부족은 효과를 지속적으로 저하시킨다. 예를 들어, 기초생활보장제도의 부양의무자 기준은 지원이 필요한 사람을 배제시키는 문제를 초래한다.

(2) 법 · 제도적 미비

복지 정책의 법적 근거 부족은 제도의 실효성을 약화시키며, 법 개정 지연이나 이해관계자 간 합의 부족은 정책 실행을 늦추는 원인이 된다. 예를 들어, 장애인 이동권 보장법은 제정되었지만 서비스 부족으로 권리가 보장되지 않는 사례가 있다.

(3) 예산 배분 및 운영 미비

정책은 마련되었지만 예산 부족은 실행의 어려움을 초래하며, 특정 지역이나 계층에 편중될 경우 형평성 문제가 발생한다. 예를 들어, 지역 아동센터 운영 예산 축소는 돌봄 서비스의 부족으로 이어질 수 있다.

2) 제도적 실패

사회복지 전달체계의 비효율성은 수혜자 지원 부재를 초래하며, 공공-민간 협력 부족, 행정 절차의 복잡성, 정보 공유 부족 등이 주된 원인이다(강철희 외, 2024).

(1) 사회복지 전달체계의 비효율성

복지 서비스가 중복되거나 누락되며, 행정 절차 지연으로 인해 필요한 지원이 적시에 전달되지 못한다. 예를 들어, 한부모 가정의 지원금이 여러 기관에서 관리되며 중복 지원, 대상자 누락 문제가 발생한다.

(2) 긴급 지원의 지연

긴급 상황에도 행정 절차가 복잡해 필요한 지원이 지연되고, 일률적인 기준은 개별 상황 반영이 어려워 지원 실효성이 낮아진다. 예를 들어, 실직 가구의 긴급 생계비가 심사 지연으로 몇 달 후에야 지급되는 사례가 있다.

(3) 공공기관 간 협력 부족

복지 행정 기관 간 정보 공유 부족과 중앙-지방 역할 불명확성으로 서비스 중복 · 지연 · 공백 문제가 발생하며, 특히 노인 복지와 의료 서비스의 통합 부재로 요양 지원 지연 사례가 증가하고 있다.

3) 운영 및 행정 실패

관료적 비효율성과 재정 부족으로 사회복지 서비스의 실질적 기능이 저해되며, 이는 복지 행정의 구조와 인력 운영상의 한계에서 발생한다(박정훈 외, 2024).

(1) 과도한 행정 절차

복지 신청 과정이 복잡해 대상자가 혜택을 받기 어렵거나 포기하는 사례가 있다. 전산화 부족으로 수작업 처리 중심의 행정은 비효율을 초래한다. 예를 들어, 한부모 가정이 복지 신청을 위해 여러 부처를 방문하고 복잡한 서류 절차로 포기하기도 한다.

(2) 복지 자원의 비효율적 사용

중복 지원과 행정 비용 증가로 예산이 비효율적으로 소모되는 문제가 있다. 성과 평가 부족으로 효과 낮은 프로그램이 지속되는 문제도 나타난다. 예를 들어, 동일한 대상자가 중복 지원을 받는 반면, 다른 대상자는 지원에서 누락되는 사례가 있다.

(3) 재정적 지속 가능성 부족

단기 예산 지원에 의존해 지속적이고 안정적인 복지 서비스 제공이 어렵다. 복지 재원 확보 부족으로 정책의 지속성이 떨어지는 문제도 있다. 예를 들어, 청년 구직 지원 프로그램이 몇 년 만에 예산 부족으로 중단되는 경우가 있다.

4) 사회적 실패

복지서비스가 역효과를 초래해 수혜자의 자립을 저해하거나 복지 의존성을 강화하는 경우를 말하며(강민영 외, 2024), 복지 제도가 자립 지원에 실패할 때 발생한다.

(1) 복지 의존성 증가

복지 수혜자가 복지 혜택에 지속적으로 의존하며 경제적 자립이 어려워지고, 이러한 경험이 세대를 넘어 대물림되면서 자립 의지가 약해질 수 있으며, 예를 들어 실업급여를 반복적으로 받으며 적극적인 구직 활동을 하지 않는 사례가 있다.

(2) 낙인 효과

복지 수혜자는 사회적으로 낙인찍혀 자존감이 낮아지고 사회적 참여가 위축되며, 복지 수혜자에 대한 사회적 편견이 강화되고, 기초생활수급자 자녀가 '복지 대상자'라는 이유로 학교에서 차별을 받는 사례가 있다.

(3) 불평등 심화

특정 계층이 복지 혜택을 받지 못하거나 일부에만 편중되어 사회적 불평등이 심화되고, 정책이 일부에 집중되며 계층 간 격차가 커지고, 도시 지역은 다양한 복지

서비스를 받지만 농어촌 지역은 접근성이 낮아 불균형이 발생한다.

3. 사회복지의 목표와 기대

1) 빈곤 완화

빈곤은 단순히 경제적 문제를 넘어 인간의 존엄성과 권리를 침해하는 사회적 문제로 인식되고 있다. 이에 따라 국가와 사회는 저소득층이 최소한의 생활을 유지하며 자립할 수 있도록 다각적인 지원체계를 마련해 왔다.

(1) 현금 지원 및 생계 보장

현금 지원과 생계 보장 제도는 저소득층의 기본적인 생활 유지와 위기 극복을 지원하기 위한 핵심 정책이다. 아래에서는 이러한 목적을 달성하기 위해 시행되는 주요 제도에 대한 유형을 제시한다.

① **기초생활보장제도**: 소득이 최저생계비 이하인 가구에 생계급여, 주거급여, 교육급여, 의료급여 등을 제공하여 기본적인 생활을 유지할 수 있도록 지원한다.

② **긴급복지지원제도**: 갑작스러운 실직이나 재난으로 인해 생계가 어려운 가구에 한시적으로 지원을 제공하여 위기 상황을 극복할 수 있도록 돕는다.

③ **저소득층 에너지 바우처**: 저소득층 가구의 난방 및 전기 요금 부담을 덜어주기 위해 에너지 바우처를 지급한다.

(2) 고용 및 자립 지원

고용 및 자립 지원 제도는 저소득층과 청년층이 경제적 자립을 이루고 안정적인 고용 기회를 확보할 수 있도록 지원하기 위한 핵심 정책이다. 아래에서는 이러한 목적을 달성하기 위해 시행되는 주요 제도의 유형을 제시한다.

① **자활근로사업:** 저소득층에게 근로 기회를 제공하고, 직업 훈련을 지원하여 경제적 자립을 촉진한다.

② **취업성공패키지:** 실업자와 저소득층을 대상으로 단계별 맞춤형 취업 지원 서비스를 제공하며, 상담, 직업훈련, 일자리 연계를 통해 안정적인 취업을 지원한다.

③ **청년내일채움공제:** 중소기업에 취업한 청년들이 일정 기간 근속하면 목돈을 마련할 수 있도록 지원하여 장기적인 고용 안정성을 유도한다.

(3) 주거 지원

주거 지원 제도는 저소득층의 주거 안정성을 보장하고 주거비 부담을 경감하기 위한 핵심 정책이다. 아래에서는 이러한 목적을 달성하기 위해 시행되는 주요 주거 지원 제도의 유형을 제시한다.

① **공공임대주택:** 저소득층을 위한 저렴한 주택을 공급하여 안정적인 주거 환경을 제공한다.

② **주거급여:** 주거비 부담이 높은 가구에 임대료를 지원하여 주거 안정성을 보장하며, 주거 환경 개선을 위해 수선유지비도 함께 지원한다.

③ **전세보증금 지원 사업:** 무주택 저소득층이 전세주택을 마련할 수 있도록 저금리 대출을 지원하여 주거 비용 부담을 완화한다.

2) 건강 증진

건강 증진 정책은 국민의 건강 보호와 의료비 부담 완화를 위해 공공의료 서비스와 취약계층 지원을 통해 의료 접근성을 높이고 건강권을 보장한다.

(1) 공공의료 서비스 제공

공공의료 서비스 제공은 국민의 건강권을 보장하고 의료비 부담을 완화하기 위한 핵심 정책이다. 아래에서는 이러한 목적을 달성하기 위해 시행되는 주요 공공의료 서비스 제도의 유형을 제시한다.

① **건강보험제도**: 전 국민이 건강보험에 가입하여 의료비 부담을 경감한다.

② **의료급여제도**: 경제적으로 어려운 계층에게 무상 또는 저비용으로 의료 서비스를 제공한다.

③ **지역 보건소 운영**: 예방접종, 건강검진, 만성질환 관리 등의 의료 서비스를 저렴한 비용으로 제공한다.

(2) 취약계층을 위한 건강관리 지원

취약계층을 위한 건강관리 지원은 노인, 장애인, 산모 등 사회적 약자의 건강권을 보장하고 의료 서비스 접근성을 강화하기 위한 핵심 정책이다. 아래에서는 이러한 목적을 달성하기 위해 시행되는 주요 건강관리 지원 제도의 유형을 제시한다.

① **노인 장기요양보험제도**: 거동이 불편한 노인들에게 재가 서비스(방문 요양, 방문 간호) 및 시설 서비스를 제공하여 일상생활을 지원한다.

② **장애인 의료비 지원**: 장애인의 재활 치료 및 의료 접근성을 보장하기 위한

지원 프로그램을 운영하여 건강권을 보호한다.

③ **산모 · 신생아 건강관리 지원:** 경제적 취약계층의 산모와 신생아를 대상으로 출산 전후 건강관리를 지원하여 산모와 신생아의 건강 증진을 돕는다.

3) 교육 기회 제공

경제적 어려움으로 인한 교육 기회 박탈을 방지하고자 무상교육, 장학금, 방과 후 교육, 특수교육 지원 등 교육 복지 정책이 시행되어 취약 계층 아동과 청소년의 학습권을 보장한다.

(1) 무상교육 및 장학금 지원

무상교육 및 장학금 지원 제도는 교육의 기회 균등을 보장하고, 저소득층과 학습자의 교육비 부담을 완화하기 위한 핵심 정책이다. 아래에서는 이러한 목적을 달성하기 위해 시행되는 주요 무상교육 및 장학금 지원 제도의 유형을 제시한다.

① **교육급여:** 저소득층 가정의 학생들에게 교재비, 학용품비 지원을 통해 교육비 부담을 완화한다.

② **국가장학금:** 대학생을 대상으로 소득 수준에 따라 등록금을 차등 지원하여 고등교육 접근성을 확대한다.

③ **고교 무상교육:** 고등학생에게 등록금, 교과서비, 학교 운영비 등을 지원하여 학업 지속성을 높인다.

(2) 방과 후 및 대안 교육 프로그램

방과 후 및 대안 교육 프로그램은 저소득층 아동과 학업 중단 청소년이 학습과 돌봄의 기회를 잃지 않도록 지원하는 핵심 정책이다. 아래에서는 이러한 목적을 달성하기 위해 시행되는 주요 방과 후 및 대안 교육 프로그램의 유형을 제시한다.

① **방과후학교 지원**: 저소득층 아동이 방과 후에도 학습과 돌봄을 받을 수 있도록 다양한 교육 및 문화 프로그램을 운영한다.

② **학교 밖 청소년 지원센터(꿈드림)**: 학업을 중단한 청소년을 위한 상담 및 직업 훈련 프로그램을 제공하여 자립을 돕는다.

③ **지역아동센터 지원**: 방과 후 돌봄이 필요한 아동들에게 학습 지원, 급식, 정서 지원 프로그램을 제공한다.

(3) 특수교육 및 장애 아동 지원

특수교육 및 장애 아동 지원은 장애 아동과 저소득층 가정의 유아가 차별 없이 교육받고 학습권을 보장받을 수 있도록 지원하는 핵심 정책이다. 아래에서는 이를 위해 시행되는 주요 지원 제도의 유형을 제시한다.

① **특수교육 지원센터**: 장애 아동에게 맞춤형 교육 및 치료 지원을 제공하여 학습권을 보장한다.

② **유아교육 바우처**: 저소득층 가정의 유아가 양질의 교육을 받을 수 있도록 바우처를 지원한다.

③ **장애아동 통합교육 지원**: 일반학교에서 장애 아동과 비장애 아동이 함께 학습할 수 있도록 교육 환경을 조성하고, 개별 맞춤형 지원을 제공한다.

4) 취약 계층 보호

장애인, 노인, 아동 등 사회적 취약계층이 안전하고 안정적인 생활을 유지할 수 있도록 보호 및 지원이 제공된다.

(1) 아동 보호 및 복지 서비스

아동 보호 및 복지 서비스는 아동의 안전과 권리를 보장하고, 가정 내외에서 적절한 돌봄을 받을 수 있도록 지원하는 핵심 정책이다. 아래에서는 이를 위해 시행되는 주요 아동 보호 및 복지 서비스의 유형을 제시한다.

① **아동학대 예방 및 보호**: 학대 피해 아동을 위한 쉼터 및 상담 서비스를 제공하여 신속한 보호 조치를 지원한다.

② **보육료 지원**: 저소득층 가정을 위한 어린이집 이용료를 지원하여 보육 서비스 접근성을 높인다.

③ **입양 및 위탁 보호 지원**: 가정에서 보호받지 못하는 아동에게 입양 및 위탁 가정을 연계하고 경제적 지원을 제공한다.

(2) 노인 복지 및 돌봄 서비스

노인 복지 및 돌봄 서비스는 고령층의 생활 안정과 사회적 참여를 지원하고, 신체적·정서적 돌봄을 통해 건강하고 존엄한 노후를 보장하기 위한 핵심 정책이다. 아래에서는 이를 위해 시행되는 주요 노인 복지 및 돌봄 서비스의 유형을 제시한다.

① **기초연금**: 일정 연령 이상의 노인에게 매월 연금을 지급하여 기본적인 생활을 지원한다.

② **경로당 및 노인복지관 운영**: 노인들의 사회적 교류와 여가활동을 지원하여 정서적 안정과 사회적 참여를 증진한다.

③ **노인맞춤돌봄서비스**: 독거노인 및 취약 노인을 대상으로 가정방문을 통한 생활지원 및 건강관리 서비스를 제공한다.

(3) 장애인 복지 서비스

장애인 복지 서비스는 장애인의 자립과 사회 참여를 지원하고, 경제적 부담 완화와 이동권 보장을 통해 차별 없는 삶을 실현하기 위한 정책이다. 아래에서는 이러한 목적을 달성하기 위해 시행되는 주요 장애인 복지 서비스의 유형을 제시한다.

① **장애인 활동 지원**: 장애인의 독립적인 생활을 돕기 위해 활동보조인을 지원하고, 자립을 촉진하는 환경을 조성한다.

② **장애인연금**: 중증 장애인의 생활 안정을 위해 경제적 지원을 제공하여 기본적인 생계를 보장한다.

③ **장애인 이동권 보장 지원**: 장애인의 이동 편의를 위해 장애인 콜택시 운영, 저상버스 확대, 교통비 지원 등을 포함한 이동권 보장 정책을 시행한다.

4. 실패를 바라보는 다양한 관점

1) 정책학적 관점

정책학적 관점에서는 복지 정책의 기획, 실행, 평가 과정에서 발생하는 문제를 분석하며, 이러한 오류는 복지 제도의 실패로 이어질 수 있다(윤홍식, 2024).

(1) 정책 기획 및 설계의 한계

복지 정책의 목표 설정과 기획 과정에서 사회 변화와 대상자의 요구가 충분히 반영되지 않으면 실효성이 떨어지고, 이해관계자 간 협의 부족과 단기 성과 중심의 목표 설정은 실패의 원인이 되며, 이는 정치적 목적과 단기 성과를 우선시한 정책 설계로 이어진다

(2) 의도적 실패 전략

정부나 정책 결정자가 정치적 이유로 복지 정책을 축소하거나 실행을 지연하는 경우가 있다. 특정 정권의 복지 축소 기조에 따라 기존 정책이 후퇴하는 사례도 있다. 예를 들어, 사회보장 예산 삭감으로 장애인 지원 정책이 충분히 실행되지 않는 경우가 있다

(3) 정부의 복지 책임 회피

정부가 복지 사각지대 문제를 해결할 역량이 부족하거나, 책임을 민간에 떠넘기는 경우가 있다. 민간 복지 기관에 의존해 정부가 직접 책임을 지지 않는 문제도 나타난다. 예를 들어, 기초생활보장제도 대상 확대가 필요하지만 재정 부담으로 개

선이 이루어지지 않는 경우가 있다(김석동, 2024).

2) 경제학적 관점

경제학적 관점에서는 복지 정책이 지속 가능하게 운영되기 위한 재정적 고려와 효율성을 분석한다(홍석철, 2024). 복지 지출이 국가 재정과 경제 성장에 미치는 영향도 중요한 요소이다.

(1) 재정 부담과 지속 가능성

복지 정책의 지속 가능성을 확보하기 위해서는 장기적인 재정 계획과 경제 성장에 미치는 영향을 함께 고려해야 한다. 과도한 재정 부담은 복지 제도의 장기 운영을 어렵게 만드는 원인이 될 수 있다. 예를 들어, 연금제도가 적절한 재정 조달 없이 운영되면 인구 고령화로 인해 재정이 고갈되는 문제가 발생한다.

(2) 비용-편익 분석(cost-benefit analysis)의 필요성

정책의 경제적 효과를 검증하기 위해 재정 투입 대비 성과를 평가하는 비용-편익 분석이 필수적이다. 복지 지출이 단순한 예산 소모가 아니라 생산성을 높이는 요소로 작용할 수 있는지를 분석해야 한다. 예를 들어, 아동수당 정책이 아동의 교육 성취도와 경제 활동 참여율을 높이는지를 평가해야 한다.

(3) 복지와 노동시장 간의 상호작용

복지 정책이 노동시장에 미치는 영향을 고려하여, 과도한 혜택이 근로 의욕을 저해하지 않도록 해야 한다. 복지가 노동 공급에 미치는 영향을 면밀히 분석하고, 근로 장려 정책과 연계해 설계하는 것이 중요하다. 예를 들어, 실업급여 지급 기간이 길어질수록 구직 활동이 늦어지고 노동 공급이 감소하는 문제가 발생할 수 있다.

3) 사회학적 관점

사회학적 관점에서는 복지 정책이 사회적 형평성 및 계층 간 격차 해소에 미치는 영향을 분석하며, 특정 계층에만 유리하거나 사회적 낙인을 초래할 경우 실패로 평가된다(조정민 외, 2024).

(1) 복지의 형평성 문제

복지 수혜자가 낙인과 차별을 받으면 자존감과 사회 참여 의지가 위축되며, 기초생활수급자 자녀의 학교 내 차별처럼 지원 대상자가 오히려 소외되는 문제를 초래해 사회 인식 개선이 필요하다.

(2) 사회적 낙인 효과

복지 수혜자가 낙인과 차별을 경험하면 자신의 상황을 숨기고 지원을 꺼리며, 기초생활수급자 자녀의 학교 내 차별 사례처럼 편견을 심화시키므로, 수혜자 존중과 차별 해소를 위한 인식 개선이 필요하다.

(3) 복지를 기본 권리로 인식하는 문화 형성

복지는 시혜적 지원이 아닌 국민의 기본 권리라는 인식이 필요하다. 복지를 권리로 바라보는 사회 분위기가 조성될 때 정책의 안정성도 높아진다. 예를 들어, 스웨덴은 복지를 국가의 의무로 인식하며 시민들이 정책을 지지하고 참여한다.

4) 사회복지 실패 분석의 중요성

사회복지 실패는 정책학, 경제학, 사회학적 분석을 통해 원인을 파악하고 개선하여, 모든 시민이 인간다운 삶을 영위할 수 있도록 지속 가능한 복지 체계를 구축하는 것이 중요하다.

(1) 정책 개선 및 보완의 기회 제공

실패 사례 분석은 정책 개선 기회를 제공하고 실효성을 높이며, 정기적인 평가·수정 체계 필요성을 강조하며, 복지 사각지대 해소를 위해 데이터 기반 복지 행정을 도입한 사례가 있으며, 이는 복지 정책의 지속적 발전에 기여한다.

(2) 사회적 신뢰 회복

복지 정책이 평가와 개선을 통해 지속적으로 발전할 때 국민의 신뢰와 정책 참여도가 높아진다. 복지 정책의 투명성이 보장되면 국민적 지지도 함께 높아질 수 있다. 예를 들어, 공정한 복지제도 운영은 국민들이 세금 납부를 긍정적으로 인식하게 만든다.

(3) 혁신을 통한 미래 복지 체계 구축

실패 사례를 교훈 삼아 혁신적인 방법을 도입해 지속 가능한 복지 모델을 구축해야 하며, 디지털 기술과 AI를 활용해 데이터 기반 복지 시스템을 도입해 복지 효과성을 높이는 것이 중요하다.

5. 최근 사회복지 실패 사례 분석과 시사점

1) 사회복지사의 조직침묵과 이직

사회복지사의 조직침묵은 위계적이고 경직된 조직문화에서 발생하며, 이는 직무 만족과 이직 의도를 저해하고 현장 실천의 질을 약화시키므로 안전한 소통 환경과 민주적 조직문화 조성이 필요하다.

(1) 조직문화와 침묵의 형성

위계적이고 경직된 조직문화는 사회복지사의 의견 표현을 위축시키고, 방어적 · 순응적 침묵을 유발한다. 이러한 침묵은 조직 내 소통을 제한하고 업무 효율성을 저해하는 요인이 된다(송현진, 2023).

(2) 조직침묵의 부작용

조직침묵은 사회복지사의 직무 만족을 저하시키며, 업무 스트레스 증가와 이직 의도를 높이는 부정적 결과를 초래한다. 특히 불합리한 정책과 업무 과중 문제를 개선할 기회를 놓치게 만든다.

(3) 개선 필요성

소통 친화적 환경을 조성하고, 의견을 안전하게 표현할 수 있는 문화를 형성하며, 이를 위한 리더십의 역할 강화와 조직 내 의사소통 구조 개선이 필요하며, 이를 통해 사회복지사의 직무 만족과 업무 효율성을 높여야 한다.

2) 비판적 실천 부재와 조직문화

비판적 실천은 권리 옹호와 불평등 해소를 위한 활동이나, 권위주의와 자율성 부족, 갈등과 고립으로 실현이 어렵고, 실천 위축과 소통 부재로 복지 실천의 질이 저하되며, 안전한 의견 개진과 민주적 리더십이 필요하다.

(1) 비판적 실천의 어려움

비판적 실천은 클라이언트 권리 옹호와 불평등 해소를 목표로 하지만, 현장에서는 경직된 조직문화, 자율성 부족, 자원 부족, 실천가의 권리의식 위축 등으로 인해 실현이 어렵고 지속 가능한 실천 환경 조성이 필요하다.

(2) 제약 요인

상급자와의 갈등, 인사상 불이익, 조직 내 고립 등 권위주의적 조직문화는 실천가의 자율성과 전문성을 억압하며, 이러한 환경은 비판적 목소리를 제한하고 실천 현장의 변화를 어렵게 만든다(김성천 & 김수경, 2020).

(3) 실천의 중요성

비판적 실천의 자율성과 전문성을 강화하려면 개방적이고 안전한 의견 교환이 가능한 조직문화, 현장 실천의 맥락을 존중하는 리더십, 실천가의 권리 보호를 위한 제도적 지원이 필요하다.

3) 자원개발 전략 실패

사회복지시설의 자원개발 실패는 단순한 후원 부족 문제가 아니라 지속 가능한 운영을 저해하는 구조적 문제로, 후원자 관리와 지역사회 연계, 전략적 접근의 부재가 원인이다. 이를 극복하기 위해서는 체계적 전략과 실행이 필요하다.

(1) 자원개발의 필요성

자원개발은 단순한 후원금 유치가 아니라 기관의 사명과 비전을 실현하며, 안정적인 서비스 제공과 운영 기반 마련을 위해 필수적인 핵심 전략으로서, 사회복지시설의 지속가능성은 이러한 자원개발 역량에 크게 의존한다(이두진, 2023).

(2) 문제점

후원자 관리 부족과 지역 자원과의 네트워크 미비는 자원개발 실패의 주요 원인으로, 이로 인해 자원 편중, 중복 지원, 특정 계층 집중 등의 부작용이 발생하며, 단기 후원에 의존하는 구조는 재정 불안정을 심화시켜 지속 가능한 운영을 어렵게 만든다.

(3) 개선 방향

기관은 지역사회 협력 강화와 차별화된 전략으로 자원개발 체계를 구축해야 하며, 이를 위해 주민 참여 확대, 다각적 모금, 자원 활용 투명성 확보와 더불어 데이터 기반 후원자 분석과 맞춤형 프로그램 개발이 병행되어야 실질적 성과를 기대할 수 있다.

4) 지식 생산 체계 부재

사회복지 분야에서 이론과 실천 간 괴리가 심화되며 정책 신뢰도가 떨어지고 있어, 이를 극복하기 위해 현장 중심 연구와 맥락 있는 지식 생산 체계 전환, 다학제적 접근과 현장 참여 연구 확대가 필요하다.

(1) 이론과 실천의 단절

사회복지 연구는 현장 연계 부족과 외국 이론 반복, 이론 중심 편중으로 실천 적용에 한계가 있으며, 복지 현장의 다양성과 복잡성을 제대로 반영하지 못해 지식 생산의 실효성을 크게 저하시킨다(장영신, 2024).

(2) 문제점

학문적 지식이 실천과 연결되지 않아 복지 정책과 현장 사이의 괴리를 심화시키며, 결과적으로 정책의 현실 적합성과 신뢰도를 저하시킨다. 이런 단절은 현장 실천가와 정책 결정자 간 소통 부재를 유발하여 효과적인 문제 해결을 어렵게 만든다.

(3) 개선 방향

현장 중심의 실천 연구와 맥락 있는 지식 생산 체계로 전환해 복지 현장의 요구를 반영하고 실천과 이론의 유기적 연계를 강화하며, 이를 통해 정책 실효성과 현장 적용성을 높여야 하며, 다학제적 접근과 현장 참여 연구 확대도 필요하다.

5) 고독사 대책의 실패: 한국과 일본의 비교

고독사는 급격한 사회 변화로 일본과 한국에서 심각한 사회문제가 되었으며, 대책 한계로 실효성이 낮아 통합 지원과 사회 연대 회복이 절실하다.

(1) 고독사 문제의 사회적 배경

고독사 문제는 1인 가구 증가와 고령화 심화로 일본과 한국에서 공통적으로 나타나는 심각한 사회 문제로 인식되며, 이에 따른 사회 안전망의 필요성이 더욱 강조되고 있다(오독립, 2023; 조정민 외, 2024).

(2) 일본의 고독사 대책과 한계

일본은 2010년대 초반 '고독사 대책 추진법'을 제정하고 지역 중심의 돌봄 체계를 구축했으나, 국가 차원의 직접 지원과 통합 관리 체계 부족으로 돌봄 공백 문제가 지속되고 있다(오독립, 2023).

〈그림 1-1〉 일본의 고독사 증가 추이(2024년 상반기)

출처: 서울신문(2024.08.29), https://www.seoul.co.kr/news/international/2024/08/29/20240829500193

(3) 한국의 고독사 대책과 한계

한국은 2021년 '고독사 예방 및 관리에 관한 법률'을 제정했으나, 고위험군 발굴과 사례관리의 부족, 지역 간 자원 격차, 인력 · 예산 미비 등으로 실효성이 낮으며, 2023년 고독사 사망자 수는 3,661명으로 증가했고 현장에서는 복지사업 연계 부족과 기술적 한계를 지적하며 AI · IoT 도입과 제도 개선이 시급하다는 목소리가 커지고 있다(조정민 외, 2024, 1코노미뉴스, 2025.07.15).

〈그림 1-2〉

출처: 1코노미뉴스(2025.04.01), https://www.1conomynews.co.kr/news/articleView.html?idxno=35316

(4) 일본과 한국 고독사 대책의 공통된 한계

일본과 한국은 모두 고독사 예방을 위한 데이터 기반 체계와 지역자원 연계, 국가 지원이 미흡한 구조적 한계를 지니고 있으며, 일본에서는 2024년 상반기 약 3만7천 건의 고독사가 발생해 대부분이 고령자였고 상당수가 장기 방치되었으며,

고령화와 1인 가구 증가로 인해 양국 모두 근본적 대응이 시급한 상황이다(오독립, 2023; 조정민 외, 2024, 서울신문, 2024.08.29).

(5) 고독사 대책 실패의 시사점

이러한 고독사 대책의 실패는 사회복지 체계의 단편적 대응 방식과 지역 중심 모델의 한계를 보여주며, 향후 통합적 지원 체계 구축과 사회적 연대 회복이 필요함을 시사한다.

토론 주제 / 논의할 문제

1. 사회복지 실패의 정책적, 제도적, 행정적 원인 중 가장 근본적이고 구조적인 원인은 무엇이며, 그 이유는 무엇인가?
2. 복지 정책 설계와 실행 과정에서 현실 반영과 현장 요구의 균형을 어떻게 맞출 수 있을까?
3. 고독사 대책 실패를 극복하기 위한 통합적 지원 체계는 어떤 방향으로 구축되어야 할까?
4. 사회복지 실천 현장의 조직문화가 변화하지 않는다면, 비판적 실천과 자원개발은 어떻게 가능할까?

Chapter

02

정책 실패와 제도적 한계

1. 정책 설계의 한계와 실행의 비효율성

사회복지 정책은 설계 단계에서부터 명확한 목표와 실현 가능성을 고려해야 하지만, 현실에서는 여러 한계로 인해 정책이 실패하는 경우가 많다. 정책 실패의 주요 원인은 다음과 같다.

1) 비현실적인 목표 설정

사회복지 정책은 사회적 요구를 충족시키기 위해 실현 가능하고 구체적인 목표를 설정해야 한다. 그러나 실제 정책 과정에서는 다음과 같은 비현실적 목표 설정의 문제가 발생한다.

(1) 이상주의적 정책 목표 설정

정책 수립 과정에서 사회적 이상과 정치적 기대를 충족시키려 현실을 고려하지 않고 과도하게 이상적 목표가 설정되는 경우가 있다. 이러한 목표는 공감대 형성에는 기여하지만, 집행 과정에서 실행 가능성을 잃는 경우가 많다.

(2) 사회 · 경제적 제약 요인의 무시

정책 목표 설정 시 사회 · 경제적 환경, 재정 여건, 행정 역량 등 제약 요인을 충분히 반영하지 않으면 목표 달성이 어렵다. 인구 고령화, 고용 불안정, 복지 수요 다양성 미반영은 정책 추진에 충돌과 저항을 초래한다(허선 외, 2023).

(3) 수급 기준의 과도한 설정

복지정책 목표가 이상적으로 설정되며 수급 대상 기준이 지나치게 엄격하다. 기초생활보장제도의 소득·재산 및 부양의무자 기준이 과도하게 적용돼 실제 지원이 필요한 취약계층이 계속 배제된다.

〈표 2-1〉 정책 목표 설정의 실패 요인

구분	주요 내용
이상주의적 목표	현실적 제약 고려 없이 이상적 목표 설정
제약 요인 무시	사회 · 경제적 환경과 행정 역량 미반영
과도한 수급 기준	필요 계층의 배제 초래

사회복지 정책 설계 단계에서 비현실적인 목표 설정은 정책 집행 과정에서 다양한 한계와 실패를 초래한다. 정책 목표는 사회·경제적 현실을 충분히 반영하고, 수급 기준 역시 지원이 필요한 대상자의 실질적 상황을 고려하여 설정되어야 한다.

2) 정책 집행의 비효율성

사회복지 정책의 성공 여부는 정책 목표 설정뿐 아니라, 이를 실제로 실현하는 집행 단계에서 결정된다. 그러나 현장에서는 여러 구조적 요인으로 인해 집행 과정에서 비효율성이 발생하고 있으며, 이는 정책 효과를 저해하는 주요 원인으로 작용한다.

3) 재정적 지속 가능성 부족

사회복지 정책은 장기적으로 안정적으로 운영되어야 한다. 그러나 재정적 계획 부재와 구조적 한계로 인해 지속 가능성 확보에 실패하는 경우가 많다.

(1) 재정 계획의 부실

정책 도입 당시 단기적 성과에 집중하여 재정 추계와 장기적 비용 분석이 소홀히 이루어지는 경우가 많다. 이는 정책이 일정 기간이 지나 예산 부족으로 축소되거나 중단되는 원인이 된다.

(2) 과도한 복지 확대와 재정 부담

정치적 필요나 국민의 요구에 의해 보편적 복지 확대가 추진되는 경우, 국가 재정에 과중한 부담이 발생할 수 있다. 보편적 아동수당, 기초연금 등의 정책은 국민의 수요를 충족시키는 데 기여하지만, 지속적 재정 확보 방안이 마련되지 않을 경우, 재정 건전성 악화로 이어진다(송다영 외, 2024).

(3) 정책 간 재정 배분의 비효율성

한정된 복지 예산 내에서 다양한 정책이 경쟁적으로 추진될 경우, 예산 배분의 비효율성이 발생한다. 필요성이나 효과성에 비해 과도한 예산이 투입되는 정책이 존재하는 반면, 시급한 복지 수요에 대한 지원은 소외되는 문제가 나타난다.

〈표 2-2〉 재정적 지속 가능성 부족의 원인

구분	주요 내용
재정 계획 부실	장기적 재정 계획 미수립
복지 확대 부담	보편적 복지 확대에 따른 재정 부담
재원 배분 비효율	정책 간 예산 배분의 비효율성

4) 수혜자 선정의 형평성 문제

사회복지 정책의 핵심 가치는 형평성과 공정성에 있다. 그러나 수혜자 선정 과정에서 제도적 문제로 인해 형평성이 훼손되는 사례가 빈번히 발생한다.

(1) 엄격한 선정 기준과 사각지대 발생

정책 대상자 선정 기준이 지나치게 엄격하거나, 경직적으로 적용될 경우, 실제 도움이 필요한 대상자들이 제도의 사각지대에 놓일 위험이 크다. 긴급복지지원제도는 위기 가구에 대한 신속한 지원을 목표로 하지만, 복잡한 신청 요건과 절차로 인해 대상자 선정에서 형평성 문제가 지속적으로 제기되고 있다(허선 외, 2023).

(2) 정보 접근성의 불평등

복지정책 수혜를 위해서는 정보 접근성이 중요한데, 정보 격차로 인해 지원 제도를 알지 못하거나 신청 방법을 모르는 대상자가 많다. 특히 노인, 장애인, 저소득층 등 정보 접근성이 낮은 계층일수록 이러한 문제가 심각하다.

(3) 절차적 장벽으로 인한 접근성 제한

수혜를 받기 위한 신청 과정에서 요구되는 복잡한 서류, 심사 절차, 대면 상담 등은 정책 이용의 심리적 · 물리적 장벽으로 작용한다. 이는 특히 저소득층, 노인, 이주민 등 사회적 취약계층에게 큰 부담이 되며, 결과적으로 정책 형평성을 훼손하게 된다.

〈표 2-3〉 수혜자 선정 과정의 형평성 문제

구분	주요 내용
선정 기준의 엄격성	실제 수요자의 배제 초래
정보 접근성 불평등	지원 제도 정보 접근의 제한
절차적 장벽	복잡한 신청 절차로 인한 이용 제한

2. 공공복지 vs 민간복지의 충돌

공공복지와 민간복지는 각각의 장단점을 가지고 상호보완적으로 기능해야 하지만, 현실에서는 운영 방식과 목표의 차이로 인해 갈등과 비효율성이 발생하기도 한다. 이러한 충돌은 복지서비스의 질 저하, 자원 낭비, 복지 사각지대 발생 등 다양한 문제를 초래한다. 공공복지와 민간복지 간의 주요 충돌 원인을 세 가지 측면에서 살펴보면 다음과 같다.

1) 재정 및 운영 방식의 차이

공공복지와 민간복지는 목적과 운영 방식의 차이로 인해 협력보다는 갈등과 비효율성이 발생한다. 특히 재정 운용과 서비스 제공 방식에서 구조적 차이가 나타난다. 그 주요 원인은 다음과 같다.

(1) 형평성 중심의 공공복지 vs 효율성 중심의 민간복지

공공복지는 법과 제도를 기반으로 모든 국민을 대상으로 보편적, 평등한 복지 제공을 목표로 한다. 반면, 민간복지는 자율성과 수익성을 중시하며, 특정 대상이나 지역에 제한적으로 서비스가 제공되는 경우가 많다. 이로 인해 민간복지는 공공복지와 달리 형평성보다 효율성을 우선시하는 경향이 있다(이슬이 외, 2024).

(2) 절차적 복잡성과 유연성의 차이

공공복지는 법적 절차와 규정에 따라 복지 서비스를 제공하기 때문에 절차가 복잡하고 변화에 유연하게 대응하기 어렵다. 반면, 민간복지는 기관의 자율적 판단에 따라 절차가 비교적 간소하며, 사회적 변화와 수요에 빠르게 대응할 수 있다. 이러한 운영 방식의 차이는 서비스 제공 과정에서 마찰을 일으킬 수 있다.

(3) 재정 운영의 제약성

공공복지는 국가 예산에 의해 운영되므로 장기적이고 안정적인 재정 운용이 가능하지만, 재정의 사용에 있어 법적 · 정치적 제약을 받는다. 반면 민간복지는 민간 후원금, 서비스 이용료 등으로 재정을 확보하기 때문에 상대적으로 제약이 적지만, 수익성 확보에 대한 압박이 존재한다.

2) 서비스의 중복과 비효율성

공공과 민간 복지서비스 제공 과정에서 서비스의 중복과 전달 공백, 행정 자원의 낭비 등 비효율성이 발생하고 있다. 이는 제한된 자원의 낭비와 복지 사각지대 문제를 초래한다. 이러한 서비스 중복과 비효율성의 주요 원인은 다음과 같다.

(1) 유사 서비스의 중복 제공

공공기관과 민간기관이 동일하거나 유사한 서비스를 제공하는 경우, 서비스가 중복되어 자원의 낭비가 발생한다. 예를 들어, 지역사회 내에서 공공기관의 아동돌봄 서비스와 민간기관의 방과후 돌봄 서비스가 별도로 운영되면서 대상자 선정, 프로그램 내용 등이 중복되는 사례가 많다(송다영 외, 2024).

(2) 서비스 전달의 공백

중복 지원과는 반대로, 공공과 민간기관 간 협력 체계가 제대로 구축되지 않은 경우, 복지 서비스 전달의 공백이 발생할 수 있다. 특히 돌봄, 주거, 긴급지원 등 복지 사각지대에 있는 대상자에게 서비스가 제공되지 않는 문제가 지속되고 있다.

(3) 행정 자원의 낭비

공공과 민간기관이 동일한 대상자를 대상으로 별도의 조사, 심사, 관리 업무를 수행할 경우, 행정적 비용과 인력이 이중으로 투입되어 비효율성이 초래된다. 이러한 문제는 복지서비스 제공의 질적 저하로 이어질 수 있다.

3) 책임 전가와 협력 부재

공공복지와 민간복지 간 협력이 원활하지 않은 이유는 역할과 책임의 불분명함, 정보 공유의 제한, 협력체계의 제도적 미비 때문이다. 이러한 문제는 복지서비스 제공 과정에서 책임 전가, 협력 부재, 서비스 질 저하로 이어진다. 공공과 민간 간 협력 실패의 주요 원인은 다음과 같다.

(1) 사회적 책임성 확보의 어려움

민간기관이 사회복지 프로그램을 운영하는 과정에서 사회적 책임성을 확보하는 것은 필수적이다. 그러나 공공부문에서 복지 서비스 책임을 과도하게 민간에 위탁할 경우, 민간기관의 프로그램 운영이 수익성 중심으로 흐르거나, 서비스 제공의 공공성 확보에 실패할 위험이 존재한다(권순애, 2024).

(2) 공공–민간 협력의 벽: 정보 공유의 한계

공공과 민간 간 협력의 핵심은 정보 공유와 상호 신뢰에 있다. 그러나 현실에서는 개인정보 보호, 기관 간 이해관계 충돌 등의 이유로 정보 공유가 제한되고 있다. 이로 인해 협력적 복지 네트워크 구축이 어려워지고, 정책의 효율성이 저하된다.

(3) 민관 협력체계의 제도적 미비

공공과 민간 간 협력을 제도적으로 뒷받침할 법적 · 행정적 체계가 미비한 경우가 많다. 협력 방안, 역할 분담, 책임 소재에 대한 명확한 규정이 부재할 경우, 민관 협력이 일회성에 그치거나, 상호 불신 속에서 복지 서비스 제공이 원활히 이루어지지 않는다.

4) 민관 협력의 부족

민관 협력이 필요한 복지 영역에서 정보 공유 부족, 신뢰 부족 등으로 인해 협력이 제한적으로 이루어져 효율적인 정책 운영이 어렵다(김수연 외, 2023).

3. 제도적 한계와 개선방안

사회복지 제도는 지속적으로 변화하는 사회적 요구에 맞춰 발전해야 하지만, 기존 제도의 한계로 인해 효과적인 정책 운영이 어려운 경우가 많다. 제도적 한계와 이에 대한 개선 방안을 다음과 같이 제시할 수 있다.

1) 복지 전달체계의 한계

사회복지제도의 가장 큰 구조적 문제 중 하나는 전달체계의 비효율성이다. 복지 서비스가 대상자에게 원활하게 제공되기 위해서는 전달체계가 통합적이고 효율적으로 운영되어야 하지만, 현실에서는 다음과 같은 문제가 나타난다.

(1) 분산된 전달체계

중앙정부, 지방정부, 공공기관, 민간기관 등 복지 전달 주체가 다양하게 분산되어 있어, 정책 집행 과정에서 역할과 책임이 불명확한 경우가 많다. 이는 행정 자원의 낭비와 서비스 중복, 사각지대 발생으로 이어진다(송다영 외, 2024).

(2) 서비스 접근성의 제한

복지 서비스 이용을 위해 복잡한 신청 절차와 까다로운 심사 과정이 요구되며, 정보 접근성이 낮은 계층에게는 복지 서비스 접근 자체가 어려운 경우가 많다.

(3) 대상자 중심 서비스 부족

전달체계가 기관 중심으로 운영되어 대상자의 욕구와 상황을 충분히 반영하지 못하는 경우가 많다. 서비스 제공자의 업무 중심적 관점으로 인해 맞춤형 서비스 제공이 어려워지는 한계가 있다.

2) 재정적 지속 가능성 확보

사회복지제도의 또 다른 구조적 한계는 재정적 제약이다. 복지 수요가 증가함에 따라 재정 부담이 가중되고 있으며, 장기적 재정 계획의 부재로 인해 제도의 지속 가능성이 위협받고 있다.

(1) 재정 계획의 미흡

사회복지제도의 확장 과정에서 재정 추계와 장기적 계획이 충분히 수립되지 않는 경우가 많다. 이에 따라 정책 도입 초기에는 효과를 보이지만, 시간이 지남에 따라 재정 부담으로 인해 정책 축소나 변경이 이루어진다.

(2) 정책 간 재원 배분의 비효율성

한정된 복지 재원 내에서 다양한 정책이 경쟁적으로 추진되는 과정에서, 정책 효과성과 사회적 필요성보다 정치적 이해관계에 따라 재원이 배분되는 경우가 많다.

이로 인해 재정의 비효율적 사용이 지속된다(이재완, 2025).

(3) 복지 수요 증가에 따른 재정 부담

고령화, 저출산, 빈곤층 확대 등으로 인해 복지 수요가 급증하고 있으며, 이에 따라 복지 예산의 확대가 불가피하다. 그러나 지속 가능한 재정 확보 방안이 마련되지 않으면 제도의 지속성 확보가 어렵다.

3) 민관 협력 체계 구축

사회복지서비스의 효과적 제공을 위해서는 공공과 민간의 협력이 필수적이다. 그러나 현실에서는 민관 협력이 원활히 이루어지지 못하는 구조적 한계가 존재한다. 이러한 한계는 민간기관의 사회적 책임성 확보, 협력 시스템의 제도화, 정보 공유와 신뢰 구축이라는 세 가지 측면에서 구체적으로 나타난다.

(1) 사회적 책임성 확보의 어려움

민간기관이 사회복지 프로그램을 운영하는 과정에서 사회적 책임성을 확보하는 데 한계가 있으며, 공공성과 책임성 강화를 위한 제도적 지원이 요구된다. 이러한 한계는 민간기관이 공익적 가치보다 수익성에 우선순위를 두는 구조적 위험을 초래할 수 있다(권순애, 2024).

(2) 협력 시스템의 제도적 미비

민관 협력을 제도적으로 뒷받침할 법적·행정적 체계가 부족하여 협력 방안과 역할 분담이 불명확하게 운영되고 있어, 제도적 기반 마련이 필요하다. 특히 복지

서비스 제공 과정에서 협력기관 간 책임 소재가 불분명할 경우 서비스 공백과 행정적 혼란이 발생할 가능성이 높다(김수연 외, 2023).

(3) 정보 공유와 신뢰 부족

민관 협력을 위해 필수적인 정보 공유가 개인정보 보호 등의 이유로 제한되면서 기관 간 신뢰 구축과 협력적 서비스 제공에 장애가 되고 있다. 정보 공유 부재는 대상자에 대한 맞춤형 서비스 제공을 어렵게 하고, 복지 사각지대 발생으로 연결될 수 있다.

4) 제도 개선 방안

제도적 한계를 극복하고 사회복지제도의 실효성을 높이기 위해 다음과 같은 개선 방안이 필요하다.

(1) 복지 전달체계의 통합 및 효율화

지역사회 통합 전달체계 구축과 사례관리 시스템 도입이 필요하다. 공공과 민간 전달체계를 연계해 대상자 맞춤형 서비스가 제공되도록 제도를 개선해야 한다(송다영 외, 2024). 이를 통해 서비스 중복과 공백을 해소하고 자원의 효율적 활용을 도모할 수 있다.

(2) 장기적 재정 계획 수립

복지 수요 증가에 대응하기 위해 복지 재정의 성과 평가 시스템을 구축하고 사회복지기금 등 안정적 재원을 확보하는 한편, 정책 간 효율적 재원 배분과 형평성 확보를 통해 재정의 지속 가능성과 정책 실행의 일관성을 높여야 한다(이재완, 2025).

(3) 민관 협력체계의 제도화

공공과 민간 복지기관 협력을 위한 법 · 제도 정비가 필요하다. 민간기관의 책임성 강화를 위해 제도적 지원과 교육 프로그램을 마련하고, 협력 네트워크 구축 인프라를 확충해야 한다. 이를 통해 민간기관의 공공성 확보와 서비스 질 향상이 가능하다.

(4) 정보 공유와 신뢰 구축

민관 간 정보 공유를 활성화하기 위해 법적 근거와 절차를 마련하고 개인정보 보호와 공익성 간의 균형을 유지하는 한편, 지속적 소통과 신뢰 구축을 통해 대상자 중심의 통합 서비스 제공과 협력적 복지 거버넌스 구축에 기여해야 한다(김수연 외, 2023).

4. 정책 실패와 제도적 한계

1) 정책 설계와 실행의 문제점

(1) 비현실적인 목표 설정

사회복지 성책 실패의 수요 원인 중 하나는 비현실적인 목표 설정에 있다. 제도 도입 초기의 제약과 이상주의적 기대가 결합되어 실현 가능성이 낮은 목표가 수립되고, 이는 정책 추진 과정에서 다양한 한계를 초래한다(박명준, 2023).

① 이상주의적 정책 목표 설정

정책 수립 과정에서 사회적 이상과 정치적 기대를 충족하기 위해 현실을 고려하지 않고 과도하게 이상적인 목표가 설정되는 경우가 있다. 이러한 목표는 사회적 공감대 형성에는 기여할 수 있지만, 집행 과정에서 실행 가능성을 상실하는 경우가 많다.

② 사회 · 경제적 제약 요인의 무시

정책 목표 설정 시 사회 · 경제적 환경, 재정 여건, 행정 역량 등 제약 요인을 고려하지 않으면 달성이 어렵다. 고령화, 고용 불안, 복지 수요 다양성 등 현실 여건이 반영되지 않으면 추진 과정에서 충돌과 저항이 발생한다(허선 외, 2023).

③ 수급 기준의 과도한 설정

복지정책 목표가 이상적으로 설정되면서 수급 대상 기준이 지나치게 엄격해지는 경우가 많다. 기초생활보장제도에서는 소득 · 재산 기준과 부양의무자 기준이 과도하게 적용되어 실제 지원이 필요한 취약계층이 배제되는 사례가 지속적으로 나타났다.

(2) 정책 집행의 비효율성

① 복잡한 행정 절차

사회복지 정책은 법적 · 행정 절차에 의해 집행되므로 일정한 절차가 요구된다. 그러나 절차가 지나치게 복잡하거나 불필요한 서류와 심사 과정이 반복되면, 대상자의 접근성을 저해하고 행정 자원의 낭비로 이어진다.

② 인력 부족과 전문성 결여

정책 집행 현장에서 담당 인력의 부족과 전문성 부족은 정책 집행의 비효율성을 초래하는 주요 원인이다. 특히, 현장 실무자들의 업무 과중과 복잡한 절차로 인해 서비스 제공의 질이 저하되고, 대상자들의 불만이 증가하게 된다(이재완, 2025).

③ 전달체계의 중복과 혼선

사회복지 서비스 전달체계가 중앙정부, 지방정부, 공공 · 민간기관 등으로 분산될 경우, 기관 간 역할 구분이 불명확해 중복 지원이나 서비스 공백이 발생한다. 이는 자원의 비효율적 사용과 대상자의 서비스 접근 제한으로 이어진다.

(3) 재정적 지속 가능성 부족

① 재정 계획의 부실

정책 도입 당시 단기적 성과에 집중하여 재정 추계와 장기적 비용 분석이 소홀히 이루어지는 경우가 많다. 이는 정책이 일정 기간이 지나 예산 부족으로 축소되거나 중단되는 원인이 된다.

② 과도한 복지 확대와 재정 부담

정치적 필요나 국민 요구로 보편적 복지 확대가 추진될 경우, 국가 재정에 과중한 부담이 발생할 수 있다. 보편적 아동수당, 기초연금 등은 수요 충족에 기여하지만, 지속적 재정 확보 방안이 없으면 재정 건전성 악화로 이어진다(송다영 외, 2024).

③ 정책 간 재정 배분의 비효율성

한정된 복지 예산 내에서 다양한 정책이 경쟁적으로 추진될 경우, 예산 배분의 비효율성이 발생한다. 필요성이나 효과성에 비해 과도한 예산이 투입되는 정책이 존재하는 반면, 시급한 복지 수요에 대한 지원은 소외되는 문제가 나타난다.

5. 정책 실패의 구조적 원인과 사례

1) 제도주의 관점에서의 한계

사회복지 정책 실패는 정책 내용뿐 아니라 제도 설계와 운영 과정에서 나타나는 경로 의존성에서 비롯된다. 초기 제도 설계의 제한, 제도 유지 논리 강화, 제도적 관성이 주요 원인이다(박명준, 2023). 다음은 경로 의존성 문제의 구체적 내용이다.

(1) 초기 제도 설계의 제한성

정책 도입 초기의 정치 · 사회적 제약으로 최소한의 제도 설계가 이루어져 복지 수요 대응에 어려움을 초래하며, 장기적 확장성 확보가 미흡하여 사회적 비용 증가와 정책 신뢰 저하를 유발한다.

(2) 제도 유지 논리의 강화

제도 운영자와 이해관계자들의 제도 유지 논리 강화로 근본적 구조 변화가 제한되고, 단기적 대응에 치중해 실질적 개선 노력을 저해하며 정책 혁신을 가로막아 비효율적 관행이 지속된다.

(3) 제도적 관성으로 인한 정책 실패

제도의 경직성과 관성으로 사회 변화에 유연히 대응하지 못하고 정책 실패가 반복되며, 형식적 평가로 실효적 대응이 어렵게 되어 복지 수요와의 괴리가 커져 수혜자의 불만이 증대된다.

2) 제도적 문화와 정책 실패

사회복지 정책 집행 과정에서는 제도 내 문화와 조직 관행이 정책 실패의 중요한 원인으로 작용하며, 이러한 문화적 요인이 정책 효과성을 저해한다(권순애, 2024). 다음은 제도 내 문화와 조직 관행이 정책 실패에 미치는 구체적 요인을 설명한 것이다.

(1) 조직 문화의 경직성

권위주의적 조직 문화는 정책 실행의 유연성을 저해하고 실무자의 창의적 대응을 어렵게 만들어, 현장 문제의 신속한 반영이 어려워짐으로써 결국 정책 실패로 이어지고 조직 내 갈등과 저항을 심화시킨다.

(2) 관행화된 행정 절차

시대 변화에 맞지 않는 행정 관행이 유지됨으로써 정책 수혜자의 욕구 반영에 한계가 발생하며, 이는 정책 대상자의 다양화된 요구를 수용하는 데 장애 요인으로 작용하고 제도의 정당성과 효율성을 떨어뜨린다.

(3) 문화적 저항과 변화 거부

제도 내 구성원들의 변화에 대한 저항이 정책 개선과 효과성 확보를 방해하며, 이러한 저항은 제도의 지속적 발전과 혁신적 접근을 어렵게 만들어 사회적 비용을 증가시킨다.

3) 주요 정책 실패 사례

(1) 기초생활보장제도 수급 배제 사례

기초생활보장제도는 저소득층의 기본생활 보장을 목적으로 시행되고 있으나, 제도적 기준의 엄격성과 행정절차의 한계로 인해 실제 지원이 필요한 취약계층이 배제되는 문제가 발생하고 있다.

① 엄격한 부양의무자 기준에 따른 수급 탈락

2023년 한국복지패널 조사에 따르면, 기초생활보장 급여 신청 가구의 15.03%, 의료급여 신청 가구의 35.65%가 부양의무자의 소득 및 재산 기준 초과로 수급에서 탈락해, 제도적 기준의 과도함이 실질적 수급 배제 요인으로 지적되었다(한국보건사회연구원, 2024).

② 제도적 기준으로 인한 극단적 사례 발생

2022년 서울 송파구에서 생활고에 시달리던 60대 여성이 부양의무자 기준으로 기초생활보장 수급 탈락 후 극단적 선택을 한 사건은 제도의 구조적 문제를 보여준다(최성근, 2024).

③ 제도적 한계에 따른 복지 사각지대 발생

엄격한 수급 기준과 경직된 행정절차는 취약계층에 대한 지원을 어렵게 만들어 복지 사각지대를 구조적으로 확산시키고 있으며, 정책의 형평성과 실효성을 높이기 위해서는 기준 완화와 절차 개선이 필요하다.

(2) 긴급복지지원제도의 사각지대 사례

긴급복지지원제도는 위기 상황에 놓인 사람들에게 즉각적인 지원을 제공하는 것을 목표로 하지만, 여전히 지원에서 소외되는 사각지대가 존재하고 있다. 다음은 긴급복지지원제도의 사각지대 원인에 대한 내용이다. 이러한 구조적 한계를 이해하기 위해, 긴급복지지원제도의 운영 절차를 〈그림 2-1〉에 제시하였다.

① 정보 부족과 복잡한 신청 절차

정보 부족과 복잡한 신청 절차로 취약계층의 이용률이 낮고, 위기 상황에 신속한 대응이 어렵다(한국사회복지협의회, 2025). 이는 긴급 지원의 접근성과 실효성 개선을 요구한다.

② 복합적 욕구 대상자의 지원 배제

지적장애인 A씨는 알코올 장애로 임시주거 지원이 거절되어 복합적 욕구 대상자의 지원 한계를 드러냈다(최나실, 2022). 복합적 위기 상황에 처한 대상자들에 대한 통합적 지원 방안이 필요하다.

③ 제도의 경직성으로 인한 지원 한계

긴급복지지원제도의 경직된 운영 기준으로 대상자의 다양한 욕구를 충분히 반영하지 못해 실질적 지원이 어렵다. 위기 상황에 따른 제도의 탄력적 운영과 맞춤형 대응이 필수적이다.

아래 〈그림2-1〉은 긴급복지지원제도의 신청부터 지원 제공까지의 절차를 단계별로 나타낸 그림이다.

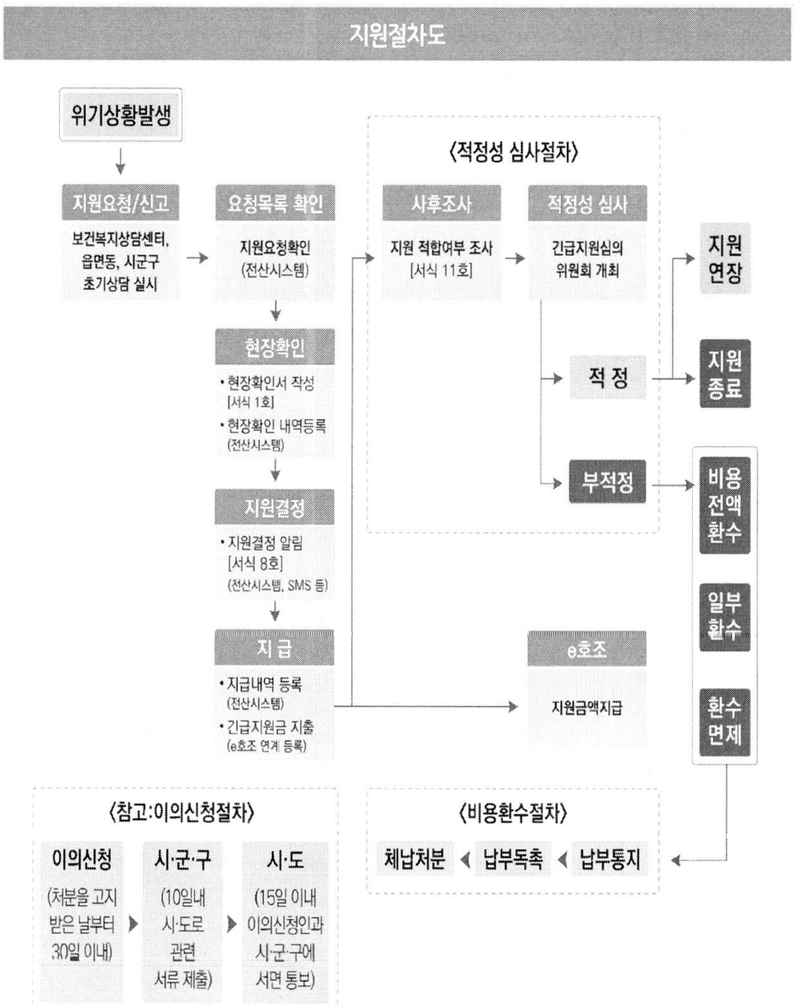

〈그림2-1〉 긴급지원의 절차

(출처: 보건복지부, 2024년 긴급복지지원사업 안내, 14.)

(3) 청년주거복지 정책 실패 사례

① 낮은 정책 이용률과 까다로운 조건

2024년 국토교통부 청년주거정책 실태조사에 따르면, 청년 임대주택의 평균 입주율은 63%에 불과했다. 주요 원인은 복잡한 신청 절차, 엄격한 소득 기준, 까다로운 입주 요건 때문이었다. 신청 대상자의 31%는 정보 접근성 부족, 28%는 소득 요건 미달로 인해 신청을 포기한 것으로 조사됐다(국토교통부, 2024).

② 정책 홍보 및 전달체계의 한계

2023년 조사에 따르면, 중앙정부와 수도권 지자체의 청년 주거정책은 101개에 달했으나, 중복 · 실효성 부족 문제가 있었다. 청년층의 주요 수요인 주택 구입 자금 지원은 3건에 불과했다. 많은 청년들이 정책 정보를 알지 못해 지원하지 못하는 경우가 많았다(한국경제, 2023).

③ 청년 임대주택의 구조적 한계

서울주택도시공사(SH공사) 역세권 청년주택과 매입임대주택 경쟁률은 최대 50대 1에 달했다. 그러나 당첨 청년의 38%가 입주를 포기했다. 주요 사유는 높은 임대료, 열악한 주거 환경, 관리 부실 등이었다. A씨는 "높은 비용과 시설 문제로 입주를 포기했다"고 말했다(서울신문, 2022).

④ 청년 주거 양극화 심화

2025년 통계청 조사에 따르면, 30대 초반 청년층의 월세 거주 비율은 21.3%로 지속적으로 증가하고 있으며, 자가 거주 비율과 월세 거주 비율 간 주거 양극화가 심화되고 있다. 특히, 부모 지원 여부에 따라 자가 소유 여부가 갈리고 있다(서울신문, 2025).

⑤ 최저주거기준 미달과 주거비 과부담

국토교통부와 한국보건사회연구원(2022)의 주거실태조사에 따르면, 청년단독가구의 약 9.6%가 최저주거기준에 미달하고 있으며, 청년가구의 약 75만 가구는 월소득의 30% 이상을 임대료로 지출하는 것으로 나타났다. 이러한 현실은 청년층의 주거비 부담과 불안정한 주거환경을 구조적으로 심화시키고 있다(경신원, 2023).

Chapter

03

조직 운영과 서비스 제공 실패

한국의 사회복지 시스템은 급격한 사회경제적 변화에 따라 복지 수요와 필요가 크게 증가하였다. 복지 수혜 대상의 다양성과 수의 확대에 따라 사회복지 서비스의 효율적 운영은 그 어느 때보다 중요해졌다. 그러나 실제로 사회복지 행정은 여러 가지 구조적 문제로 인해 효율적인 서비스 제공을 방해하고 있다. 특히, 비효율적인 행정 시스템은 행정적 낭비와 자원의 낭비를 초래하며, 궁극적으로는 사회복지 서비스의 품질 저하를 가져온다. 본 장에서는 비효율적인 행정 시스템의 문제점과 그 원인, 이를 해결하기 위한 노력들을 구체적으로 다룬다.

1. 비효율적 행정 시스템

한국의 사회복지 서비스는 복잡하게 얽힌 다수의 정보시스템을 통해 이루어지고 있으며, 시스템 간 연계 부족과 표준화 미비로 인해 전체적으로 파편화된 생태계를 형성하고 있다. 이는 현장 실무자들에게 비효율과 혼란을 초래하며, 궁극적으로 복지 서비스의 질에 부정적인 영향을 미친다. 이러한 문제를 해결하기 위해 AI 기반 행정지원 서비스, 부처 간 협력 강화, 디지털 플랫폼 정부 구축이 제시되고 있다.

1) 시스템 파편화 문제

사회복지 시스템은 다양한 독립적인 정보시스템으로 운영되며, 시스템 간 연계 부족으로 비효율적인 업무 처리와 데이터 관리 문제를 겪고 있다. 이로 인해 업무 효율성이 저하되고, 서비스 제공의 품질과 속도에 부정적인 영향을 미친다.

(1) 시스템 파편화

한국 사회복지 시스템은 다양한 독립적인 정보시스템으로 운영되며, 각 시스템은 특정 대상자 그룹과 서비스 유형을 지원한다. 그러나 시스템 간의 연계 부족으로 실무자들이 데이터를 수동으로 처리하게 된다. 이로 인해 데이터 관리에 비효율이 발생한다.

(2) 비효율적 업무 처리

실무자들은 각기 다른 시스템에 동일한 정보를 반복적으로 입력하거나, 엑셀 파일 등으로 자료를 관리한다. 이로 인해 수작업이 증가하고 업무 시간이 낭비된다. 이로 인해 현장 실무자들의 행정 부담이 가중된다.

(3) 업무 효율성 저하

시스템 간 연계 부족은 업무 효율성 저하로 이어지며, 서비스 제공의 속도와 품질에 영향을 미친다. 업무 처리가 지연되고, 사회복지 서비스의 질에 부정적인 영향을 미친다. 이를 해결하기 위한 시스템 통합과 개선이 필요하다.

2) 주요 사회복지 정보시스템 현황

(1) 행복e음(사회보장정보시스템)

기초생활보장, 기초연금, 장애인연금 등의 복지급여 신청과 자격 심사 및 급여 관리 등을 처리하지만, 시스템의 불안성성과 오류로 인해 현장에서 시속적인 불만이 제기되고 있다. 또한 사용자 친화성이 부족하고, 일부 기능은 중복 입력을 요구해 업무 효율성을 저해한다.

(2) 희망이음(사회서비스정보시스템)

사회복지시설 및 서비스 제공기관 종사자들이 주로 사용하며, 다양한 관리 업무를 처리한다. 2025년부터 W4C 시스템의 인사 · 회계 기능이 통합된다. 그러나 사용자 교육 부족과 시스템 오류로 인해 실무자들이 불편을 겪고 있는 실정이다.

(3) 복지로(Bokjiro)

국민이 직접 복지 서비스를 검색하고 일부 서비스를 신청할 수 있는 포털 사이트로, 내부 시스템과 연계되어 운영된다. 다만, 일부 서비스는 오프라인 신청만 가능하여 접근성에 한계가 있다.

(4) 보탬e(지방보조금관리시스템)

지방자치단체에서 지급하는 보조금을 관리하는 시스템으로, 복지시설 관련 보조금의 신청과 집행을 처리한다. 하지만 각 지자체별 운영 지침이 상이하여 사용자 혼란이 발생하고 있다.

3) 시스템 간 연계성 문제

시스템 간 정보 연계는 계획되어 있지만, 실제로 데이터 연동 오류, 정보 누락, 상이한 데이터 형식 등으로 원활한 연계가 이루어지지 않는다. 이로 인해 실무자들은 수작업으로 자료를 관리하고 문제를 해결하는 데 시간이 소모된다.

(1) 정보 연계 계획 부족

사회복지 정보시스템 간 연계는 계획되었으나, 실제 운영에서는 데이터 오류, 형식 불일치, 정보 누락 등으로 연계가 원활히 이루어지지 않아, 실무자의 수작업 부담과 중복 업무, 정보 전달의 부정확성을 야기한다.

(2) 수동 관리 문제

시스템 간 데이터 불일치와 연계 오류로 인해 실무자들은 반복 입력과 오류 수정 작업에 많은 시간을 소요하며, 이로 인해 행정 자원의 비효율과 서비스 제공의 질 저하, 현장 업무 가중 문제가 발생한다.

(3) 업무 효율성 저하

시스템 연계 오류와 정보 불일치 문제는 단순 기술 문제가 아니라 실무자의 반복 작업과 행정 부담 증가로 이어지며, 이는 서비스의 적시성과 효율성을 저해하고 현장에서는 시스템 개선 요구가 지속적으로 제기되고 있다.

4) AI 기반 행정지원 서비스 도입

정부는 AI 기반 행정지원 서비스를 통해 공무원의 업무 효율성을 제고하고자 하지만, 초기 시스템 구축과 실무자 적응 과정에서 기술적 한계와 현장 적용의 어려움이 문제로 남아 있다(메디컬월드뉴스, 2024).

(1) 기술적 한계

AI 기반 행정지원 서비스는 초기 구축 과정에서 발생한 기술적 문제로 인해 기대만큼 효율성을 발휘하지 못하고 있다. 시스템의 안정성과 신뢰성을 확보하는 데 추가적인 기술적 개선이 필요하며, 이를 통해 실질적인 업무 개선을 이루어야 한다.

(2) 실무자 적응 부족

실무자들은 새로운 AI 시스템에 대한 학습과 적응 과정에서 어려움을 겪고 있으며, 이는 서비스 효과성을 저하시킬 수 있다. 실무자들이 AI 시스템을 효과적으로 활용하려면 지속적인 교육과 훈련이 필수적이다.

(3) 서비스 확장 및 고도화

AI 시스템을 효과적으로 활용하기 위해서는 실무자들의 적응을 돕고, 서비스의 확장과 고도화를 위한 지속적인 교육과 기술적 지원이 필요하며, 이를 통해 AI 기반 복지 행정의 실질적 정착과 서비스 혁신이 가능해진다.

〈표 3-1〉 AI를 활용한 민원업무 개선

구분	기준	개선
민원내용 파악	민원내용이 긴 경우, 민원 요지를 정확히 파악하는 데 시간이 걸림	AI가 요약한 민원 요지를 바탕으로 민원 내용을 빠르게 이해
정보 검색	법령 · 지침, 업무내부 위주로 검색	AI가 법령지침만 아니라 유사사례, 피해 등 관련 정보 총괄 검색
답변 작성	담당자의 업무시간, 검색결과를 바탕으로 사안 위주로 작성	AI가 기존 정보를 참고하여 답변의 근거 및 배경, 정책의 연결 등을 상세히 답변

출처: 메디컬월드뉴스, 2024.

이 표는 AI를 활용하여 행정업무의 효율성을 크게 향상시킨 사례를 구체적으로 제시한다.

5) 부처 간 협력 강화 플랫폼 구축

부처 간 데이터 공유와 협력을 위한 통합 정보 플랫폼 구축이 추진 중이며, 공공 서비스의 효율성 향상에 기여할 것으로 기대되지만, 데이터 표준화 부재와 시스템 연계 부족은 실무 현장에서의 협업 한계를 초래할 수 있다.

(1) 통합 정보 플랫폼 구축

부처 간 데이터 공유를 통해 공공 서비스의 효율성을 높이고 국민에게 더 나은 서비스를 제공할 수 있으며, 이는 중복 행정의 해소와 정책 집행의 일관성 확보에 기여하고, 행정 신뢰도 향상과 국민 만족도를 높이는 핵심 기반이 된다.

(2) 데이터 표준화의 필요성

각 부처의 데이터 표준화가 이루어지지 않으면 서비스 품질 향상과 업무 효율성 증대가 제한될 수 있으며, 표준화 미비는 부처 간 정보 연계의 장애 요인이 되어 실질적인 행정 통합을 저해하고, 데이터 오류 및 해석의 혼선을 초래할 수 있다.

6) 디지털 플랫폼 정부 추진

디지털 플랫폼 정부는 데이터 기반 행정을 통해 국민 중심의 서비스를 제공하는 목표를 가지고 있다. 그러나 부처 간 협력과 데이터 연계가 제대로 이루어지지 않으면 정책 집행의 실효성이 떨어질 수 있다.

(1) 데이터 기반 행정

디지털 플랫폼 정부는 부처 간 데이터 공유를 통해 국민에게 신속하고 정확한 서비스를 제공하는 것을 목표로 하며, 이를 위해 각 기관 간 정보 흐름의 실시간 연계와 데이터 신뢰성 확보가 필수적이다. 궁극적으로는 국민 체감형 행정서비스 실현에 기여할 수 있다.

(2) 시스템 연계의 중요성

시스템 간 연계가 미비하면 데이터의 효율적인 활용과 정책 집행에 차질이 생길 수 있으며, 이로 인해 행정의 중복과 누락 문제가 발생하고 정책 전달 과정의 투명성과 책임성 확보가 어려워져 국민 만족도를 저해하는 요인으로 작용할 수 있다.

2. 복지 전달체계의 경직성

복지 전달체계의 경직성은 정책의 유연성을 저하시켜 실제 현장에서 복지 서비스의 적시적 제공을 방해하는 주요 원인으로 작용한다. 특히 정책의 예산 부족과 제도적 미비로 인해 복지 사각지대 문제는 해결되지 않고 있으며, 맞춤형 서비스 제공에 한계가 있다. 이러한 문제들은 정책의 실효성에 심각한 영향을 미치고 있으며, 제도적 개선이 시급하다.

1) 전달체계 개선 의지 약화

2025년 보건복지 예산 분석에 따르면, 커뮤니티케어 정책 등 전달체계 개선 예산이 감소하여 정책 지속성에 대한 우려가 제기되고 있다(참여연대, 2025). 이는 복지 정책의 장기적인 지속 가능성에 심각한 영향을 미치며, 정책 이행의 유연성을 강화해야 할 필요성을 시사한다.

(1) 예산 감소

전달체계 개선을 위한 예산이 감소하면서 정책의 실행이 어려워지고 있으며, 복지 수요에 대응하는 유연한 정책 집행이 불가능해질 수 있다. 예산 부족은 정책의 지속성과 효과성에 심각한 영향을 미친다.

(2) 정책 지속성 우려

예산 축소는 정책 지속성에 악영향을 미쳐, 중단되거나 축소되는 정책들이 복지의 질적 저하를 초래할 수 있다. 정책이 지속적으로 시행되기 위한 재정적 뒷받침이 필수적이다.

(3) 유연성 강화 필요

정책의 지속성을 확보하고 유연성을 강화하려면, 복지 전달체계에 대한 추가적인 투자와 지속적인 개선 노력이 필요하다. 정책 집행의 유연성 강화를 위한 예산 증액이 절실하다.

2) 지속되는 복지 사각지대

2024년 송파 세 모녀 사건 10주기를 맞았음에도 제도적 미비로 인한 복지 사각지대는 여전히 존재하며(프레시안, 2024; 한겨레, 2025), 연 300조 원 이상의 복지예산이 투입되고 있음에도 클라이언트 맞춤형 서비스 부족과 접근 제한으로 돌봄 서비스 제공이 미흡한 실정이며(아시아투데이, 2025), 이를 해결하기 위해서는 통계 기반 사각지대 발굴과 개인 맞춤형 복지 제공을 위한 제도적 보완이 시급하다.

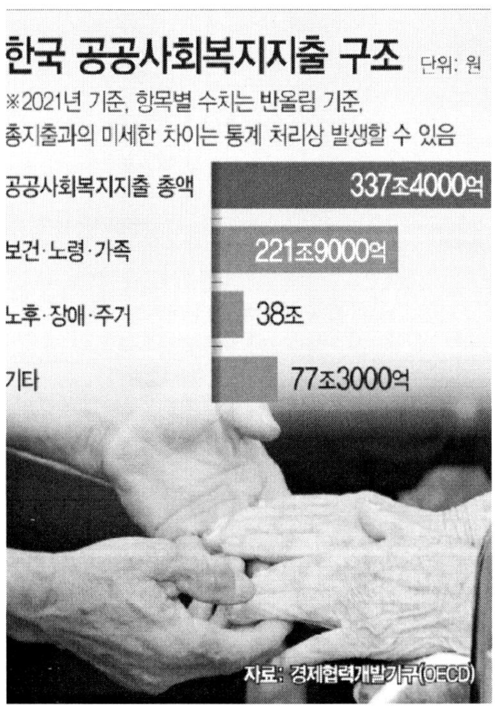

〈그림 3-1〉

출처: 아시아투데이, 2025.04.13. https://news.nate.com/view/20250413n13768

(1) 제도적 미비

제도적 미비와 정책의 불완전한 실행은 복지 사각지대 문제를 해결하지 못하게 만들고 있다. 이는 정책 실행에 있어 중요한 장애물이 된다.

(2) 서비스 접근 제한

특정 서비스에 대한 접근 제한은 일부 취약계층이 필요한 서비스를 받지 못하게 하여, 복지 사각지대가 지속되는 원인이 된다. 서비스 접근에 대한 제도적 장벽이 문제로 작용한다.

(3) 제도적 보완 필요

맞춤형 서비스 제공을 위한 제도적 보완이 필요하며, 이를 통해 사각지대를 최소화하고 복지 서비스를 보다 효과적으로 제공할 수 있다. 제도적 개선이 이루어져야만 복지 사각지대가 해소될 것이다.

3) 해결 방안 제시

복지 전달체계의 경직성 문제를 해결하기 위해서는 예산 재배분과 효율적인 관리, 디지털 시스템 개선, 그리고 맞춤형 서비스 제공 강화가 필요하다. 이를 통해 복지 사각지대를 해소하고, 취약계층에 대한 서비스를 보다 효과적으로 제공할 수 있다.

(1) 예산 재배분 및 효율적 관리

예산 삭감으로 인한 문제를 해결하려면, 예산을 효율적으로 재배분하고, 우선순위를 명확히설정하여 필수적인 복지 서비스를 지속할 수 있도록 해야 한다. 장기적인 재정적 뒷받침을 보장하는 방안이 필요하다.

(2) 디지털 시스템 개선 및 접근성 향상

디지털 격차 해소와 서비스 접근성을 높이기 위해 온라인-오프라인 통합 시스템을 구축하고, 서비스 접근의 제도적 장벽을 허물어야 한다. 또한, 디지털 기기와 인터넷 사용이 어려운 취약계층을 위한 맞춤형 지원 방안을 마련해야 한다.

(3) 맞춤형 서비스 제공 강화

맞춤형 서비스 제공을 강화하고, 다양한 취약계층에 대한 특화된 서비스를 설계하여, 복지 사각지대를 해소해야 한다. 이를 위해 각 지역의 특성과 수요에 맞춘 유연한 복지 서비스를 제공해야 한다.

3. 자원 관리 실패와 조직 침묵

자원 관리 실패와 조직 내 침묵은 사회복지 서비스의 실효성을 저하시킨다. 예산과 정책 간 불일치, 공공기관의 자원 관리 부실, 그리고 문제 제기에 대한 침묵은 사회복지 시스템의 투명성과 효율성을 심각하게 해칠 수 있다. 이 장에서는 이러한 문제들이 실제로 어떻게 현장에서 나타나는지 분석하고, 개선 방안을 제시한다.

1) 정책과 예산의 불일치

제주도는 육아지원금 확대 등 사회복지 정책을 발표했으나, 예산에 반영되지 않아 도민 기만 논란이 일었다(제주도청, 2025). 정책이 실제 예산에 반영되지 않는다면, 이는 정책의 실행력을 저하시킬 뿐만 아니라, 국민들의 신뢰를 손상시킨다.

(1) 예산 반영 부족

정책이 실제 예산에 반영되지 않으면 정책 실행에 대한 신뢰가 훼손되고 서비스 제공에 차질이 생길 수 있으며, 이러한 불일치는 정책의 형식적 발표에 그칠 위험성을 높여 실효성 있는 복지 실현을 가로막는다.

(2) 실행력 저하

예산과 정책이 일치하지 않으면 실질적인 정책 실행력이 떨어지며 복지 서비스의 질을 낮추게 되고, 결국 현장에서는 계획된 지원이 지연되거나 축소되는 등 실무적 혼란이 지속될 수 있다.

(3) 국민 신뢰 손상

예산 부족으로 인한 정책 미이행은 국민들의 정부와 정책에 대한 신뢰를 크게 손상시킬 수 있으며, 반복적인 정책 실패는 공공정책에 대한 무관심과 사회적 냉소주의로 이어질 우려가 있다.

2) 공공기관 운영 관리 부실

경남교육청의 2024년 감사에서는 특수교육지원센터 이전 실패, 노후 태양광 시설 관리 미흡 등 공공 자원 관리 부실이 다수 지적되었다(경남교육청, 2024). 또한, 조직 내에서 비효율적 예산 집행이나 부적절한 관리에 대한 문제 제기가 제대로 이루어지지 않고 침묵하는 문화가 지속되고 있다(김윤정, 2024). 이러한 조직 침묵 문화는 문제 해결을 지연시키고, 시스템의 비효율성을 더욱 심화시킨다.

(1) 자원 관리 부실

공공기관에서 자원의 관리 미비가 지속되면, 시설 운영에 필요한 자원을 적시에 확보하지 못하고, 이로 인해 자원의 낭비와 함께 필수 복지 서비스 제공의 지연, 업무 혼선 및 관리체계 전반의 비효율성이 초래된다.

(2) 조직 침묵 문화

조직 내 문제 제기와 해결 노력이 부족한 침묵 문화는 비효율성을 초래하고, 문제 해결 지연과 함께 직원들의 문제 해결 의욕과 자율성을 저하시켜, 결과적으로 조직의 성장과 개선을 방해하며, 장기적인 혁신 역량을 저해한다.

(3) 문제 해결 지연

비효율적인 자원 관리와 문제 제기 부재는 행정 낭비와 시스템 비효율성을 심화시키며, 이는 서비스 품질 저하와 고객 불만 증가뿐 아니라, 조직의 신뢰도 하락과 외부 평가 악화로 이어지는 구조적 문제를 초래한다.

3) 조직 내 비효율적 예산 집행

공공기관에서 비효율적인 예산 집행은 자원 낭비와 서비스 제공의 질 저하를 일으킬 수 있다. 예산이 적절하게 분배되지 않으면 사회복지 서비스의 실행에 차질이 생기고, 필요한 부문에 충분한 자원을 투입할 수 없게 된다.

(1) 예산 분배의 불균형

예산이 특정 부문에 집중되거나 불필요하게 낭비될 경우 필요한 서비스 분야에 자원이 부족해질 수 있으며, 이는 취약계층 대상 서비스의 공백을 초래하고 복지 체계 전반의 형평성을 해칠 수 있다.

(2) 효율성 저하

비효율적인 예산 집행은 행정 자원의 낭비를 초래하고 결국 복지 서비스의 품질 저하로 이어지며, 이러한 결과는 정부 재정 운영의 신뢰성을 약화시키고 사회적 비용 증가로도 이어져 복지정책의 지속 가능성을 위협할 수 있다.

(3) 서비스 질 저하

자원의 낭비와 비효율적 예산 집행은 복지 서비스를 제공하는 데 필요한 자원을 줄여 서비스의 품질을 낮추게 되며, 그 결과 이용자의 불만이 커지고 복지 정책에 대한 불신으로 확산되어 사회 전체의 복지 신뢰 기반이 약화될 수 있다.

4. 종사자의 권한 부족 및 전문성 저해

사회복지 종사자들은 종종 권한 부족과 전문성 부족으로 인해 실무에서 어려움을 겪고 있다. 특히, 순환보직 제도와 과잉 배출되는 사회복지사 문제는 이들의 직무 만족도와 전문성에 심각한 영향을 미친다. 이 장에서는 이러한 문제들이 어떻게 현장에서 나타나는지 분석하고, 개선 방안을 제시한다.

1) 순환보직과 근속기간 짧음

사회복지 공무원의 잦은 순환보직은 전문성 축적을 어렵게 하며, 이를 해결하기 위한 인사 제도 개선이 강하게 요구된다(KIHASA, 2024). 순환보직이 잦으면 현장 경험을 충분히 쌓기 어려워지며, 결과적으로 실무에서의 대응 능력이 떨어진다.

(1) 전문성 부족

잦은 순환보직은 전문성을 축적하기 어려운 환경을 만들며, 현장에서의 업무 효율성 저하를 초래하고 실무자들이 심화된 문제 해결 능력을 갖추기 어렵게 만들 뿐 아니라, 서비스 일관성과 질적 향상에도 장애 요인으로 작용한다.

(2) 근속 기간의 단축

근속 기간이 짧아짐에 따라 종사자들이 장기적인 관점에서의 업무 수행이나 문제 해결에 어려움을 겪게 되며, 조직의 연속성과 안정성이 부족해질 뿐만 아니라 현장 내 전문성의 지속적 계승이 어려워진다.

(3) 인사 제도 개선 필요

인사 제도의 개선을 통해 현장 경험을 충분히 쌓을 수 있도록 하고, 전문성 강화를 위해 근속 기간을 늘리는 방향으로 개선이 필요하며, 이는 조직의 효율성과 서비스 질 향상에 기여할 것이다.

2) 사회복지사 과잉 배출과 전문직 위상 하락

사회복지사 자격 보유자가 150만 명을 초과하였으나, 양질의 일자리가 부족하고 전문직 위상이 하락하고 있다(한국사회복지교육학회, 2024). 특히, 공공 사례관리 종사자들은 민간에 비해 경력이 짧아 현장 대응 능력이 부족하다는 지적을 받고 있다(박상희, 2023). 전문성 강화를 위해서는 직업 교육 및 연수를 강화하고, 현장 경험을 통해 전문성을 높여야 한다.

(1) 일자리 부족

사회복지사 자격을 가진 사람은 많지만 양질의 일자리가 부족하여 종사자들의 직무 만족도가 낮고, 이로 인해 직업 선택에 대한 안정성이 부족하며, 이는 사회복지 전문 인력의 지속적인 유입과 유지에도 부정적인 영향을 미친다.

(2) 전문직 위상 하락

사회복지사 직업의 위상 하락은 직무의 자긍심 저하와 직업에 대한 신뢰 부족으로 이어지며, 이는 신규 사회복지사들의 직업 선택에 부정적인 영향을 미치고, 장기적으로 사회복지 전문성 체계 전반의 약화로 이어질 수 있다.

(3) 현장 경험과 연수 강화

직업 교육과 현장 연수를 강화하여 사회복지사의 전문성을 높이고 현장 대응 능력을 향상시킬 필요가 있으며, 이를 통해 직무 수행의 효율성과 서비스 질을 개선하고, 전문직으로서의 위상 회복과 직업 만족도를 동시에 제고할 수 있다.

3) 종사자의 권한 부족

사회복지 종사자들이 직무 수행 시 권한 부족으로 인해 적절한 결정을 내리기 어려운 경우가 많다. 권한이 제한된 상태에서는 종사자들이 복잡한 상황을 효과적으로 처리하기 어렵고, 서비스의 질이 저하될 수 있다.

(1) 결정권 부족

현장에서 필요한 결정을 내릴 권한이 부족하면 서비스 제공이 지연되거나 비효율적으로 이루어질 수 있으며, 이는 종사자들의 업무 스트레스를 증가시키고 서비스 품질을 저하시킬 수 있다.

(2) 책임 회피

권한 부족으로 인해 발생한 문제에 대해 종사자가 책임을 지기 어려워 문제 해결이 지연될 수 있으며, 이는 서비스 이용자들의 불만을 초래하고 업무의 신뢰성을 떨어뜨릴 뿐만 아니라, 조직 내 책임 회피 문화가 고착될 위험도 존재한다.

(3) 권한 확대 필요

권한 부족으로 인해 발생한 문제에 대해 종사자가 책임을 지기 어려워 문제 해결이 지연될 수 있으며, 이는 서비스 이용자들의 불만을 초래하고 업무의 신뢰성을 떨어뜨리므로, 실질적인 권한 확대를 통해 현장 대응력과 서비스의 신속성을 제고해야 한다.

5. 서비스 형식화 및 클라이언트 중심성 상실

복지 서비스의 형식화와 클라이언트 중심성 상실은 고령화 사회와 디지털 소외로 인해 심각한 문제를 야기하고 있다. 이는 개별 클라이언트의 특성과 욕구를 충분히 반영하지 못하는 결과를 초래한다. 이 장에서는 형식화된 서비스 제공이 클라이언트 요구를 반영하지 못하는 이유와 이를 해결하기 위한 방안을 제시한다.

1) 고령화 및 고독사 문제

초고령사회 진입과 함께 노인 돌봄 서비스가 형식화되고 있으며, 인력 부족으로 맞춤형 서비스 제공이 어려워 고독사 문제가 심각해지고 있다(보건복지부, 2025). 노인 돌봄 서비스의 획일적인 운영은 개인의 구체적인 욕구를 반영하지 못하고, 서비스의 질을 저하시킨다.

(1) 서비스 형식화

고령화 사회에 따른 노인 돌봄 서비스는 개인의 특성을 고려하지 않고 획일적으로 운영되어, 효과적인 지원을 제공하는 데 한계가 있다. 이는 노인의 다양한 신체적, 정서적 요구를 충족시키지 못하고, 서비스의 질적 저하를 초래한다.

(2) 인력 부족 문제

돌봄 인력의 부족은 맞춤형 서비스 제공을 어렵게 하여, 고독사와 같은 심각한 문제를 초래할 수 있다. 또한, 인력의 과중한 업무는 돌봄의 질을 떨어뜨리고, 실직적인 문제 해결을 지연시킨다.

(3) 맞춤형 서비스 필요

고령자 개개인의 욕구를 반영한 맞춤형 서비스 제공을 위해서는 돌봄 인력 확충과 서비스의 다양화가 필수적이다. 이를 통해 돌봄의 효율성을 높이고, 노인의 삶의 질을 향상시킬 수 있다.

2) 디지털 소외 현상

정보격차로 인해 고령자 및 저소득층이 온라인 기반 복지 서비스에서 소외되는 현상이 심화되고 있다(정보격차 실태조사, 2024). 디지털 격차를 해소하기 위한 정책적 노력과 함께, 다양한 세대와 계층을 아우를 수 있는 서비스 접근 방식이 필요하다.

(1) 정보격차 확대

고령자와 저소득층은 디지털 기술에 접근하는 데 어려움을 겪으며, 온라인 기반의 복지 서비스에서 소외되는 현상이 지속되고 있다. 이는 이들 계층이 필요한 서비스를 받지 못하게 하여 사회적 불평등을 심화시킨다.

(2) 디지털 소외

디지털 소외는 사회복지 서비스 접근성을 제한하고, 복지 혜택을 받지 못하는 계층을 더욱 취약하게 만들어 사회적 불평등과 배제 문제를 심화시키며, 이는 디지털 기술에 대한 교육 부족과 인터넷 접근성의 격차로 인해 더욱 확대되는 경향을 보인다.

(3) 정책적 개선 필요

디지털 격차 해소를 위해 모든 세대와 계층을 아우를 수 있는 포괄적 서비스 접근 방식 개선이 필요하며, 이를 위해 디지털 교육과 함께 오프라인 지원을 병행하는 다층적이고 통합적인 정책적 접근이 요구된다.

3) 서비스 접근성 부족

서비스의 형식화와 클라이언트 맞춤형 서비스 제공 부족은 서비스 접근성을 저하시킬 수 있다. 특히 취약계층은 서비스의 혜택을 받기 어려운 경우가 많으며, 이는 불평등을 더욱 심화시킨다.

(1) 서비스 접근 제한

서비스 제공의 형식화로 인해 클라이언트의 개별적인 상황이나 필요가 반영되지 않고, 서비스 접근이 제한될 수 있다. 이는 복지 서비스의 효율성을 저하시켜 실제 필요가 있는 사람들에게 적절한 지원을 제공하지 못하게 만든다.

(2) 취약계층의 어려움

취약계층은 서비스 접근이 어려워지면서 복지 사각지대에 놓일 위험이 커지고,

이로 인해 필요한 지원을 받지 못해 사회적 불평등이 심화되며, 장기적으로는 사회 통합과 복지정책의 신뢰성에도 부정적인 영향을 미칠 수 있다.

(3) 개별 맞춤형 접근 필요

서비스 제공 방식의 혁신과 접근성 향상을 위해서는 클라이언트 개개인의 특성을 고려한 맞춤형 접근 방식이 필요하다. 이를 통해 모든 대상자가 평등하게 복지 서비스를 받을 수 있도록 해야 한다.

6. 정책 개선 방안 및 향후 방향

현재 사회복지 시스템에서 발생하고 있는 주요 문제들을 해결하기 위한 정책 개선 방안과 향후 방향을 제시한다. 복지 전달체계의 유연성, 자원 관리의 효율성, 인사 시스템의 전문성 확보 등 여러 측면에서의 개선이 필요하다. 이를 통해 보다 효과적이고 지속 가능한 사회복지 시스템을 구축할 수 있을 것이다.

1) 전달체계 개선 및 유연성 강화

현재 복지 전달체계는 정책의 실효성을 높이는 데 한계가 있으며, 이를 개선하기 위해 평가 시스템의 재점검과 지역 특성에 맞는 자율적 예산 운용권 확대가 필요하고, 이를 통해 지역 맞춤형 복지서비스 제공과 전달체계의 유연성을 동시에 확보할 수 있다.

(1) 기존 전달체계 평가 재점검

기존의 복지 전달체계와 그 평가 시스템을 재점검하여 불필요한 절차나 비효율적인 부분을 개선해야 한다. 이를 통해 시스템의 효율성을 높이고, 실제로 필요한 사람들에게 신속하고 정확한 지원을 제공할 수 있다.

(2) 지역 특성 반영

지역마다 상이한 요구를 충족시키기 위해 자율적인 예산 운용권 확대가 필요하며, 이는 각 지역의 특성을 반영한 서비스 제공을 가능하게 할 것이다. 이를 통해 지역 사회의 특수한 필요를 충족시킬 수 있는 맞춤형 정책을 수립할 수 있다.

(3) 유연성 강화

유연한 전달체계가 갖춰지면 지역사회 내 복지 서비스를 보다 효율적으로 제공할 수 있으며, 정책 이행의 효과성이 높아질 것이다. 이러한 유연성을 통해 사회복지 서비스의 접근성과 품질을 개선할 수 있다.

2) 자원 관리의 효율성 제고

자원 관리는 복지 시스템의 핵심적인 부분으로, 자원의 낭비를 줄이고, 효율적으로 분배되어야 한다. 이를 위해 평가 기반 재정 및 인력 운용 방안이 필요하다.

(1) 평가 기반 재정 운용

자원의 효율적인 분배를 위해 각 사업의 성과를 평가하고 이를 바탕으로 예산을 조정하는 방안이 필요하며, 이는 불필요한 지출을 줄이고 예산의 사용 효율성을 높이며, 실질적인 정책 효과성을 제고하는 데 기여할 수 있다.

(2) 인력 운용의 효율화

인력 배치와 예산 집행을 평가 기반으로 개선하여 자원 낭비를 줄이고 효율성을 높여야 하며, 이를 통해 현장 실무자의 업무 부담을 줄이고 필요한 곳에 적절한 인력을 배치함으로써 조직의 운영 안정성과 서비스 품질을 동시에 확보할 수 있다.

(3) 효율적 자원 관리

자원을 보다 효율적으로 관리하기 위해 체계적인 예산 운용과 인력 배치 방안을 마련해야 하며, 이는 자원의 낭비를 최소화하고 서비스 품질을 극대화함과 동시에 지속 가능한 복지 시스템 구축에 기여할 수 있다.

3) 공공사회복지 인사 시스템 개선

공공사회복지 인사 시스템은 순환보직의 한계를 극복하고 전문성을 높일 수 있는 방향으로 개선되어야 하며, 전문성의 연속성을 확보할 수 있는 인사제도 개혁과 함께 종사자의 직무 만족도와 조직의 안정성까지 고려한 전략적 인사운영이 필요하다.

(1) 순환보직 제도의 한계 극복

잦은 순환보직은 실무 경험을 축적하는 데 방해가 되므로, 인사 제도 개혁을 통해 전문성 강화가 필요하다. 이를 통해 복지 분야에서 더 깊이 있는 전문 지식과 실무 능력을 갖춘 인재를 육성할 수 있다.

(2) 전문성 연속성 확보

복지 현장에서의 전문성을 이어가기 위해서는 인사제도의 개혁을 통해 전문성 연속성을 보장해야 한다. 이는 현장 실무자들이 직무에 대한 지속적인 학습과 경험을 쌓을 수 있게 하여, 서비스 품질을 높이는 데 기여할 것이다.

(3) 직무 만족도 향상

순환보직 한계를 극복하고 전문성을 연속적으로 키울 수 있도록 인사제도를 개선하면, 사회복지사들의 직무 만족도를 높이고, 현장 서비스의 질도 향상될 것이다. 또한, 직무에 대한 자긍심을 높여 이직률을 낮추고, 조직의 안정성을 강화할 수 있다.

〈표 3-2〉 조직 운영과 서비스 제공 실패에 대한 정책 개선 요약

개선 영역	문제 요약	개선 방향	기대 효과
전달체계 유연성	경직된 전달체계, 지역 차이 반영 미흡	평가 시스템 재정비, 자율적 예산 운용권 확대	지역 특성 맞춤형 서비스 가능, 신속한 복지 제공
자원 관리 효율성	자원 낭비, 예산 불균형, 인력 운영 미흡	평가 기반 예산/인력 운용, 효율적 자원 배치	행정 낭비 최소화, 복지 자원의 최적 활용
인사 시스템 개선	순환보직, 전문성 부족, 직무 만족도 저하	근속기간 확대, 전문성 연계 보장, 인사제도 개혁	실무 전문성 향상, 서비스 질 개선, 종사자 만족도 증대
데이터 기반 행정	시스템 연계 부족, 표준화 미비	데이터 표준화, 부처 간 협업, 디지털 플랫폼 정부 추진	정책 집행의 신속성·정확성 제고, 실질적 국민 체감 향상
서비스 접근성 강화	디지털 소외, 형식화된 서비스, 클라이언트 중심성 부족	디지털 접근성 개선, 맞춤형 서비스 설계, 오프라인 병행 지원	복지 사각지대 해소, 수요자 중심 서비스 실현

토론 주제 / 논의할 문제

1. 공공기관의 자원 관리 부실이 사회복지 서비스의 품질과 전달 과정에 미치는 영향을 어떻게 평가할 수 있을까?

2. 조직 침묵 문화는 문제 해결과 혁신의 부재로 이어지는데, 이를 극복하기 위한 리더십과 조직문화 개선 방안은 무엇일까?

3. 디지털 소외 문제 해결을 위해 현장에서 필요한 구체적 교육과 지원 정책은 무엇이며, 이를 실현하기 위한 실행 방안은 무엇인가?

4. 공공기관과 민간기관 간 협력 부족 문제를 해결하기 위한 통합 정보 플랫폼 구축의 필요성과 이를 위한 조건은 무엇인가?

Chapter

04

사회복지 행정의 실패와 주무관의 역할 변화

1. 주무관의 역할 혼선과 책임 전가

사회복지 주무관은 지역복지의 최전선에서 핵심 행정 기능을 담당하지만 역할의 모호성과 책임 전가 구조로 인해 복지서비스의 질이 저하되고 있으며, 주무관 제도의 변천과 현장의 혼선, 책임 구조의 문제를 분석한다.

1) 주무관 직무의 정의와 변천

주무관 제도는 사회복지 행정의 최일선에서 오랜 시간 역할 변화를 겪어왔으나 여전히 명확한 직무 정의와 권한 규정이 미흡한 실정으로, 이에 따라 제도적 기원과 변천 과정, 그리고 실무에서 나타나는 직무 혼선과 권한 문제를 살펴보고자 한다.

(1) 주무관 제도의 기원과 발전

주무관 제도는 일제강점기 관료제의 행정보조 인력에서 출발해, 1987년 별정직 사회복지전문요원 도입과 1999년 사회복지직 공무원 임용, 2000년대 복지 수요 급증을 거쳐, 단순 보조에서 실질적 복지 실무자로 자리매김하였다(김이배, 2017).

(2) 복지업무의 변화와 직무 혼선

복지업무가 사례관리, 급여지급, 상담 등 복잡다변해지며 주무관의 업무 범위는 확대되었으나, 직무기술서와 역할 규정이 부재해 지역과 기관마다 업무 차이가 크고, 직무 정체성 혼란을 초래한다.

(3) 권한 없는 책임 증가의 문제

주무관은 법령 해석과 행정판단 권한이 제한적임에도 현장에서 발생하는 민원과 행정 결과의 책임은 전적으로 부담하며, 이는 행정 실패의 구조적 원인으로 작용한다(이상수, 2023).

2) 책임 전가 구조와 실무자 부담

사회복지 주무관은 정책 집행의 핵심 인력이지만, 책임 전가와 감정노동, 업무 부담이 집중되는 구조 속에서 소진과 스트레스에 시달리고 있다. 이 장에서는 현장 실무자의 책임 전가 문제와 구조적 부담의 원인을 구체적으로 분석한다.

(1) 민원 대응 책임의 불합리한 전가

정책 오류와 지침 해석의 혼란으로 민원이 현장 주무관에게 집중되면서 일선 실무자의 감정노동과 스트레스가 심화되고, 이를 방치할 경우 업무 회피와 행정 불신이라는 악순환이 고착될 수 있으며, 최근 공무상 자살이 급증해 사망 원인 1위를 차지하자 정부는 예방 중심의 대응체계 구축과 법 개정을 추진하고 있다(서울신문, 2024).

〈그림 4-1〉

출처: 서울신문(2024.,08.26). 공무중 과로사 · 자살 이젠 그만… 아픈 공무원 '직무 중단' · 공무원 주치의 제도 도입. https://www.seoul.co.kr/news/society/2024/08/26/20240826500224

(2) 조직 내 위계 구조의 불평등

사회복지직렬은 소수직렬로 조직 내에서 의사결정권과 승진 기회가 제한되며, 상시적인 정책 집행 책임은 주어지지만 실질적 권한은 부족한 구조에 놓여 있다(배광빈 외, 2021).

(3) 실무자 보호체계 부재와 소진 위험

민원 대응과 업무 집행에서 실무자를 보호하는 공식적인 방어 체계가 부족해, 주무관은 반복적인 업무 스트레스와 소진에 노출되며, 이는 조직 전반의 행정 신뢰도 저하로 이어진다(최정숙 외, 2023).

3) 법적·제도적 개선 방향

주무관의 역할 혼선과 책임 전가 문제를 해결하기 위해서는 명확한 직무 기술서 마련과 법적 · 제도적 방어 체계 강화가 필요하다. 본 절에서는 이를 위한 개선 방안과 구체적 제도 정비 방향을 제시한다.

(1) 직무기술서(JD) 표준화 필요성

복지 행정의 전문성과 현장 정합성을 반영한 표준화된 직무기술서 마련은 주무관의 역할과 책임소재를 명확히 정의하여 실무 혼선과 책임 전가를 방지하고, 행정의 전문성 및 일관성을 높이는 데 핵심적이다.

(2) 「행정기본법」 제40조 기반 해석 체계 정비

법령 해석의 법적 근거를 제공하는 「행정기본법」 제40조[1]를 기반으로 정부 유권해석 시스템과 통합 질의응답 체계를 마련하여 현장의 해석 부담을 줄이고 일관된 적용을 보장해야 한다.

(3) 실무자 보호 및 책임 면책 체계 마련

정책 실패나 민원 발생 시 고의나 중대한 과실이 없는 경우 실무자의 책임을 면제하거나 보호할 수 있는 가이드라인과 공식적인 대응 체계를 마련해 실무자의 안전망을 보장해야 한다(최정숙 외, 2023).

1) 「행정기본법」 제40조, ①누구든지 법령등의 내용에 의문이 있으면 법령을 소관하는 중앙행정기관의 장(이하 "법령소관기관"이라 한다)과 자치법규를 소관하는 지방자치단체의 장에게 법령해석을 요청할 수 있다. ②법령소관기관과 자치법규를 소관하는 지방자치단체의 장은 각각 소관 법령등을 헌법과 해당 법령등의 취지에 부합되게 해석 · 집행할 책임을 진다. ③법령소관기관이나 법령소관기관의 해석에 이의가 있는 자는 대통령령으로 정하는 바에 따라 법령해석업무를 전문으로 하는 기관에 법령해석을 요청할 수 있다. ④법령해석의 절차에 관하여 필요한 사항은 대통령령으로 정한다.

2. 반복되는 인사 이동의 폐해

사회복지 전담공무원에게 적용되는 순환보직 원칙은 조직 내 부패 방지와 다양한 직무 경험이라는 긍정적 취지를 갖고 있다. 그러나 사회복지업무 특성과 충돌하면서 여러 부작용이 나타나고 있다. 이 장에서는 잦은 인사 이동의 구조적 문제와 결과를 검토한다.

1) 순환보직 제도의 일반 구조

공무원 조직에서 순환보직은 인사행정의 효율성과 공정성을 위한 수단으로 활용된다. 그러나 복지행정과 같은 전문성 중심 분야에선 이 제도가 오히려 업무 연속성과 질을 저해하는 요인이 되고 있다.

(1) 순환보직의 개념과 장점

순환보직은 부패 방지, 조직 활력, 다양한 직무 학습 기회를 부여하기 위한 제도로 이해되며, 특히 부처 간 협업과 유연한 조직 운영을 위한 효과적인 인사 전략으로도 기능한다(배광빈 외, 2021).

(2) 사회복지 업무의 전문성과 충돌

사회복지업무는 복잡한 법령 해석, 민감한 사례 개입, 지속적 관계 형성을 요구하며, 단기 보직 순환은 이러한 업무 특성과 상충되어 전문성 축적과 문제 해결 역량 강화를 방해하는 부작용을 초래한다(김이배, 2017).

(3) 행정 내 동일 직급 간 불균형

복지직렬은 일반행정직과 달리 전문성이 축적된 인력 구조가 필수적이나, 동일한 순환보직 원칙이 적용되며 전문성 개발 기회 부족과 형식적 업무 경험 반복이라는 문제를 유발하고, 현장 대응력 저하로 이어진다(김이배, 2017).

2) 업무 연속성 단절과 인수인계의 형식화

사회복지 행정은 사례관리의 지속성과 주민과의 관계 형성이 중요한 요소이다. 그러나 잦은 인사 이동은 담당자의 역할 단절을 야기하며, 주민 신뢰 저하와 실무 오류로 이어진다.

(1) 사례관리 업무의 단절

지역 주민과 장기적인 신뢰를 기반으로 한 복지 개입이 필요한 상황에서 담당자가 1~2년 단위로 교체되면 사례 연속성이 무너지고, 복지서비스의 질은 현저히 저하된다(김이배, 2017).

(2) 인수인계의 매뉴얼 부재

전주시의 사례에서 확인되었듯이, 민간위탁시설의 수탁기관 변경 시 인수인계가 비공식적이고 형식적으로 이뤄지는 일이 반복되어, 조직 전체가 '독학생 주무관' 중심으로 운영되는 구조가 형성되었다(배광빈 외, 2021).

(3) 인사 이동 자체가 목적이 되는 구조

'보직 채움' 자체가 인사의 목표가 되어 담당자의 역량과 업무 적합성이 충분히 고려되지 않으며, 이는 행정의 일관성과 책임성을 저해하고 조직 운영의 전문성과 효율성을 약화시키는 결과를 초래한다(배광빈 외, 2021).

3) 전문성 약화와 행정 신뢰도 하락

사회복지 업무는 경험과 사례를 통해 형성되는 전문성이 핵심이다. 하지만 순환 보직의 관행은 전문성 발달의 시간을 박탈하고, 대상자와의 신뢰관계를 단절시키며, 행정 전반에 대한 신뢰도를 저하시킨다.

(1) 학습효과의 차단

주무관은 보직 순환 주기에 맞춰 새로운 업무를 빠르게 익혀야 하며, 업무에 익숙해질 즈음 타부서로 이동하는 구조 속에서 반복적인 초기 적응의 고통과 시간적 소모를 반복적으로 경험하게 된다.

(2) 주민 신뢰의 손상

동일 주민이 상담을 요청할 때마다 담당자가 바뀌는 경험을 반복하면, 공공행정에 대한 기대보다는 불신과 피로감이 누적된다. 이는 복지 접근성을 저해하는 중요한 요인이 된다(배광빈 외, 2021).

(3) 조직의 효율성 저하

순환보직이 조직 전반의 유기적인 협업보다 '행정의 피상화'와 '보직 중심 인사 정치'로 전락하면서 행정조직의 본질적 역량은 약화된다. 복지 분야에서는 이러한 구조가 더욱 치명적이다.

3. 지침 해석의 불일치와 일관성 결여

사회복지 정책이 복잡해질수록 지침 해석 능력이 중요해지지만, 동일한 지침이 지역마다 달리 적용되어 행정의 신뢰성과 형평성이 훼손되고 있다. 이 장에서는 이러한 지침 해석 문제의 원인과 구조, 개선 방향을 분석한다.

1) 일선 공무원의 해석 재량과 혼란

현행 사회복지 행정은 법령과 지침의 해석 권한 및 책임 구조의 명확성 부족으로 인해, 주무관들이 다양한 규정과 조례를 해석하며 반복적인 혼란과 부담을 겪고, 이는 행정의 일관성 저하와 신뢰도 하락으로 이어진다.

(1) 해석 재량의 확대와 위험

「행정기본법」 제40조는 행정기관의 법령 해석 권한을 명시하였지만, 해석 기준은 여전히 추상적이고 자의적 해석을 야기할 여지가 많다(이상수, 2023). 특히 사회복지 행정에서는 급여 기준, 대상자 요건 등의 해석 차이로 민원과 분쟁이 빈번하다.

(2) 해석 권한과 책임의 불균형

지방자치단체장이나 중앙부처는 지침을 하달하면서도 구체적인 해석 지침이나 판례 수준의 사례 공유 없이, 해석과 집행 책임을 일선 공무원에게 떠넘긴다. 그 결과, 해석 실수나 기준 차이로 인한 민원은 주무관 개인의 책임으로 귀결된다.

(3) 복수 기준의 상충과 혼란

유사한 상황에서 보건복지부 지침, 행정안전부 권고, 지자체 조례가 다른 기준을 제시하거나 해석 범위를 달리하면 주무관은 어느 지침을 우선 적용해야 할지 혼란을 겪고, 이는 행정의 일관성을 훼손하며 신뢰도 저하로 이어진다(이상수, 2023).

2) 지역 간 해석 편차와 행정 불평등

같은 중앙정부의 지침이라도 지역별 해석과 적용에는 차이가 존재해 주민 간 형평성과 행정 신뢰성에 부정적인 영향을 미친다. 본 장에서는 이러한 지역 간 해석 편차의 구조적 원인과 그로 인한 불평등 문제를 분석하고자 한다.

(1) 동일한 사례에 대한 상이한 결정

한 시군에서는 긴급복지 대상자로 인정된 사례가 다른 시군에서는 제외되는 일이 빈번하다. 특히 「경기도형 긴급복지사업」의 간병비 · 통합지원비 지급기준은 지역마다 자의적으로 해석되어 대상자 선정과 지원 여부에 큰 차이를 보였다(성은미 외, 2024).

(2) 지자체 해석 역량 차이

법령 해석에 필요한 전문성과 법적 자문 시스템이 부족한 지자체에서는 '최소 책임주의' 또는 '과도한 형식주의'로 귀결되는 경향이 있다. 이는 복지 사각지대 발생의 구조적 원인으로 작용한다(함영진 외, 2023).

(3) 주민의 신뢰와 수용성 저하

이웃 시군에서 가능했던 복지 지원이 자신이 속한 지자체에서는 거부되는 경험은 주민에게 행정의 불공정성 인식을 심어준다. 이러한 사례는 복지서비스의 신뢰 기반을 흔드는 요소로 작용한다(성은미 외, 2024).

3) 법령 해석 시스템의 제도화 방향

법령 해석의 일관성과 명확성은 사회복지 행정의 신뢰성을 높이는 핵심 과제다. 본 장은 「행정기본법」 제40조를 기반으로 해석 체계 개선, 사례 기반 매뉴얼 제작, 실무자 보호장치 마련 등 법령 해석 제도화 방향을 다룬다.

(1) 「행정기본법」 제40조의 적극적 활용

법령 해석의 법적 근거를 제공하는 제40조를 기반으로, 법제처 및 중앙부처 차원의 해석 공유 시스템과 통합 질의응답 플랫폼구축이 필요하다. 이를 통해 전국적인 기순 동일과 일선의 부담 경감을 동시에 달성할 수 있다(이상수, 2023).

(2) 법령 해석 매뉴얼의 현장화

추상적 지침을 구체화한 '사례 기반 해석 매뉴얼'을 제작 · 배포하고, 주기적 교육을 통해 일선 공무원의 해석 역량을 강화해야 한다. 이는 인수인계가 형식화되어 있는 현실에서도 일정 수준의 해석 일관성을 유지하게 할 수 있다.

(3) 해석 오류에 대한 조직적 보호체계

지침 해석과 관련된 업무 실수에 대해, 고의나 중대한 과실이 없을 경우 책임을 면제하거나 조정할 수 있는 조직 차원의 방어체계가 필요하다. 이는 실무자의 자율성과 안정성을 동시에 보장한다(함영진 외, 2023).

4. 중앙-지자체 간 협력 실패

사회복지 행정은 중앙정부와 지방자치단체 간 긴밀한 협업을 전제로 효과적인 전달체계가 작동해야 하나, 현재의 구조는 기능 중복과 책임 분산, 재정 부담 전가 등 다양한 실패 양상을 드러내고 있으며, 중앙-지자체 간 협력 실패의 구조적 원인을 분석하고 복지정책의 일관성 및 실행력 저하 문제를 고찰한다.

1) 기능 중복과 역할 모호성

중앙정부와 지방정부 간의 역할 분담이 모호하고 중복되면서 복지 행정의 비효율성과 갈등이 심화되고 있다. 본 장은 사회복지 사무 배분의 혼란, 조정 기능의 부재, 지역 현실을 반영하지 못한 중앙정부의 일괄 지침 문제를 분석한다.

(1) 사회복지 사무 배분의 혼란

복지 사무 일부는 법률상 중앙정부가 주관해야 하나, 집행과 책임은 지방정부에 전가되며, 광역과 기초 간 사무 구분도 불명확해 이중보고, 이중감사 등 행정 비효율이 심화된다(오영삼 · 이재원, 2023).

(2) 조정 기능의 부재

광역자치단체는 기초지자체 업무를 조정할 법적 권한이 제한적이며, 중앙정부는 보조금 교부로 기초까지 통제한다. 이로 인해 기초지자체는 정책 수립 없이 집행만 반복하는 구조에 놓인다(오영삼 · 이재원, 2023).

(3) 지역 여건 미반영의 일괄 지침

중앙정부의 일괄적 복지지침은 지역 특성을 반영하지 못한 채 전국에 일률적으로 적용되며, 이로 인해 지역별 차이를 고려하지 못해 복지 서비스의 형평성과 적실성을 저해하는 결과를 초래한다(함영진 외, 2023).

2) 재정 책임 전가와 부담 구조의 불균형

중앙정부는 다양한 국고보조사업을 통해 복지정책을 시행하지만, 그 재정 부담은 지방자치단체에게 일정 비율로 분담시키고 있다. 특히 기초자치단체는 자주재원이 부족해 심각한 운영상 어려움을 겪고 있다.

(1) 국고보조사업의 의무지출 구조

복지 관련 국고보조사업은 대부분 일정 비율의 지방비 부담을 요구하는 구조로 운영된다. 이는 자치단체 재정 자율성을 약화시키며, 특히 세입 기반이 취약한 기초지자체에는 큰 압박으로 작용한다(오영삼 · 이재원, 2023).

(2) 재정자립도 하락과 복지지출 증가

부산광역시 자치구의 사례에 따르면, 지난 10여 년간 사회복지비 비중은 꾸준히 증가한 반면, 재정자립도는 지속적으로 하락하였다. 복지 의무지출 증가가 자치재정의 붕괴 요인 중 하나로 분석되었다(오영삼 · 이재원, 2023).

(3) 재정 분담의 불균형 해소 미흡

지방정부의 부담을 줄이기 위한 광역단위의 재정조정 기제는 미흡하며, 중앙정부는 자주재정 확충보다 보조율 조정이라는 단기적 조치만 반복하고 있다. 이는 구조적 개선이 아닌 땜질식 대응에 불과하다(성은미 외, 2024).

3) 수직적 지배구조와 협업 거버넌스의 부재

현행 사회복지 행정은 중앙-지방 간 권한 관계가 수직적 지시에 의존하고 있으며, 협업 부재로 인해 정책 실행의 창의성과 지역 현실 반영이 어렵고, 수직 지배구조 · 협업 부재 · 전달체계 단절의 문제를 중심으로 현장의 어려움과 개선 과제를 분석한다.

(1) 수직적 지시 구조의 일방성

우리나라의 행정체계는 헌법과 「지방자치법」상 자치권을 보장하지만, 실제 운영은 중앙정부의 권한이 우위에 있으며, 이는 지방의 복지정책 자율성을 제약한다(오영삼 · 이재원, 2023).

(2) 협업형 거버넌스 부재

다수의 복지 정책이 중앙정부 주도로 설계되고 실행되는 구조로 인해 지역 기반의 민관 협력 거버넌스가 부재하거나 형식적으로 운영된다(함영진 외, 2023). 이로 인해 지역사회 복지정책의 현실성 및 지속 가능성이 저해된다.

(3) 협력 실패의 결과: 전달체계 단절

복지 사각지대, 서비스 중복, 대상자 누락 등은 중앙과 지방 간 협력 부족에서 비롯되며 사고 발생 시 책임을 서로 회피해 행정 신뢰를 약화시키고 있고(함영진 외, 2023), 한국행정연구원 조사에 따르면 공무원 중 중앙-광역 간 협조적이라는 응답은 25.4%, 중앙-기초 간은 20%에 불과하며, 이는 2020년 대비 각각 8.4%포인트, 8.6%포인트 감소해 정부 간 협력 인식이 크게 악화된 것으로 나타났다(김은경 기자, 2024).

아래 〈그림 4-2〉은 중앙과 지방 간 복지 행정 협력 실패의 구조를 시각적으로 정리한 것이다.

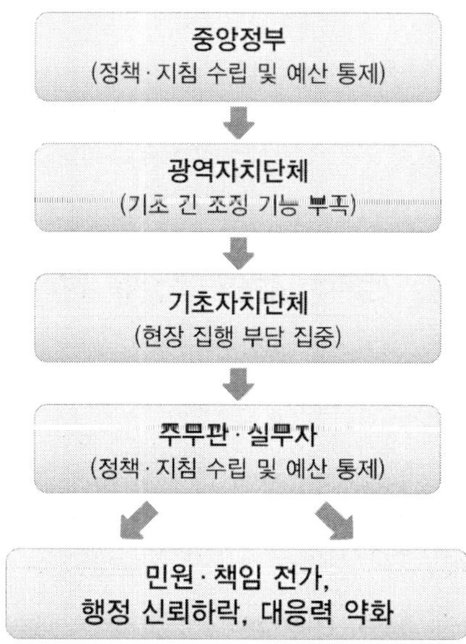

〈그림 4-2〉 중앙-지방 간 복지 전달체계 협력 실패 요인 구조도

출처: 본서 재구성(오영삼 · 이재원, 2023; 함영진 외, 2023 참고)

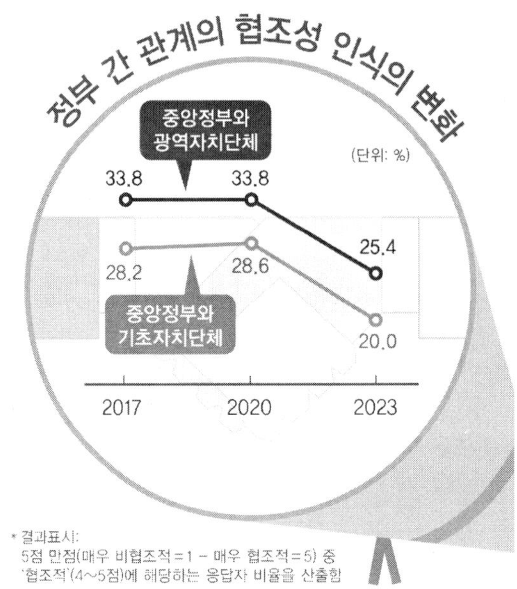

〈그림 4-3〉

출처: 연합뉴스(2024.07.12), 중앙-지방정부 협조 안돼…공무원 설문서 '협조적' 응답 20%대,
https://www.yna.co.kr/view/AKR20240712111700530

5. 실무자 대응 능력 저하 사례 분석

사회복지 일선 주무관과 실무자의 대응 능력은 정책 효과를 좌우하지만, 복잡한 행정 환경과 과중한 업무, 권한 부족, 지원 부재로 대응 역량이 크게 저하된다. 본 장에서는 이러한 배경과 실제 사례를 분석하고 제도적 개선 방향을 제시한다

1) 과중한 업무와 낮은 자율성

사회복지 실무자는 다양한 업무를 동시에 수행하며 과중한 부담과 권한 부족, 성과 중심 관리로 인해 자율성 및 전문성 발휘에 제한을 받고 있어, 본 장에서는 문제의 구조적 원인과 개선 방향을 분석한다.

(1) 다중 업무 수행과 우선순위 혼란

일선 주무관은 복지급여 상담, 사례관리, 민원 응대, 공문 처리, 회계 보고 등 광범위한 행정업무를 동시다발적으로 수행해야 한다. 이에 따라 어느 업무에 우선순위를 둘 것인지 혼란이 발생하고, 업무 피로도가 극심해진다.

(2) 판단 권한 없는 책임 부담

법령이나 지침 해석이 필요한 상황에서 실무자가 임의로 판단할 수 있는 권한이 부족한 반면, 결과에 대한 책임은 개인에게 귀속되는 구조이다. 이는 의사결정 회피, 소극적 업무 수행, 복지서비스 질 저하로 이어진다(이상수, 2023).

(3) 정량 중심 성과 관리 압박

실적주의 기반의 성과관리 제도는 '몇 건을 처리했는가'를 중심으로 실무자를 평가하며, 이는 행정의 질보다는 양적 처리에 집중하게 만든다. 복지 사각지대 발굴이나 사례관리 등은 단기간 성과로 측정하기 어려워 소외되는 경향이 있다(함영진 외, 2023).

2) 실무자의 소진과 이직 위기

대응 능력 저하는 단순한 업무 숙련도의 문제가 아니라, 구조적 소진(burnout)과 이직 의향으로 이어지며 행정 체계 자체의 지속 가능성을 위협한다.

(1) 지역사회복지관 실무자 소진 사례

서울 소재 지역사회복지관에서 근무한 사회복지사 8명 대상 질적 연구에 따르면, 감정노동, 불합리한 조직문화, 과중한 업무, 상시적 다기능 협업 요구로 인해 '더 이상 일할 수 없는 한계상황'에 도달하는 사례가 빈번하였다(최정숙 외, 2023).

(2) 팬데믹 시기 실무자 스트레스

COVID-19 기간 실무자들은 감염 위험, 디지털 전환, 긴급 대응 등 새로운 환경에 적응하며 스트레스와 소진이 누적되었고, 특히 1인가구 · 고위험군 대상자 관리에서 대응 여력이 부족하였다(김용득 외, 2022; 윤명숙 외, 2020 재인용).

(3) 이직 의향 증가와 조직 불신

서울시사회복지사협회 조사에 따르면 실무자의 45.2%가 높은 수준의 소진을 경험했으며, 응답자의 42.4%는 실제로 이직을 고려하고 있었다. 이는 개인 차원이 아닌 구조적 대응이 필요한 위기 상황임을 보여준다(최정숙 외, 2023).

3) 실무 역량 회복을 위한 제도적 조건

사회복지 행정은 과중한 업무, 낮은 권한, 감정노동 부담 속에서 실무자의 대응 역량 저하와 소진 문제를 심화시키고 있다. 본 장에서는 실무자 역량 회복을 위한 업무환경 개선, 심리 지원, 권한-책임 일치 체계 등 제도적 개선 방안을 제시한다.

(1) 표준화된 업무매뉴얼과 실무 지원

법령 해석, 급여 지급 절차, 사례관리 기준 등을 표준화한 현장형 매뉴얼이 구축되어야 하며, 인수인계 교육과 실무지원 시스템도 체계화되어야 한다(이상수, 2023; 김이배, 2017).

(2) 감정노동 보호 및 심리 회복 프로그램

지역사회복지관 종사자처럼 일선 실무자에게 감정노동을 인정하고, 상담 · 회복 프로그램을 도입하는 조직문화가 조성되어야 한다. 이는 장기적으로 서비스 질 향상과 이직률 감소에 기여할 수 있다(최정숙 외, 2023).

(3) 실무자 중심 거버넌스 및 참여 구조

정책 설계 단계에서부터 실무자의 의견이 반영될 수 있는 구조, 예산 편성 시 실무자 자문기구 참여 확대 등이 요구된다. 이는 단순한 하향식 집행이 아닌, 수평적 협력 행정을 위한 첫걸음이다(함영진 외, 2023).

6. 악성 민원과 실무자 보호 부재

사회복지 주무관은 공공복지의 최일선에서 감정노동과 보호 부재, 악성 민원에 시달리며 심리적 부담과 행정의 지속 가능성 문제에 직면하고 있어, 본 장에서는 그 실태와 원인, 이를 해결하기 위한 제도적 개선 방안을 분석하고자 한다.

1) 악성 민원의 실태와 확산 배경

사회복지 주무관은 복지 결정의 갈등, 해석 차이, 보호 체계 부재 등으로 인한 악성 민원에 반복 노출되고 있으며, 이러한 상황은 현장의 업무 부담과 심리적 소진을 가중시키는 문제로 작용한다.

(1) 복지 결정의 갈등 구조

긴급복지, 기초생활보장, 장애인 지원 등은 기준의 모호함과 지역별 해석 차이로 민원인이 행정 결정을 받아들이지 못하고, 실무자에게 책임이 집중되며 악성 민원으로 이어지는 경우가 많다(경기복지재단, 2023).

(2) 보호 체계의 부재

현행 시스템은 악성 민원으로부터 실무자를 보호하는 장치가 부족해, 국민권익위원회(2024) 조사 결과 사회복지 담당 공무원의 64.1%가 욕설 · 폭언을 경험했으며, 피해 후에도 조직 차원의 대응이나 회복 지원이 거의 없는 것으로 나타났다.

(3) 디지털 악성 민원의 증가

비대면 민원 창구의 확산과 함께, 온라인을 통한 욕설, 비방, 고발성 글도 증가하고 있다. 이는 실무자의 정신적 압박을 가중시키고, 정당한 행정행위에 대한 위축 효과를 초래한다(복지뉴스, 2023).

2) 대응 실패의 구조적 원인

악성 민원 대응의 실패는 보호 체계 부재, 관리자의 책임 회피, 형식화된 매뉴얼, 실적 중심 문화로 인해 현장 실무자의 소진과 업무 기피, 조직 내 악순환 구조를 심화시키며, 이를 극복하기 위한 제도 개선이 필요하다.

(1) 관리자 중심의 수동적 대응

민원 발생 시 일선 실무자가 단독으로 사안에 대응하도록 방치되며, 관리자는 사후적으로 책임만을 요구하는 구조가 반복된다. 이는 실무자의 소극적 대응 태도를 유도하며, 공공서비스 질을 저하시킨다(김은영, 2024).

(2) 매뉴얼의 형식화

민원 대응 매뉴얼은 존재하나 현실 적용성은 떨어지며, 감정노동이나 위험 상황에 대한 즉각적인 보호 기제가 마련되어 있지 않다. 실무자의 자율 판단은 제한되고, 조직 차원의 사전 대응도 부재한 실정이다(전주매일신문, 2024).

(3) 책임 전가와 2차 피해

악성 민원 발생 후 내부 감사나 언론 보도 등으로 실무자가 다시 한 번 비난받는 구조가 형성된다. 이는 업무 회피, 이직률 증가, 자기검열 강화 등 부정적 결과로 이어진다.

3) 실질적 보호 체계 구축 방안

악성 민원은 사회복지 실무자의 심리적 부담과 서비스 질 저하를 초래하며, 실질적 보호 체계 구축이 시급하다. 본 장에서는 전담기구 설치, 현장 중심 매뉴얼 보완, 법적 보호 조항 강화를 위한 구체적 방안을 제시한다.

(1) 악성 민원 대응 전담기구 설치

시군구 단위로 악성 민원 대응 전담기구를 설치하고, 실무자에게 직접적인 법률 · 의료 · 심리 상담을 제공하며, 사건 발생 시 신속한 보호 조치와 후속 회복 지원이 가능하도록 체계를 마련해야 한다.

(2) 현장 중심 매뉴얼 보완

실무자의 실제 경험을 반영한 대응 매뉴얼과 표준 행동 절차(SOP)를 제작 · 배포하고, 감정노동 상황에서의 대처법과 사례 중심의 교육자료를 포함하여 관리자 교육과 연계된 훈련 체계를 구축해야 한다.

(3) 고발성 민원에 대한 방어 규정 강화

명백히 허위이거나 반복적인 고발 민원에 대해 실무자의 정당한 행정행위를 방어할 수 있는 법률적 보호 조항과 징벌적 대응 규정을 마련해, 실무자의 권익 보호와 행정 안정성을 강화해야 한다(국민권익위, 2024).

7. 지역별 복지서비스 접근성의 격차

지역 간 복지서비스의 불균형은 재정력 차이와 지침 해석의 자의성, 표준화 정책의 한계로 인해 심화되고 있으며, 이를 해소하기 위해 최소 기준 보장과 지역 맞춤형 전달체계 구축이 필요하다.

1) 재정력 차이에 따른 복지서비스 불균형

현행 사회복지 전달체계는 지역별 재정력과 해석의 자의성에 따라 복지 서비스의 수준과 접근성에 큰 격차를 보이며, 이는 국민의 신뢰 저하와 불평등 심화로 이어진다. 본 장에서는 이러한 복지서비스 불균형의 구조적 문제와 개선 방향을 분석한다.

(1) 자치단체별 복지재정 격차

경기복지재단(2024)의 보고서에 따르면, 간병비와 긴급통합지원비의 제공 여부와 수준이 자치단체의 예산 여력에 따라 현저히 달랐다. 이는 동일한 필요를 가진 주민에게도 지역에 따라 상이한 결과를 낳는다.

다음 표는 경기도 내 자치단체를 중심으로 실제 복지지출 격차 사례를 요약한 것이다.

〈표 4-1〉 지역별 복지재정 격차 사례 비교

구분	A시 (재정자립도 60%)	B군 (재정자립도 20%)	비고
긴급복지 간병비 지급	최대 100만원/월	최대 30만원/월	동일 요건 대상자
통합지원비 항목	생계 · 의료 · 주거 모두 가능	생계 중심	지자체 조례 차이
담당 인력 수	1명당 평균 120가구	1명당 평균 220가구	지역 인력 부족

출처: 경기복지재단(2024)의 내용을 바탕으로 재구성

〈표 4-2〉 지역 간 복지 지원 격차

사례 구분	내용 요약
사례 1. 장애인 복지 · 교육 수준 격차	2023년 전국 평균 복지 · 교육 수준은 53.71점으로 전년 대비 5.31점 하락하였으며, '소득 및 경제활동 지원' 영역에서 최상위와 최하위 지자체 간 점수 차는 1.96배에 달해 지역 간 복지 격차가 심각함.
사례 2. 긴급복지 지원의 지역 차이	동일한 위기 상황임에도 불구하고 거주지에 따라 간병비 · 생계비 등의 지원 항목과 금액에 큰 차이가 존재하며, 이는 지자체 재정 여건과 정책 우선순위에 따라 결정되어 복지 사각지대 발생에 영향을 미침.

출처: 한국장애인단체총연맹(2023), 한국보건사회연구원(2024)

(2) 기준 미비와 지역별 자의적 해석

보건복지부 지침이 존재함에도 세부 해석과 적용은 지자체 자율에 맡겨지면서, 지역 간 형평성 문제는 더욱 심화되고 있다. 특히, 같은 광역단위 내에서도 시군 간 지원 범위나 절차가 상이하다.

(3) 주민 수용성의 저하

지리적으로 인접한 지역 간 복지 지원 차이를 경험한 주민은 행정 불신과 박탈감을 느끼며, 이는 복지정책의 정당성과 수용성을 약화시키고, 장기적으로 복지 행정에 대한 국민 신뢰도를 저해하는 요인으로 작용한다(성은미 외, 2024).

2) 정책 표준화와 현장 적용의 간극

(1) 정책 일괄성의 부작용

중앙정부는 정책 일관성을 위해 표준화된 지침을 제공하지만, 이는 지역 현실과 현장 상황을 충분히 반영하지 못해 오히려 비현실적 기준이 되어 일선 적용에 어려움을 초래한다(오마이뉴스, 2023).

(2) 형식적 표준화와 실질적 격차

정책이 일괄 적용되더라도 자원 배분, 인력 수준, 담당자 역량 등에서 큰 격차가 존재하여, 이는 결국 지역마다 주민이 체감하는 서비스 수준에 큰 차이를 발생시키는 원인이 된다(김영철, 2022).

(3) 지역 기반 보완정책의 부재

중앙정부의 표준 지침은 지역 여건과 특수성을 충분히 고려하지 못하며, 이를 보완할 지역 기반의 정책적 대안이나 조정 장치가 부재하여 복지 사각지대 발생의 주요 요인으로 작용한다(사회포커스, 2023).

3) 개선 방향: 균형적 복지 행정 구현

복지서비스의 지역 간 불균형과 전달체계의 한계는 국민의 신뢰와 정책의 실효성에 부정적 영향을 미친다. 본 장에서는 균형적 복지 행정을 구현하기 위한 구체적 개선 방향과 실천 과제를 제시한다.

(1) 최소 기준 보장형 복지지침 개편

중앙정부는 전국 어디서나 최소한의 복지서비스가 보장되도록 지침을 개편해야 하며, 지역별 자율성과 창의적 대응은 보완적 역할로 설정해 현장 현실을 반영할 수 있는 이중 구조가 필요하다.

(2) 지역간 평가 및 조정 메커니즘 도입

지역별 복지사업의 집행 수준과 실적을 주기적으로 평가해 지역 간 복지 격차를 줄이고, 이를 교부금 조정과 재정 지원의 우선순위 결정에 반영하여 형평성 있는 복지 전달체계를 구축하며 지역 특성을 반영한 맞춤형 지원을 강화해야 한다.

(3) 주민 체감형 전달체계 구축

주민의 요구와 상황을 직접 반영할 수 있는 창구를 마련하고, 접근성과 만족도를 높이는 실질적 전달체계를 지역사회와 협력해 조성하며, 이를 통해 복지정책의 실효성과 수용성을 함께 높여야 한다.

토론 주제 / 논의할 문제

1. 사회복지 전달체계 내 주무관의 역할과 권한 한계는 어떻게 개선되어야 하는가?

2. 지역 간 복지서비스 격차를 해소하기 위해 중앙정부와 지방정부는 어떤 역할을 분담해야 하는가?

3. 복지 지침 해석의 일관성을 확보하기 위해 어떤 제도적 장치가 필요하며, 현장의 부담을 어떻게 완화할 수 있는가?

4. 주무관과 실무자의 감정노동 및 악성 민원 대응을 위한 보호 체계는 어떻게 설계해야 효과적일까?

Chapter

05

사회복지사 교육과 훈련의 실패

1. 사회복지현장실습의 구조적 한계와 제도 변천

1) 실습 제도의 도입과 발전

사회복지현장실습은 이론과 실천을 연결하는 핵심 교육 방식으로, 제도적 기반은 점차 정비되었으나 실행에는 여전히 많은 문제가 존재한다.

(1) 초기 실습 제도의 목적과 배경

실습은 1973년 산업교육진흥법에서 도입되었고, 현장 적응력 향상을 위한 경험적 학습의 일환으로 설계되었다. 당시에는 산업 현장 중심이었으나 이후 사회복지 영역으로 확대되었다.

(2) 법령 기반의 제도화 과정

'고등교육법'(1997) 및 '산업교육진흥법'(1973)을 근거로, 2022년 1월 1일 교육부 고시 제2022-1호 「대학생 현장실습학기제 운영규정」이 제정 · 시행되어 실습비 지급 및 산재보험 가입이 의무화되었으며, 세부 해석 및 Q&A는 교육부 질의 · 응답 문서에서 확인할 수 있다(교육부, 2022a; 교육부, 2022b).

(3) 제도화 이후에도 지속되는 문제

제도화로 실습비 지급 및 산재보험 가입 등이 시행됐으나, 여전히 기준 미달 기관이 실습을 운영하며 제도와 현장 간 괴리가 지속되고 있다. 또한, 점검 · 평가 시스템의 표준화 부족으로 교육 품질 저하와 학생 안전 우려가 제기되고 있다.

2) 실습 운영 방식과 현실적 한계

실습은 표준형과 자율형 현장실습학기제로 나뉘며, 표준형은 학교 · 기관 협약으로 교육과정 · 평가를 통제해 학습 효과를 높이고, 자율형은 자율성은 보장되나 책임은 낮다.

(1) 실습 운영 유형의 구분

실습은 표준형 현장실습학기제와 자율형으로 나뉘며, 표준형은 학교 · 기관 협약으로 교육과정과 평가를 통제해 학습 효과를 높이고, 자율형은 운영 자율성은 보장하나 책임성은 낮다.

(2) 자율 운영에 따른 교육 질 저하

자율형 학기제는 학교의 감독 없이 기관이 실습 계획과 내용을 독자적으로 구성함에 따라, 실습 목표와 교육 프로그램 간 연계가 부재하고 단순 반복 업무 중심으로 전락하기 쉽다(임진섭 외, 2018).

아래는 자율형 실습 과정에서 사용되는 출근부는 실습생이 직접 작성하는 행정문서이나, 일부 기관에서는 실습 없이 허위로 기재하거나 '옷을 바꿔 입고 실습한 척 사진을 찍는' 방식으로 악용되며, 이는 2023년 서울의 실제 사례와 언론 보도를 통해 실습 제도 전반의 감독 부재와 질 저하 문제를 드러낸다.

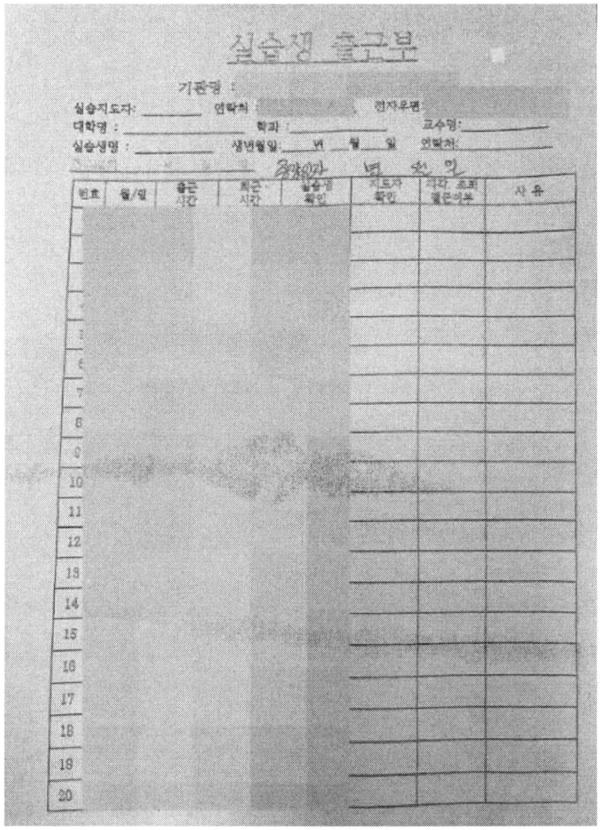

실습생 출근부

기관명 :

실습지도자: ________ 연락처 : 전자우편:

대학명 : ________ 학과 : ________ 교수명: ________

실습생명 : ________ 생년월일: ____ 년 ____ 월 ____ 일 연락처: ________

번호	월/일	출근 시간	퇴근 시간	실습생 확인	지도자 확인	지각 조퇴 결근여부	사유
7							
8							
9							
10							
11							
12							
13							
14							
15							
16							
17							
18							
19							
20							

〈그림 1〉 사회복지 실습생 출근부 양식 예시

출처: 중앙일보(2023.07.10). "옷 열 벌 갖고 와라"…50만 원짜리 수상한 사회복지사 실습. https://www.joongang.co.kr/article/25176040

아래 표는 사회복지현장실습의 운영 절차를 보여주는 기초 자료이다.

〈표 5-1〉 현장실습 진행 절차 요약

항목(번호 + 제목)	세부 내용 요약
① 실습기관 참여 수요 조사	현장실습지원센터/단과대 등(대상: 기관) 공문 발송
② 실습기관 등록 및 참여 신청	실습기관은 현장실습 홈피에 운영계획서 입력, 등록 불가 시 오프라인 제출 후 단과대학 등록 가능.
③ 사전 서면점검서 제출	신규 참여 실습기관은 현장실습 홈피에 사전 서면점검서 입력
④ 사전 현장 점검	(유해 환경 포함 사업장일 경우 필수) 실습기관 방문 점검, 이후 점검 보고서 홈피 입력
⑤ 실습기관 선정 및 학생 모집 공고	단과대 홈피 및 현장실습 홈피에 공고. 인턴/아르바이트 연속 실습은 불가(교육부 고시 제6조)
⑥ 학생 현장실습 신청	학생이 현장실습 홈피에서 신청
⑦ 학생 선발(서류/면접)	실습기관에서 서류 및 면접을 통해 학생 선발(홈피 활용)
⑧ 3자 협약 체결	학교, 학생, 실습기관이 협약. 홈피 내 직인 등록 또는 오프라인 협약서 제출
⑨ 수강 신청	전공선택: 포털시스템 승인 필수 / 선택교양: 홈피에 교양 학점신청서 업로드
⑩ 보험 가입	학교: 상해보험, 기관: 산재보험 / 산재보험 증명서 홈피 업로드 및 취득일 입력
⑪ 사전 교육	안전교육 · 유의사항: 온라인 수강 / 인권 · 성평등 교육: 이수증 홈피 업로드
⑫ 현장실습 진행	학생이 실습 수행, 주간보고서를 홈피에 입력
⑬ 현장점검	필요 시 실습기관 방문 점검 및 점검보고서 홈피 입력
⑭ 중간점검	학생이 중간점검서 작성 후 홈피에 입력
⑮ 결과보고서 및 학생 만족도 조사	학생이 실습 완료 후 홈피에 입력
⑯ 출석부/평가표 및 기관 만족도 조사	실습기관이 실습 완료 시점에 홈피에 입력
⑰ 현장실습 학점 인정	교수가 P/F 입력, 센터가 학사팀에 공문 발송 후 일괄 성적 입력

출처: 고려대학교 현장실습지원센터. (2023). 2023학년도 2학기 현장실습학기제 운영 계획 안내문(실습기관용). 재구성함.

(3) 실습생 보호 장치의 미비

실습 유형과 무관하게 고충처리 · 피해보상 체계가 미흡하여, 실습 중 발생하는 인권 침해나 안전사고에 신속 · 적절히 대응하기 어려워 학생 권익이 보호받지 못한다(교육부, 2024; 대학생 실태조사팀, 2024).

3) 실습의 질적 편차와 교육성 약화

실습기관, 실습지도자, 학교의 관리 수준에 따라 실습의 질은 큰 차이를 보이며, 교육적 경험보다는 '거쳐야 할 절차'로 인식되고 있다.

(1) 실습기관 간 역량 차이

교육 기반이 부족한 기관이 다수 포함되어 있으며, 일부 기관은 실습기관 명칭만으로 실습생을 수용할 뿐 교육적 설계나 지도 기능을 수행하지 못하고 있다(한국사회복지실천학회, 2022).

(2) 지도자의 실무와 교육 간 혼선

실습지도자가 실무에 치중하면서 실습생은 단순 업무만 맡고, 지도와 멘토링은 이루어지지 않아 학습 효과가 떨어진다. 이로 인해 실습생은 현장 경험을 이론적으로 성찰할 기회를 잃고, 전문적 문제 해결력과 비판적 사고가 부족하게 된다.

(3) 실습의 형식화와 학생의 소외

실습생은 목표 없이 반복 업무에 머무르며 교육과정과 현장실습의 연계성이 약화되어 학습 동기와 참여도가 떨어진다. 이런 소외감은 실습 참여율과 만족도를 낮추고, 결국 실습 프로그램의 신뢰성과 지속 가능성에 부정적 영향을 준다.

2. 실습의 노동화와 학생 권의 침해

1) 실습이 노동으로 전락하며 발생하는 문제들

사회복지현장실습은 학습의 과정이어야 하지만, 많은 실습생이 정규직과 유사한 수준의 업무를 수행하면서도 정당한 보상을 받지 못하거나 권리를 침해받고 있다.

(1) 무급 · 저임금 실습의 현실

교육부 보고서에 따르면 실습비 지급 의무화 이후에도 다수 기관에서 지급 지연 또는 최저임금 미만 지급 사례가 확인됐으며(교육부, 2021, 2024), 같은 조사에서 응답자 37%가 "실습 중 인권 침해 경험"을 보고했다(공익인권법재단 공감, 2024).

사례 소개: 인천 ㅇㅇ대학교 사회복지학과 윤모(21) 씨, 2022년 7월
윤모 씨는 2022년 7월 한 달 동안 복지관에서 현장실습을 수행하며 평일 오전 9시부터 오후 6시까지 정규 직원과 동일한 수준의 전화상담 · 문서정리 업무를 맡았으나, 오히려 실습비 20만 원을 지불했고 식비도 별도 부담해야 했다(세계일보, 2023).

(2) 실습 과정에서의 인권 침해

실습생이 욕설, 위협, 부당 지시, 성희롱 등을 겪는 사례가 전체 응답자의 12%에 이르렀으며, 이로 인한 중도 탈락률도 8%에 달했다(공익인권법재단 공감, 2024).

실습 현장에서의 인권 보호 장치가 미비해 피해 예방과 사후 대응 모두 취약한 실정이다.

(3) 실습 중 발생하는 안전 문제

위험 업무에 투입되면서도 기본적인 안전교육이나 보호장비 제공을 의무화한 『사회복지시설 유형별 최소기준(안)』이 실제로 이행되지 않아 사고 발생 위험이 높은 것으로 나타났다(보건복지부, 2023; 교육부, 2022).

2) 제도 미비로 인한 학생 보호의 부재

실습생의 권리를 보장할 제도는 존재하나, 실제로 작동하는 사례는 드물다. 실습 피해 발생 시 학생은 개인의 문제로 책임을 떠안는 구조이다.

(1) 실습 관련 고충처리 시스템 부재

교육부 지침에는 실습 중 문제 발생 시 학교가 개입하도록 되어 있지만, 많은 대학이 이에 대한 절차나 창구를 마련하지 않고 있다. 실습생은 문제 제기 방법조차 모르는 경우가 많다.

(2) 실습생의 법적 지위 불명확

실습생은 정규직도, 계약직도 아닌 애매한 법적 위치에 있다. 실습 중 발생한 사고나 갈등에 대해 노동법적 보호를 받지 못하며, 사회보장 체계에서도 제외된다. 이로 인해 실습생은 권리를 주장할 최소한의 법적 기반조차 갖추지 못한 상태다.

(3) 평가권을 가진 기관의 우위 구조

실습 기관은 실습생에 대한 평가권을 가지고 있어, 실습생은 불공정하거나 부당한 처우에도 불이익이 두려워 문제 제기를 하지 못하는 경우가 많다. 이러한 권력 불균형은 실습생의 학습권과 인권을 구조적으로 위협한다.

3) 학교와 제도 운영자의 책임 회피

실습기관이 교육 기능을 제대로 하지 못했을 때, 학생을 보호하고 개선을 요구해야 할 학교는 오히려 책임을 회피하거나 방관하는 경우가 많다.

(1) 학교의 소극적 개입

실습기관에서 문제가 발생해도 다수의 대학은 "기관 소속이 아니므로 개입이 어렵다"며 책임을 회피하고, 이는 교육적 책무성과 학습자 보호 책임을 저해하는 심각한 문제이다.

(2) 실습기관에 대한 검증 미흡

대학은 실습기관의 교육 적합성을 사전 점검해야 하지만, 실제로는 연례적인 서류만 검토하는 경우가 많다. 현장 방문이나 지도자 교육 이수 여부도 제대로 확인되지 않아 형식적인 절차에 그친다.

(3) 실습 피해 학생에 대한 사후 보호 미비

실습 중단이나 문세 발생으로 졸업이 지연된 학생에게 학교는 행정적 보조나 상담, 대체 실습 제공 등을 제공하지 않는 경우가 많아, 학생이 모든 부담을 떠안게 된다. 제도적 보호 장치가 부재해 이들의 고통은 개인 문제로 남는다.

3. 실습 교육의 질적 제고 방안

1) 실습시간 확대와 실질적 교육 강화를 위한 제안

현장실습이 단순한 견학이나 단기 참여로 그치지 않고, 실제적인 학습 경험으로 전환되기 위해서는 실습시간의 확대와 지도 방식의 개선이 필요하다.

(1) 실습시간 확대의 필요성

현재 사회복지현장실습은 160시간으로 규정되어 있지만, 이는 실무를 충분히 경험하기에 부족한 시간이다. 김진학(2024)은 실습시간을 240시간으로 확대하고, 학생들이 사례관리, 복지계획 수립 등 전문 업무에 참여할 수 있어야 한다고 제언한다.

(2) 대면 중심의 실습 세미나 도입

실습 전·중·후에 걸친 지도교수와의 대면 세미나는 실습 내용을 교육과 연결하는 핵심 고리이다. 이를 통해 학생은 실습 경험을 분석하고 이론적으로 정리할 수 있으며, 실습 중 발생하는 문제를 즉시 공유할 수 있다.

(3) 질적 성장을 위한 실습 설계 필요

실습기관은 단순히 일손을 보충하는 것이 아닌, 교육 프로그램을 설계해야 한다. 실습 내용에는 사례분석, 클라이언트 인터뷰, 프로그램 기획 등 실질적 학습 요소가 포함되어야 하며, 이에 대한 평가도 병행되어야 한다.

2) 실습지도자 자격 강화 및 역량 교육 의무화

실습의 질을 보장하기 위해서는 실습을 지도하는 인력의 자격과 전문성을 엄격히 관리하고, 주기적인 연수를 의무화할 필요가 있다.

(1) 실습지도자의 자격 기준 상향 필요

현행 기준은 1급 사회복지사 자격 소지자에 3년 이상 실무 경력자로 규정되어 있으나, 형식적 자격만으로 실습을 지도하는 경우가 많다. 실습지도자는 교육자로서의 역량을 갖춘 인물이어야 하며, 평가 기준도 강화되어야 한다.

(2) 정기적 연수와 교육 프로그램 도입

보건복지부(2023)는 실습지도자 교육 프로그램의 정례화를 추진 중이며, 실습생을 지도하는 모든 인력은 연 1회 이상 필수 교육을 이수해야 한다. 교육은 윤리, 커뮤니케이션, 학생 지도법 등으로 구성되어야 한다.

(3) 시노사의 책임성 확보 방안

실습 중 발생하는 문제에 대해 지도자의 책임을 명확히 하고, 학생 평가나 실습 운영에서 불공정이 확인될 경우 제재할 수 있는 절차와 이를 지원하기 위한 사전 교육 및 정기적 모니터링 체계를 마련해야 한다(보건복지부, 2023).

3) 사전교육, 중간점검, 사후평가의 3단계 시스템

실습의 전 과정에서 체계적인 점검과 피드백을 제공함으로써 실습의 질을 보장하고 문제 발생을 예방할 수 있는 구조가 필요하다.

(1) 사전 오리엔테이션의 의무화

실습 전 필수 오리엔테이션을 통해 실습 목표, 윤리, 권리 및 의무 등을 안내하고, 실습기관에서 예상되는 상황에 대해 충분한 정보를 제공해야 한다. 이는 학생들의 불안감 해소와 실습 적응에 중요한 역할을 한다.

(2) 실습 중간 점검 체계화

실습이 일정 수준 이상으로 진행되는지 중간 점검을 통해 확인하고, 문제가 발생하면 조기에 개입할 수 있어야 한다. 담당 교수나 외부 점검 위원이 중간 보고서를 점검하는 절차가 필요하다.

(3) 사후 평가와 피드백 제공

실습 종료 후 학생은 실습일지를 제출하고, 실습기관과 지도교수는 이를 바탕으로 평가를 실시해야 한다. 평가 결과는 학점 뿐 아니라 기관 개선에도 활용되어야 하며, 피드백은 다음 실습에 반영되도록 체계화되어야 한다.

4. 실습기관 인증제 부재와 실습 편차

1) 실습기관 인증제의 부재로 인한 질적 편차 심화

공식적 실습기관 인증제도 부재는 기관 간 교육 역량 격차로 실습 질 저하, 학생 피해, 제도 신뢰 약화 등 부정적 결과를 초래하며 개선 필요성을 키운다.

(1) 자율 등록제 운영의 문제점

실습기관은 현재 자율 등록제로 운영되고 있으며, 교육역량 검토 없이 실습을 실시할 수 있는 구조다. 임진섭 외(2018)는 “등록만 하면 실습기관이 될 수 있는 구조가 실습 질을 하향 평준화하고 있다”고 지적했다.

(2) 실습기관의 교육기능 미비 사례

일부 기관은 복지 서비스 제공에만 집중하고 있어, 실습생에게 교육 기회를 제공할 여력이 부족하다. 단순 보조 업무를 반복시키거나, 실습계획서 없이 실습을 시작하는 등 교육적 기능이 실종된 사례가 다수 존재한다.

(3) 교육 질 보장을 위한 공적 인증 필요성

기관의 교육 역량, 지도자 자격, 실습 프로그램 내용 등을 기준으로 한 실습기관 인증제가 반드시 필요하다. 인증기관은 공신력 있는 제3기관 또는 정부 부처가 맡아야 하며, 정기적인 재인증 절차도 포함되어야 한다.

2) 실습지도자의 자격 형식화 및 운영 미흡

실습지도자의 자격기준은 형식적으로 존재하지만, 현장에서는 이를 무시하거나 축소 적용하는 사례가 반복되고 있다.

(1) 지도자 1인당 실습생 기준 미준수

공식적으로 실습지도자 1인당 최대 5명의 실습생을 맡도록 규정되어 있으나, 현실에서는 한 명이 10명 이상을 관리하거나, 아예 명목상 지도자만 존재하는 경우도 있다(남찬섭 외, 2023).

(2) 자격 기준 충족 여부 점검 부실

실습기관의 등록이나 점검 시, 지도자의 실무 경력이나 자격증 소지 여부는 형식적 서류로만 검토된다. 실질적으로 교육을 수행할 역량이 있는지에 대한 평가 기준은 존재하지 않는다.

(3) 지도자 대상 교육의 미시행

보건복지부가 제시한 지도자 교육 이수 권고에도 불구하고 실제 교육 참여율은 낮고, 연수 참여 여부가 실습 승인에 반영되지 않아 지도자의 전문성 확보와 실습 질 관리에 한계가 발생하고 있다.

3) 실습기관 관리 제도 개선의 필요성과 한계

실습기관에 대한 공적 관리 체계의 도입은 필수적이지만, 행정 부담, 예산 부족,

현장 저항 등으로 인해 제도 도입이 지연되고 있다.

(1) 기관 인증제 도입 논의 경과

실습기관 인증제는 수년 전부터 논의되어 왔지만, 교육부와 복지부 간 역할 분담 문제로 인해 구체적 추진은 미비하다. 일부 시범사업이 진행됐으나 전국 확대에는 이르지 못했다.

(2) 대학의 실습기관 관리 역량 한계

대학은 실습기관을 개별적으로 관리 · 평가하기에 인력과 자원이 부족하며, 특히 지방대학 및 사이버대학의 경우 현장 점검이 현실적으로 어려워 실습 질 관리를 위한 체계적이고 지속적인 감독에 근본적인 제약이 있다.

(3) 제도 도입을 위한 실행 전략 필요

인증제를 도입하기 위해서는 기준 수립, 점검 시스템, 평가 주기 등을 포함한 실행계획이 필요하며, 기관에 대한 인센티브 제공과 행정 간소화 방안도 병행되어야 제도의 실효성을 높일 수 있다.

5. 이론과 실천 간 괴리 문제

1) 사회복지 교육과정에서 이론 중심 교육의 한계

사회복지 교육은 실천을 전제로 해야 하지만, 현재 교육과정은 이론 중심으로 구성되어 있어 실제 현장 적용에 어려움이 있다. 이론과 실천의 분리로 인해 학생의 전문성도 제한된다.

(1) 이론 중심 교육과정의 구조적 문제

사회복지학과 커리큘럼은 행정, 정책, 이론 중심으로 편중돼 있으며, 실천 기술 · 사례 · 대인관계 교육은 상대적으로 부족하다. 남찬섭 외(2023)는 “현장 요구 능력은 정작 교실에서 배우기 어렵다”고 지적했다.

(2) 현장 적용 역량 부족

학생들은 실습을 통해 이론을 적용해보려 하지만, 추상적인 개념과 현실 간 괴리로 인해 적용에 실패하거나 자신감을 잃는다. 이로 인해 실습 중 “이론은 현실에 맞지 않는다”는 인식이 확산되고 있다.

(3) 실천 중심 교육의 필요성 대두

단순한 강의 전달이 아닌, 실천 사례를 중심으로 한 교육 방식이 필요하다. 다양한 케이스 분석, 롤플레잉, 시뮬레이션을 통해 현장 적용 능력을 키우는 방향으로 교육이 전환되어야 한다.

2) 사례 기반 교육의 부족과 학생 이해도 저하

사례를 기반으로 한 교육이 부족하여 학생들은 실제 상황을 예측하고 대응하는 능력을 충분히 키우지 못하고 있다.

(1) 사례 교육의 위치 축소

사례 중심 수업은 일부 선택과목에 제한되거나 강의 시간의 일부에만 활용되며, 많은 교수자가 이론 강의에 집중해 실제 사례를 다루는 데 소극적이어서 사례 교육의 효과가 제한되고 있다.

(2) 상황 대응력 부족 문제

학생들은 위기 상황이나 윤리적 딜레마 상황에서 적절한 판단을 내리는 데 어려움을 겪으며, 이는 학습 단계에서 충분한 사례 학습과 토론이 이루어지지 않아 실천적 사고력을 기르지 못한 결과이다(최일섭 외, 2016).

(3) 사례 기반 평가 시스템의 미비

교육평가가 여전히 이론 암기 위주로 이루어지고 있어 학생의 실질적 문제 해결 능력을 확인하기 어려우며, 실천 역량을 객관적으로 측정할 수 있는 사례 기반 평가 체계의 도입이 시급하다.

3) 실습과 교육과정 간 연계 부족

실습 경험과 교육과정 간 피드백 체계가 부재하여, 현장 학습이 강의나 평가에 반영되지 않는 구조적 문제를 안고 있다(한국사회복지사협회, 2023).

(1) 실습 내용이 교육에 반영되지 않음

많은 경우 실습은 수업과 무관한 별도의 활동으로 간주되며, 실습 중 겪은 문제나 학습은 강의에서 다뤄지지 않는다. 이에 따라 실습은 '필수 이수 조건'에 그치는 형식적 절차가 된다.

(2) 교육과 실습 간 피드백 체계 미비

실습 중 학생이 경험한 내용을 교육과정에 환류할 수 있는 체계가 없으며, 실습 종료 후에도 교수와의 토론이나 피드백 과정이 마련되어 있지 않다. 실습은 개인적 경험으로 고립된다.

(3) 통합 교육 모델의 필요성

실습 내용을 바탕으로 사례 분석 수업, 포트폴리오 작성, 실습 후 워크숍 등을 운영함으로써 교육과 실천을 연결하는 구조가 필요하다(임진섭 외, 2018). 이론과 실습의 유기적 통합은 교육 효과를 극대화할 수 있다.

6. 다양한 실천 영역에 대한 교육 부족

1) 변화하는 사회문제에 대한 교육 대응의 부재

급변하는 사회복지 환경에도 불구하고 대학 교육과정은 전통적 영역에 편중되어 있어, 디지털 전환 · 기후위기 · 국제화 등 신사회문제 대응을 위한 교육 혁신이 요구된다.

(1) 디지털 사회복지 교육의 부재

사회복지시설에 비대면 서비스, AI 돌봄 로봇 등 디지털 기술이 빠르게 확산됐지만, 활용 격차와 업무 편중이 심화돼 전 직원 대상 디지털 리터러시 교육과 인프라 구축이 절실하다(배정희 외, 2023).

(2) 환경과 기후 위기 대응 교육 미흡

기후위기, 재난복지, 환경정의 등의 개념이 부상하고 있으나, 환경 사회복지는 필수과목이 아닌 선택으로 존재하거나 아예 개설되지 않는 대학도 많다. Eaton(2024)은 "환경위기는 곧 복지위기이며, 이에 대한 대응역량은 필수"라고 강조한다.

(3) 국제 사회복지 교육의 결핍

난민, 이주, 국제개발협력, 다문화 사회 문제 등 글로벌 이슈에 대한 교육이 미흡하다. 국제사회복지 과목은 일부 대학에서 선택과목으로만 제공되고 있으며, 교수진의 전문성 부족으로 교육 내용도 제한적이다(IFSW & IASSW, 2020).

2) 전통 영역 중심 교육의 한계

한국 사회복지 교육은 여전히 시설 중심, 취약계층 중심 패러다임에 머물러 있어, 새로운 분야에 대한 인식과 대응이 부족하다.

(1) 과목 구성의 고정성과 제한

사회복지사 자격 기준은 정해진 과목으로 제한되며, 이는 새로운 과목의 개설을 가로막는다. 커리큘럼 개편 시 자격제도 변경까지 필요하다는 행정적 부담이 과목 다양화를 저해한다.

(2) 실천 현장의 변화 반영 부족

지역복지, 커뮤니티 오거나이징, 청년 빈곤, 플랫폼 노동자 복지 등 최근 실천 분야가 확대되고 있으나, 교육은 여전히 시설 실습 위주로 구성되어 있다. 이로 인해 졸업 후 현장 적응이 어려워진다.

(3) 새로운 분야에 대한 교수 역량 부족

디지털, 환경, 국제 분야의 전문성을 갖춘 교수진이 부족하며, 현장 경험이 없는 경우도 많아 최신 동향이 교육에 반영되지 못한다. 교수 역량 개발과 외부 전문가 초빙이 필요하다.

3) 실천 영역 확대를 위한 교육 다양화 전략

교육과정은 고정된 자격 과목 틀을 넘어서, 사회 변화에 유연하게 대응할 수 있도록 구성되어야 하며, 이를 위해 다양한 개편이 필요하다.

(1) 새로운 실천 과목의 필수화 추진

디지털복지, 환경복지, 국제사회복지 등의 과목을 필수 과목으로 포함하고, 이들 과목이 자격 취득에도 인정되도록 자격 기준을 재설계해 사회변화에 대응한 전문성 강화를 도모해야 한다(김진학, 2024).

(2) 교수진 역량 강화 및 외부 전문가 활용

해당 분야 전문가를 시간강사나 공동강의 형태로 참여시키고, 기존 교수진에게는 관련 분야 연수 기회를 확대하는 한편, 교수 역량 강화를 위한 체계적 지원이 병행되어야 한다(보건복지부, 2023).

(3) 교육과정의 유연성과 자율성 확대

학생들이 진로에 따라 다양한 실천 영역을 선택할 수 있도록 전공 내 선택 과목의 폭을 넓히고, 융합 전공, 비교과 프로그램, 현장 연계 세미나 등을 도입해 교육과정의 다양성과 실천성과를 제고해야 한다.

7. 시대 변화에 맞는 교과과정 개편 필요성

1) 사회복지 교육의 자격 중심성 문제

한국 사회복지 교육은 여전히 자격 취득 중심에 머물러 있으며, 실천성과 현장 적응력은 낮고, 시대 변화에 뒤처진 커리큘럼은 실무 역량 부족으로 이어진다.

(1) 고정된 필수과목 구조의 한계

현재 사회복지사 자격 취득 요건은 필수 10과목, 선택 7과목으로 제한되어 있으며, 과목명과 내용도 수년째 동일하다. 사회문제의 복잡성과 다양성은 증가했지만 교육 내용은 변화하지 않았다(보건복지부, 2023).

(2) 실천역량보다 자격 취득 위주의 운영

대학은 자격 취득률을 관리 목표로 삼고 있으며, 실습은 최소기준만 충족하면 된다는 인식이 팽배하다. 실천 능력을 체계적으로 평가하거나 강화하려는 노력이 부족하다.

(3) 교육과정이 최신 사회변화 반영 못함

디지털 사회복지, 감정노동 대응, 복지국가 정책 변화, AI 기반 사례관리 등 새로운 흐름을 반영한 과목은 거의 개설되어 있지 않다. 교수진 구성과 자격 규정 때문에 새로운 과목 개설도 제한적이다.

2) 국제 기준과의 격차 확대

국제사회가 윤리, 실천, 정책, 연구의 통합적 교육을 강조하는 반면, 한국의 사회복지 교육은 여전히 단선적이고 자격 중심적으로 운영되어 국제 기준과의 격차가 졸업생의 글로벌 경쟁력 저하로 이어지고 있다.

(1) IFSW/IASSW의 통합형 교육 모델

국제사회복지사연맹(IFSW)과 교육협회(IASSW)는 사회복지 교육이 윤리, 인권, 실천, 정책, 연구의 통합적 체계를 갖춰야 한다고 규정한다. 이는 단순 이론 암기가 아닌, 복잡한 현실에 대응할 수 있는 융합 교육을 지향한다(IFSW & IASSW, 2020).

(2) 미국 사례: 실습 중심 커리큘럼 운영

미국 사회복지 교육은 실습 중심이며, 전공 필수 과목 내에 윤리적 사례 분석, 실천 시뮬레이션, 정책 현장 실습이 포함된다. NACE(2023)는 유급 실습 경험자의 취업률이 훨씬 높다는 연구를 발표했다.

(3) 글로벌 교육 흐름과의 단절

한국 사회복지 교육은 언어, 커리큘럼, 교원 구조 등의 복합적 요인으로 국제적 흐름과의 연계가 제한되며, 국제 인증제나 해외 실습 연계와 같은 제도적 기반도 미흡해 국제화 역량 강화에 한계가 있다.

3) 교육과정 개편을 위한 제도적 전략

시대 변화에 유연하게 대응할 수 있는 교육과정 개편을 위해서는 과목 확대, 교수역량 강화, 제도 유연화 등의 전략이 요구된다.

(1) 교과목 개편 및 확대

사회복지 윤리, 국제복지, 디지털 복지, 환경복지 등 필수 교과목을 늘려야 하며, 최소 이수 과목 수도 현행 17과목에서 25과목 이상으로 확대되어야 한다. 단순 이수 요건이 아닌 역량 기반 교과구성이 필요하다(김진학, 2024).

(2) 교수진 구성 및 전문성 향상

다양한 사회 이슈를 다룰 수 있는 교수진을 확보하고, 외부 전문가와의 협업, 교원 연수 프로그램 등을 정례화해야 한다. 교수 자격 요건도 학문 중심에서 실천 및 현장 경험 기반으로 보완되어야 한다.

(3) 유연한 교육 체계 도입

교육과정을 고정된 자격 요건 중심에서 벗어나 모듈형, 융합형, 트랙형 구성으로 전환해야 한다. 학생 개별 역량과 진로에 맞춘 맞춤형 교과 편성이 가능해야 하며, 현장 실습과 강의 간의 연계성도 강화되어야 한다.

8. 실제 사례 분석: 실습 교육 실패의 현장

1) 실습의 노동화 사례 - '무급 상담 노동' 사례

실습생들이 정규 직원 수준의 업무를 무급으로 수행하며 학습의 기회 없이 노동력만 제공되는 사례는 실습제도의 근본 문제를 드러낸다.

(1) 실습의 노동화 사례 - '무급 상담 노동' 사례

A학생은 한 사회복지관에서 매일 8시간 이상 전화 상담 업무를 수행했으나, "실습은 급여 대상이 아니다"라는 이유로 실습비가 전혀 지급되지 않았다(한겨레, 2023).

(2) 실습과 노동의 경계 모호

해당 사례는 실습이 아니라 '무급 노동'에 해당함에도 불구하고, 제도적으로 명확한 규정과 제재가 없었다. 실습생은 노동력을 제공하면서도 사회보험, 보호장치 모두에서 제외되었다.

(3) 학생의 권리 보호 실패

실습생은 고충을 학교에 알렸지만, 학교 측은 "실습기관의 재량"이라며 개입하지 않았다. 피해 학생은 해당 실습기관 평가에서 불이익을 우려해 정식 문제 제기도 하지 못했다.

2) 실습 중 인권 침해와 졸업 지연 사례

실습 중 욕설, 강요, 성희롱 등 심각한 인권 침해가 발생하는 경우도 있으며, 이를 문제 삼았다는 이유로 졸업이 지연된 사례도 존재한다.

(1) 실습 현장의 권력 불균형

학생은 평가권을 가진 기관 담당자에게 절대적으로 종속된 위치에 놓여 있으며, 이로 인해 부당한 대우나 인권 침해 상황에서도 문제 제기를 주저하게 된다. 이러한 권력 불균형은 실습 전반의 공정성과 안전성을 위협하는 구조적 요인이다.

(2) 실습 중 인권 보호 시스템의 부재

실습 중 발생한 인권 침해에 대해 대응할 수 있는 공식 절차가 부재했고, 학생은 피해 사실을 입증할 방법조차 없었다. 학교와 기관 모두 책임을 회피하며 보호 의무를 다하지 못했다.

(3) 실습 실패의 비용을 학생이 부담

실습기관의 문제에도 불구하고 피해 학생이 졸업 지연, 추가 실습 부담을 떠안게 되는 구조는 제도 자체가 학생을 '보호 대상'이 아니라 '관리 대상'으로 취급하고 있음을 보여준다.

3) 실습기관 검검 부실 사례 - 형식적 승인 구조

일부 대학은 실습기관에 대한 사전 검토 없이 학생을 배정하며, 실습지도자 부재나 계획서 미작성 기관도 다수 존재한다.

(1) 교육부 점검 결과: 국립대 C대학교 사례

C대학교는 2023년 한 학기에 실습기관 15곳을 승인했으나, 이 중 9곳은 사전 점검 없이 승인을 받았고, 5곳은 실습계획서조차 미제출한 상태로, 기본적인 검증 절차조차 이행되지 않았다(교육부 감사자료, 2023).

(2) 지도자 미배치와 무계획 실습

일부 기관은 실습지도자가 없어 타 직원이 대리로 지도했으며, 실습 일정이나 목표가 사전에 공유되지 않아 학생들이 스스로 업무를 찾아야 하는 등 체계 없는 실습 환경에 방치되었다.

(3) 제도보다 서류에 의존하는 행정

실습기관 승인 기준이 형식적 서류 심사에 그치고, 실제 실습 내용이나 교육 여건에 대한 검토는 거의 이루어지지 않아, 이는 시스템 부재보다는 행정의 책임성과 실효성 부족에서 비롯된 문제다.

토론 주제 / 논의할 문제

1. 사회복지현장실습이 '교육'이 아닌 '노동'으로 변질되는 현상을 방지하기 위해, 실습기관의 책임성 확보와 학생 권익 보호를 위한 제도적 장치는 무엇이 필요한가?

2. 사회복지사 자격제도의 남발과 낮은 실천 전문성 문제를 고려할 때, 자격 취득 구조를 어떻게 개편하는 것이 타당할까?

3. 이론과 실천 간 괴리를 해소하기 위해, 사회복지 교육과정은 어떤 방식으로 개편되어야 하는가?

Chapter

06

서비스 이용자의 권리 침해

1. 서비스 제공 시 인권 침해 사례

장애인, 노인, 정신질환자 등 취약계층은 시설 중심의 서비스에서 자기결정권과 사생활이 침해되기 쉽다. 이는 단순히 시설의 문제가 아니라, 열악한 근무 환경과 부족한 제도적 지원 등 구조적 요인에 기인한다(국가인권위원회, 2023). 본 장에서는 이러한 인권 침해의 실태를 사례를 통해 살펴본다.

1) 시설 내 학대와 부적절한 처우

시설 내 인권침해는 단절된 환경, 과도한 제한, 비대칭적인 관계 등 다양한 방식으로 나타난다. 본 장은 정신병원과 장애인시설 등에서의 학대 및 부당한 처우 사례를 중심으로 살펴본다.

(1) 정신병원 및 요양시설 내 부적절한 대응

장기 입원과 제한된 환경에서 정신질환자들이 자신의 의사를 충분히 표현하기 어려운 상황이 지속되며, 인권을 침해하는 부적절한 처우 사례가 보고되었다(정신질환 입원환자 권리안내, 2023).

(2) 장애인 거주시설의 부당한 통제

활농제한과 자유권 침해 외출 제한, 복장 통제, 개인 공간의 부족 등으로 장애인의 자율성과 사생활이 지속적으로 제한되고 있다(국회미래연구원, 2023).

(3) 보호자나 종사자에 의한 인권침해

비공식적 권력의 남용 서비스 이용자의 의사보다 보호자 또는 종사자의 판단이 우선시되며, 이 과정에서 언어폭력이나 무시, 방치 등이 발생하는 사례가 적지 않다(형사정책연구, 2024).

(4) 사례

① 2023년 한 정신병원에서는 산책 중 환자가 병원 외부 창문에서 추락한 사건이 발생하였으며, 국가인권위원회는 환자 안전 확보를 위한 시설 전반의 개선을 권고하였다(국가인권위원회, 2023a).

② 또한, 동일 연도 직권조사에서는 환자의 의사나 진단 없이 침대 고정이나 격리가 반복된 사례가 확인되어 병원장에 대한 고발이 이루어졌다(국가인권위원회, 2023b).

2) 서비스 남용과 부적절한 개입

과잉 보호와 감시 중심의 서비스는 돌봄의 본래 취지를 훼손하며, 이용자의 자율성과 사생활을 침해하는 구조적 문제를 내포하고 있다.

(1) 과잉 보호로 인한 자율성 침해

돌봄이 아닌 억압 지나치게 보호 중심으로 설계된 서비스는 대상자의 능동성을 약화시키며, 일상생활을 스스로 통제할 수 있는 권리를 제한하게 된다(유애정 · 박현경, 2022).

(2) 사생활 침해와 감시 중심 서비스

감시사회적 복지 구조 일정 기록, 식사 · 수면 패턴 모니터링, CCTV 설치 확대 등은 사생활 침해 요소로 작용하고 있다(국가인권위원회, 2023).

(3) 규범 강요와 개별성 무시

획일적 처우와 문화적 민감성 결여 일률적인 규율과 프로그램 강요는 문화적 차이나 개인 성향을 무시하게 되며, 이는 정서적 억압으로 이어질 수 있다(보건사회연구, 2023).

(4) 사례

① 과잉 보호로 인한 자율성 침해 – 일상생활 통제 사례

A요양원에서는 치매 초기 증상이 있는 입소자 B씨에게 안전사고 예방을 이유로 외출을 전면 금지하고, 식사 · 샤워 · 수면 등 모든 일정을 직원이 정한 시간표에 따라 강제로 수행하도록 했다. 이에 대해 B씨 가족은 "환자 스스로 판단할 수 있는 능력을 무시한 과잉 보호로, 오히려 우울감과 무기력을 초래했다"고 진정을 제기했다(유애정 · 박현경, 2022).

② 사생활 침해와 감시 중심 서비스 – CCTV 확산 문제

노인장기요양기관과 일부 정신의료기관에서는 CCTV가 안전과 학대 예방 목적으로 설치되고 있으나, 침실 · 식사 · 수면 등 개인 일상이 영상으로 기록되어 상시 감시 구조로 변하고 있다. 국가인권위원회는 이는 수급자와 종사자의 기본권 침해 가능성이 있다고 지적하였다(국가인권위원회, 2023).

③ 제도화된 규범 중심 서비스

장애인거주시설 D는 입소자 전원에 동일한 복장을 요구하고, 여가 · 교육 프로그램도 개인 선호와 무관하게 획일적으로 운영하였다. 일부는 특정 활동에 거부감을 보였지만 "규율 준수"를 이유로 강제 참여가 요구되었고, 이는 문화적 다양성과 개별성을 고려하지 못한 운영 방식이다. 보건사회연구(2023)는 "일률적 서비스는 정서적 억압과 소외감을 초래할 수 있다"고 지적하였다.

3) 긴급 상황에서의 권리 침해

응급 상황에서의 개입은 생명 보호를 위한 조치이지만, 절차와 권리 보장이 결여될 경우 취약계층의 기본권 침해로 이어질 수 있다.

(1) 격리 · 강제입원 등 응급 조치의 남용

응급 상황이라는 명분 아래 환자의 동의 없이 반복적으로 시행되는 강제 격리 및 입원 조치는, 정당한 폭력과 인권 침해의 경계를 흐리게 하며, 감시와 통제 중심의 대응이 일상화되고 있다는 비판이 제기되고 있다(정신질환 입원환자 권리안내, 2023).

(2) 정보 제공 부족

정신과 응급 대응 시 본인에게 자신의 상태나 조치의 이유, 절차에 대한 설명 없이 개입이 이루어지는 사례가 많으며, 이는 알 권리와 자기결정권을 침해하는 심각한 인권 문제로 연결된다(국가인권위원회, 2023).

(3) 물리적 개입과 과잉 대응

인권을 위협하는 대응 수위 물리적 제압이나 제지, 보호실 입실 등의 과잉 조치가 일상화되며, 이는 정당한 절차 없이 이루어질 경우 폭력으로 간주될 수 있다(형사정책연구, 2024).

2. 자기결정권 무시와 비강제적 통제

보호를 명분으로 한 물리적 제압, 제지, 보호실 입실 등의 대응이 과도하게 이루어질 경우, 이는 정당한 절차를 거치지 않은 상태에서 폭력으로 작용할 수 있으며, 환자의 존엄과 인권을 침해하는 결과를 초래한다(형사정책연구, 2024).

1) 자기결정권의 이론과 현실

자기결정권은 인간의 존엄성과 자율성의 핵심이지만, 복지 현장에서는 인지적 어려움이나 보호 명분 아래 대리결정이 일상화되는 구조적 제약이 지속되고 있다.

(1) 자기결정권의 개념과 헌법적 기반

자기결정권은 헌법 제10조가 보장하는 인간의 존엄성과 자율성의 핵심 요소이며, 장애인권리협약(UN CRPD, 2006)에서도 인지적 제한이 있는 사람 역시 적절한 지원을 통해 스스로 삶을 선택할 권리를 가진다고 명시되어 있다(지적장애 형사사법 보고서, 2022).

(2) 현장에서의 권리 무시 사례

장애인복지시설이나 정신요양병원 등 일부 기관에서는 보호자나 시설이 주요 결정을 내리며, 당사자는 정해진 선택지 내에서 수동적으로 순응해야 하는 현실이 반복되고 있다(국가인권위원회, 2023).

(3) 의사결정 지원 체계의 부재

복지서비스 현장에서는 의사결정 지원을 위한 제도적 장치가 없거나 형식적으로만 존재해 실질적 지원이 이루어지지 않으며, 이는 자기결정권의 공허한 선언에 그치게 하는 구조적 문제로 지적된다(2023 KODDI 연구요약집, 2023).

2) 통제와 순응을 유도하는 문화

복지 현장은 여전히 통제 중심 문화 속에 머물며, 이용자에게 순응을 요구하는 구조가 내면화되어 자율성과 자기표현의 권리를 제약하고 있다.

(1) '관리' 중심의 서비스 문화

시설 중심 복지는 '편의성'과 '효율성'을 이유로 일과표, 식사 시간, 외출 등을 규정화하며 통제 중심의 운영 문화를 정착시키고 있다(지역사회 통합돌봄 보고서, 2023).

(2) 종사자의 권위주의적 태도

업무 과중과 구조적 압박 속에서 종사자들은 대상자를 통제 대상으로 간주하는 경향이 있으며, 대등하고 인격적인 관계 형성이 어려운 문화가 고착화되고 있다(인권동향, 2025).

(3) 자기표현에 대한 억압

이용자가 자신의 의견이나 불만을 표현할 경우 '문제 행동'으로 간주되어 불이익이 따르는 사례가 많아, 스스로 말하기를 자제하는 분위기가 조성된다(제Ⅱ권 인권 상황보고서, 2023).

3) 자율적 삶을 위한 조건

복지 서비스는 이용자가 삶의 주체로서 자율적으로 선택하고 결정할 수 있도록 정보 접근, 맞춤 설계, 의사결정 지원 등의 구조적 조건을 갖추어야 한다.

(1) 정보에 대한 접근성 보장

권리 실현은 정보의 평등한 제공에서 시작되며, 쉬운 언어와 시청각 자료 등을 통해 서비스 내용과 권리를 명확히 전달하는 것이 중요하며, 이는 자기결정권 실현의 전제 조건이 된다(정신질환 입원환자 권리안내, 2023).

(2) 개인 맞춤형 서비스 설계

획일화된 처우에서 벗어나 삶의 맥락, 문화적 배경, 개인의 선호를 반영한 개별 서비스 설계는, 이용자를 단순한 수혜자가 아닌 자기 삶에 능동적으로 참여하는 주체로 인식하는 패러다임 전환을 의미한다(국가인권위원회, 2023).

(3) 의사결정 지원 체계 확립

복지 이용자가 삶의 방향을 스스로 선택할 수 있도록 의사결정 파트너, 서포트 퍼슨 등 제도적 장치가 마련되어야 하며, 결정 능력 유무와 관계없이 모두가 존중받을 수 있도록 공백을 메우는 노력이 필요하다(UN CRPD, 2006).

3. 차별, 낙인, 배제 사례 분석

본 장에서는 복지 서비스 이용자들이 겪는 차별과 낙인, 배제 문제를 분석하며, 제도적 차별과 낙인의 언어가 사회적 고립을 초래하는 원인을 살핀다. 또한 탈시설 정책, 지역 간 서비스 격차, 여성 장애인 등 복합적 차별 사례를 다룬다.

1) 낙인의 언어와 태도

복지서비스 이용자들은 언어와 사회적 시선 속에서 편견과 낙인을 경험하며, 이는 사회적 배제와 자존감 저하로 이어진다.

(1) 병명 중심 호칭과 언론 재현

"조현병 환자", "치매노인" 등 병명 중심의 호칭은 개인을 병리화하고 정체성을 질병으로 환원시켜 고정된 이미지로 낙인찍는다. 언론 보도에서도 이러한 용어 사용이 반복되어 사회적 거리감과 편견을 강화하고 있다(제Ⅱ권 인권상황보고서, 2023).

(2) 불신과 두려움의 시선

정신질환자에 대한 폭력성 편견이나, 노숙인에 대한 범죄 연루 오해 등은 시민사회의 시선 속에서 반복되며, 서비스 이용자의 사회 복귀와 통합을 심각하게 방해하는 요인으로 작용한다(인권동향, 2025).

(3) 내부 종사자 태도 문제

일부 종사자들은 대상자를 수동적이고 문제적인 존재로 바라보며, 이러한 인식은 조직 내 일상적 차별과 배제의 문화를 고착화시키고 제도화된 편견을 재생산하는 데 영향을 미친다(형사정책연구, 2024).

2) 제도화된 차별 구조

물리적 · 제도적 장벽은 특정 집단에 대한 반복적 차별을 고착시키며, 이는 사회적 고립과 이중차별로 이어진다. 특히 여성 장애인과 시설 퇴소자는 복합적 배제 속에서 일상적 권리 실현이 어렵다.

〈그림 6-1〉은 장애인 커뮤니티케어의 기본 구조와 지원 체계를 시각화한 것이다.

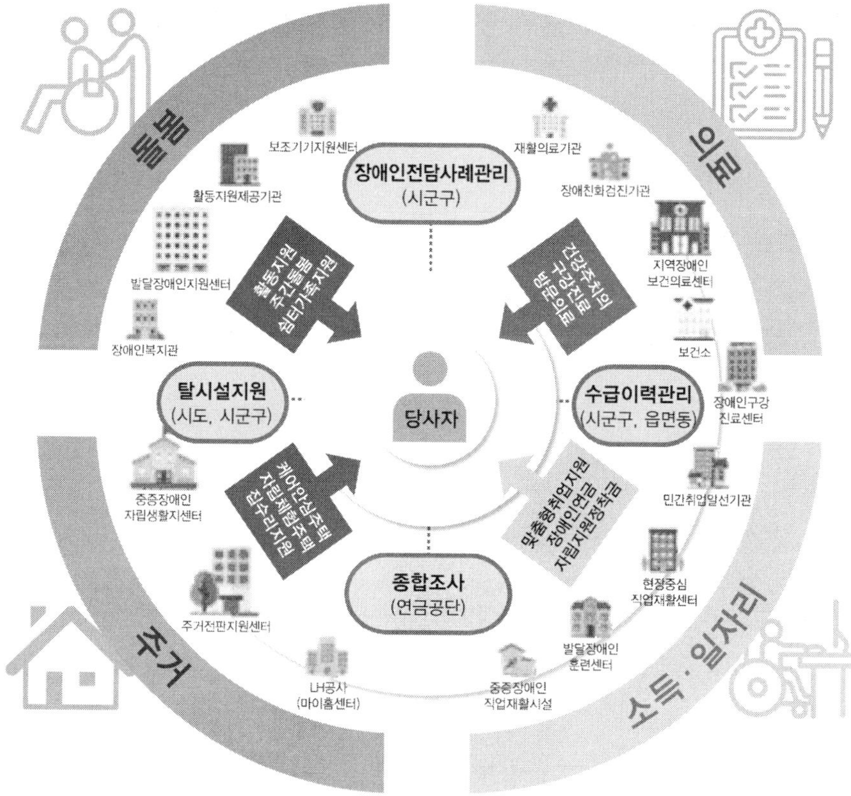

〈그림 6-1〉 장애인 커뮤니티케어 개념도

출처: 보건복지부, 「장애인 커뮤니티케어 개념도」, 에이블뉴스 재인용(오욱찬,2022)

(1) 탈시설 정책의 한계와 정체

① 국내 탈시설 정책

2021년 『탈시설 장애인 지역사회 자립지원 로드맵』은 2025년 본사업 이후 2041년까지 자립환성 소성을 목표로 했으나(보건복지부, 2021), 자립주택과 지역 통합지원 체계 부족으로 선언적 정책에 그쳤다는 비판을 받고 있다. 실행력과 대안 부재는 중증장애인 가족과 인권단체 간 갈등을 유발하며, 사회적 합의의 필요성이 제기되고 있다(에이블뉴스, 2018; 고대신문, 2024; 국가인권위원회, 2023; 이슈와 논점, 2024).

〈그림 6-2〉은 탈시설 정책을 둘러싼 상반된 사회적 갈등을 보여주는 장면으로, 첫 번째는 2023년 서울 여의도에서 열린 '탈시설 반대 집회' 현장이고, 두 번째는 2025년 혜화동성당 종탑 농성을 통해 탈시설 권리 보장을 요구한 전국장애인차별철폐연대(전장연) 활동가들의 시위 모습이다.

〈그림 6-2〉 탈시설 반대와 탈시설 권리 보장 요구에 대한 시위 모습

출처: 경인종합일보(2023.05.16), "경기도의회 '장애인 탈시설 조례안' 찬반 갈등 증폭", 헤럴드경제(2025.05.05), "탈시설 보장하라" … 혜화동성당 종탑 농성 전장연 활동가들 구속 기로

〈그림 6-3〉은 장애인 탈시설 정책을 둘러싼 찬반 단체의 시위 현장을 동시에 담은 사진이다.

〈그림 6-3〉 장애인 탈시설 정책을 둘러싼 찬반 단체의 시위 현장

출처: 소셜포커스, 2025.02.13., https://www.socialfocus.co.kr/news/articleView.html?idxno=21147

② 국외 탈시설 정책(미국 · 스웨덴 · 캐나다 중심)

미국은 1999년 옴스테드 판결 이후 2025년까지 대형시설 폐지를 추진하고 있으며, 스웨덴은 1999년까지 대부분의 대규모 장애인 거주시설을 폐쇄하였고, 이후 소규모 그룹홈(group homes)이나 자립 생활 지원 서비스중심으로 전환하였다. 캐나다는 자립생활 패키지를 통해 탈시설을 권리 기반 정책으로 정착시켰다. 이들 국가는 선택권 보장과 지역사회 참여를 핵심 원칙으로 탈시설을 제도화해 한국과 뚜렷한 차이를 보인다(The Indigo, 2022; 오욱찬, 2022; 국가인권위원회, 2022; UN CRPD, 2006; 장윤선, 2025).

③ 국내외 탈시설 정책 비교

국내외 탈시설 정책은 장애인의 지역사회 통합을 목표로 하며, 각국은 정책 실행에 있어 다양한 접근법과 도전 과제를 경험하고 있다. 〈표 6-1〉는 한국을 포함한 미국, 스웨덴, 캐나다의 탈시설 정책을 비교하고, 각국의 핵심 방향과 문제점, 실행 수준 등을 정리한 것이다.

〈표 6-1〉 국내외 탈시설 정책 비교표

구분	한국	미국	스웨덴	캐나다
정책 출발점	2021년 보건복지부 『탈시설 로드맵』 발표, 관련 입법은 미비	1999년 'Olmstead v. L.C.' 판결로 탈시설의 법적 근거 마련	1994년 'LSS 법' 시행 후 지역사회 중심 지원 체계 도입, 1999년까지 모든 시설 폐쇄	주별 자립생활(IL) 프로그램을 중심으로 점진적 확산, 통일된 연방 기준은 부재
핵심 방향	탈시설 목표 설정, 자립생활주택 공급 확대 지향하나 커뮤니티케어와의 연계는 제한적	장애인 인권 보장과 지역사회 통합, 주거 · 고용 · 서비스의 통합 지원체계 강화	모든 시설 중심 지원을 폐지하고, 소규모 거주 및 개별화된 지역사회 서비스 정착	자립생활 패키지(IL 패키지)를 통해 주거, 돌봄, 고용 등 통합적 지원 확대
문제점 및 한계	입법화 지연과 중앙 · 지자체 간 이행력 부족, 지역 인프라 미비	주 정부 간 편차 및 예산 배분 격차로 서비스 질 차이 발생	초기 급속한 시설 폐쇄로 인한 가족 · 당사자 간 갈등, 장기적 지원체계 안정화 과제 존재	주별 제도 차이로 인한 탈시설화 편차 및 일부 지역의 인프라 미비
노동권 연계	보호고용 중심으로 자립과 연계 부족, 통합고용 정책은 초기 단계	탈시설과 병행한 통합고용(Integrated Employment) 정책 확대	노동과 주거를 연계한 통합 지원체계로 자립생활 기반 강화	노동권을 자립생활의 핵심 구성으로 통합 정책에 포함
정책 실행 수준	신인직 로드맵 수립 단계로, 실질적 제도화 및 재정 지원은 미흡	연방 · 주 정부 간 협력을 통한 제도화가 부분적으로 진행 중	국가 차원에서 전면 제도 전환 완료, 시설 중심 모델 완전 폐지	연방보다는 주 중심으로 제도화 진행, 지역 간 격차 존재

(2) 지역 간 서비스 격차

동일한 위기 상황에서도 거주 지역에 따라 긴급복지, 사례관리, 공공자원 연계 등 서비스 접근성에 큰 차이가 발생하며, 이는 복지 실현이 '주소지 복불복'으로 전락하는 구조적 문제를 야기한다(한국장애인단체총연맹, 2023).

(3) 응급 · 위기 상황에서의 배제

정신질환자, 지적장애인 등은 응급실 · 보호시설 이용 시 후순위로 밀리거나 병상 부족, 기피 태도 등으로 인해 다른 기관에 전가되는 사례가 빈번히 발생하고 있어 위기 대응 시스템의 차별성이 문제시되고 있다(정신질환 입원환자 권리안내, 2023).

3) 사회적 고립과 이중 차별

여성 장애인과 시설 퇴소자 등은 젠더, 신체, 사회적 지위의 복합적 요소로 인해 복지제도 안에서도 반복적인 고립과 차별을 겪고 있다.

(1) 여성 장애인의 복합차별

여성 장애인은 성폭력 위험, 생식권 제한, 자녀 양육권 박탈 등 젠더와 장애가 교차되는 복합적 차별에 노출되어 있으며, 이는 일상생활과 사회참여 전반에 심각한 제약을 초래하고 있다(국가인권위원회, 2023).

(2) 가족 해체와 고립

장애인 시설 입소 이후 가족과의 단절이 반복되면서 정서적 고립과 심리적 불안이 누적되고, 이는 사회적 지지망의 붕괴로 이어져 지역사회 복귀에 큰 걸림돌이 되고 있다(탈시설 국제연구, 2023).

(3) 재진입 차단

시설이나 교정기관 퇴소 후 필요한 주거, 고용, 돌봄 서비스 등 기본 자원의 부재는 자립적 삶을 어렵게 하며, 반복적인 재배제와 사회복귀 실패의 악순환을 낳고 있다(형사정책연구, 2024).

4. 법적 보호 장치의 한계

우리나라 복지법령과 인권 규범은 이용자의 권리를 보호하기 위한 다양한 조항을 담고 있으나, 현실에서는 그 이행이 미흡하거나 형식에 그치는 경우가 많다. 제도와 실천의 간극은 이용자의 인권을 실질적으로 보장하지 못하는 한계를 낳고 있다(제 I 권 인권연간보고서, 2023).

1) 법과 현실의 괴리

장애인복지법, 정신건강복지법, 사회복지사업법은 권리 보장을 명시하나, 예산과 인력 부족으로 현장에서 실행되지 않아 인권 침해와 제도적 부내용이 반복되고 있다.

(1) 실행 가능한 제도화 미흡

복지법, 장애인복지법, 정신건강복지법 등은 권리 보장 원칙을 명시하고 있으나, 실제 현장에서는 실행 예산이나 인력이 확보되지 못해 공허한 선언에 그치는 경우가 많다(법무정책연구 성과발표회, 2023).

(2) 이용자 접근성과 신뢰 부족

인권 침해를 신고할 수 있는 제도는 존재하지만, 익명성 보장 미비와 불이익 우려로 인해 활용도가 낮으며, 특히 취약계층일수록 제도에 대한 신뢰가 낮아 실질적인 권리 구제가 어렵다(국가인권위원회, 2023).

(3) 반복되는 권고와 구조적 무대응

인권 침해가 확인되더라도 시설에 대한 경고나 시정 권고에 그치는 경우가 많고, 제도 개선이나 사후조치가 미흡해 동일한 문제가 반복되는 구조적 한계를 드러내고 있다(인권상황보고서, 2023).

2) 권리보장제도의 사각지대

권리는 모든 시민에게 평등하게 보장되어야 하나, 장애유형 · 연령 · 지역에 따라 접근성과 실행력에 차이가 발생하며 제도적 사각지대가 지속되고 있다.

(1) 장애유형 및 연령별 차등 접근

발달장애인, 정신장애인, 노숙인 등 특정 집단은 여전히 권리보장에서 후순위로 밀리고 있으며, 이용자 특성과 삶의 맥락을 반영한 제도 설계가 미흡해 실질적인 권리 보장에 한계가 있다(보건복지부, 2023).

(2) 지역 간 격차에 따른 권리 실현 불균형

권리 실현은 개인의 능력이나 의지가 아닌, 거주 지역의 재정력과 정책 우선순위 같은 제도적 여건에 따라 좌우되는 경우가 많아 형평성에 대한 우려가 제기된다(장애인복지보고서, 2023).

(3) 권리구제기관의 독립성과 권한 미흡

국가인권위원회 등 인권 기관의 권한은 권고에 그쳐 법적 구속력이 없으며, 실질적인 개선을 이끌어내기 어렵다는 비판이 지속되며 구조적 보완이 요구된다(형사정책연구, 2024).

3) 인권 교육 및 인식 제고의 미비

인권은 법적 선언을 넘어 실천으로 구현되어야 하나, 복지현장에서는 교육 부재와 인식 부족으로 인해 여전히 제도와 문화 간 괴리가 지속되고 있다.

(1) 현장 종사자 교육 체계의 부족

제도적 인권 교육의 공백 인권감수성을 높이기 위한 정기적 교육이 의무화되지 않거나, 형식적으로 이루어지는 경우가 많다. 일부 시설에서는 인권 관련 내용이 이예 포함되지 않은 교육만 반복적으로 시행되고 있다(사회복지관 평가지표, 2024).

(2) 인권의 일상적 실천으로의 전환 미흡

선언을 넘어 일상으로 법과 정책에서의 선언적 권리가 실제 서비스 과정에서 일상화되지 못하고 있으며, 인권을 '감시'나 '처벌'의 개념으로 오해하는 경우도 있다(국가인권위원회, 2023).

(3) 인권 친화적 조직문화 부재

제도와 태도의 이중 장벽 종사자 스스로가 불안정한 고용 환경과 높은 업무강도를 겪으며 인권을 내면화하기 어려운 상황에 놓여 있으며, 조직 차원의 인권경영체계 확립이 시급하다(형사정책연구, 2024).

5. 권리 중심 복지로의 전환 필요성

기존 복지 패러다임은 이용자를 수동적 대상으로 보고 보호 · 관리에 중점을 두었으나, 현대 복지는 인간의 존엄성과 자율성에 기반한 권리 중심 접근으로 전환되어야 한다. 이는 이용자가 주체로서 삶에 참여하고 동등한 존중을 받을 수 있도록 제도와 문화를 재편할 것을 요구한다.

1) 권리 기반 접근의 개념과 의의

권리 기반 접근은 복지를 시혜나 보호가 아닌 법적 권리 중심으로 재구성하는 관점으로, 복지 이용자를 수동적 수혜자가 아닌 능동적 권리 주체로 전환할 것을 요구한다.

(1) 권리보장을 핵심으로 하는 복지의 재 정의

선언에서 실천으로 단순한 지원이나 보호가 아닌, 법적 권리의 보장을 통해 이용자가 자신의 삶을 주도할 수 있도록 하는 것이 권리 기반 복지의 핵심이다(UN OHCHR, 2020).

(2) 수혜자에서 시민으로의 전환

권리 주체로의 패러다임 이동 복지 이용자를 '수혜자'가 아닌 '권리 주체'로 인식함으로써 자율성과 책임, 참여를 보장하는 방향으로 전환되어야 한다(국가인권위원회, 2023).

(3) 제도 설계와 평가의 패러다임 전환

권리 실현 중심 성과 관리 정책과 서비스는 권리 실현의 관점에서 평가되어야 하며, 이용자 참여와 감시가 제도 내에 내재화되어야 한다(사회복지관 평가지표, 2024).

2) 참여와 의사결정의 확대

기존 복지체계는 이용자의 참여를 형식에 그쳤으나, 권리 중심 접근은 실질적 참여와 의사결정을 핵심 가치로 보며, 이를 제도에 반영할 필요가 있다.

(1) 서비스 이용자 참여 보장 제도화

참여 권리의 제도적 내재화 복지제도 설계 · 운영 · 평가 전 과정에 이용자의 참여를 보장하는 제도적 장치 마련이 필요하다. 이는 정책 효과성뿐 아니라 제도에 대한 신뢰를 높이는 핵심 요소이다(지역사회 통합돌봄, 2023).

(2) 이용자 권리헌장 및 의견수렴 시스템

권리 기준의 명문화와 상시적 피드백 명문화된 권리 기준과 피드백 체계는 서비스 질 개선뿐 아니라, 권리 인식 확산에도 기여한다. 특히 복잡한 제도 환경 속에서 이용자의 경험을 반영한 순환적 구조가 필요하다(제Ⅱ권 인권상황보고서, 2023).

(3) 권리 침해에 대한 실질적 대응 절차 마련

신속하고 접근 가능한 구제 시스템 권리 침해 시 이용자가 쉽게 접근할 수 있는 독립적 구제 절차와 사후지원 체계가 강화되어야 한다. 익명성 보장, 대응 기한 설정, 외부 감사 등 실효적 장치가 병행되어야 한다(형사정책연구, 2024).

3) 인권 친화적 환경 조성

인권 친화적 환경은 복지의 질을 결정짓는 핵심 요소로, 조직 운영과 서비스, 상호관계 전반에 인권 원칙이 체계적으로 반영되어야 한다.

(1) 조직 운영의 인권경영 정착

인권을 경영 기준으로 통합 인권경영은 단순한 윤리 규범이 아니라, 조직 운영의 중심 원칙이 되어야 하며, 이에 따라 내부 매뉴얼, 교육 시스템, 평가 기준 등도 인권 중심으로 재편되어야 한다(법무정책연구 성과발표회, 2023).

(2) 일상 서비스 속 권리 보장 실천

일과의 모든 순간에서 존중 식사, 외출, 개인시간, 의사 표현 등 사소한 일상에서도 권리 존중이 실현되어야 하며, 이는 종사자와 이용자 간의 신뢰 형성과 직결된다(정신질환 입원환자 권리안내, 2023).

(3) 이용자와 종사자의 동반 존중 문화

쌍방향 인권의 구조화 종사자의 권리와 노동환경이 보장될 때, 이용자의 권리도 안정적으로 보장될 수 있다. 인권 기반 복지는 단방향이 아닌 상호 존중 구조를 전제로 한다(국가인권위원회, 2023).

6. 권리 침해 예방을 위한 실천적 전략

권리 중심 복지로의 전환은 선언적 원칙에 그치지 않고, 구체적인 실천 전략과 제도 설계로 이어져야 한다. 권리 침해를 예방하기 위해서는 제도, 조직, 현장의 다층적 개입이 필요하며, 교육, 모니터링, 협력 체계 강화 등을 통해 인권 감수성과 책임성을 동시에 높이는 접근이 요구된다(국가인권위원회, 2023).

1) 인권 감수성 기반 교육 확대

인권 감수성은 복지 현장에서 권리 보장의 출발점이며, 종사자와 이용자 모두를 위한 실천 중심의 교육 체계는 인권 내면화를 위한 핵심 기반이다.

(1) 모든 복지 종사자의 인권 교육 의무화

현장 중심 교육 체계 강화 서비스 제공자의 인권 인식을 높이기 위한 정기적 · 의무적 교육이 제도화되어야 하며, 직무 초기부터 반복적 학습 체계가 마련되어야 한다(사회복지관 평가지표, 2024).

(2) 이용자 대상 권리 교육 병행

접근 가능한 권리 이해 자료 개발 이용자도 자신의 권리를 인식하고 행사할 수 있도록 시청각 콘텐츠, 쉬운 언어 등을 활용한 맞춤형 권리 교육이 필요하다(정신질환 입원환자 권리안내, 2023).

(3) 인권 실천사례 중심 교육과 워크숍

참여형 학습을 통한 인식 전환 단순 지식 전달에서 벗어나 실제 현장에서 발생한 인권 사례 분석과 해결 모의훈련 등 실천 중심 교육 방식이 강조되어야 한다(인권동향, 2025).

2) 권리 보장을 위한 구조적 제도 개선

권리 기반 복지 실현을 위해서는 실효성 있는 감시 · 평가 체계 등 제도의 구조적 개편이 필수이며, 이는 형식이 아닌 실질적 권리 보장을 지향해야 한다.

(1) 인권 전담기구 및 독립감시체계 강화

외부 견제 시스템 구축 시설 또는 지역별로 독립적인 인권보호 담당 조직을 설치하고, 권리 침해 사례에 대한 외부 평가·감시 기능을 강화해야 한다(국가인권위원회, 2023).

(2) 권리 중심 성과 평가 체계 도입

양보다 질을 중시하는 지표 도입 서비스 기관에 대한 평가는 단순한 제공 실적이 아니라 권리 보장 실현 여부를 중심으로 구성되어야 하며, 권리 침해 예방 노력도 중요한 평가 항목이 되어야 한다(사회복지관 평가지표, 2024).

(3) 권리 침해에 대한 신속한 구제 절차 마련

절차적 정의 확보 피해 발생 시 익명 제보, 긴급 조사, 시정조치, 외부 심사 등 단계별로 구조화된 대응 체계가 필요하며, 이용자 접근성과 실효성도 보장되어야 한다.

3) 지역사회와의 연계 강화

지역사회 연계를 위해 인권 네트워크 구축, 시민 모니터링단 운영, 언론 홍보 강화 등 지역 중심의 권리 감시와 인식 제고 체계를 마련해야 한다.

(1) 지역 인권 네트워크 구축

다기관 협력으로 통합 대응 지역 내 복지기관, 인권단체, 자치단체가 협력하여 인권 침해 예방 및 교육, 자문, 사례 공유 등을 진행하는 네트워크 체계를 구성해야 한다(지역사회 통합돌봄, 2023).

(2) 시민 모니터링단 제도화

주민 참여형 감시 모델 도입 지역 주민 또는 당사자로 구성된 시민참여형 모니터링단을 도입해 서비스 감시 기능을 강화하고, 시민 감수성을 제고할 수 있다(제Ⅱ권 인권상황보고서, 2023).

(3) 언론 및 공공홍보를 통한 권리 인식 제고

사회 전반의 감수성 증진 언론보도, 캠페인, 콘텐츠 제작 등을 통해 사회 전반의 인권 인식을 높이고, 인권 침해 문제에 대한 경각심을 확산시킬 필요가 있다(인권동향, 2025).

토론 주제 / 논의할 문제

1. 탈시설 정책이 실효성 있는 변화로 이어지기 위해 자립주택 공급과 지역 인프라 구축을 위한 구체적인 실행 계획과 예산 확보 방안이 무엇일까?

2. 복지시설에서 이용자의 자율성을 보장하기 위해, 과잉 보호와 통제적 서비스 제공 방식을 개선하기 위한 제도적 장치는 무엇이 필요한가?

3. 장애인과 정신질환자의 권리가 법적으로 보장될 수 있도록, 현행 법률과 제도에서 발생하는 문제를 해결하기 위한 법적 장치는 무엇이 필요한가?

Chapter

07

복지 사각지대와 제도적 배제

1. 부양의무자 기준의 시대착오성

부양의무자 기준은 가족의 부양 능력을 전제로 국가의 복지 책임을 회피해온 제도이다. 현실을 반영하지 못한 이 기준은 위기가구를 제도 밖으로 밀어내며 복지의 권리성을 훼손해왔다. 본 장에서는 제도 설계의 한계와 정책 지연이 낳은 구조적 실패를 분석하고자 한다.

1) 제도 설계 실패: 가족 중심 복지 기준의 구조적 한계

부양의무자 기준은 국가가 책임져야 할 복지의무를 가족에게 전가한 대표적인 설계 실패로, 현실과 동떨어진 행정 기준에 따라 위기가구가 구조적으로 배제되는 문제를 야기해왔다(경기도, 2023).

(1) 형식적 가족주의의 전제 오류

부양의무자 기준은 가족의 존재만으로 부양 가능성을 전제하여 실제 단절이나 갈등을 고려하지 못하고, 그 결과 수급권이 제한되며 복지 책임이 사적으로 전가되어 사회적 권리를 침해하는 제도로 작동하고 있다(충청남도, 2022).

(2) 급여 항목별 불균형과 형평성 훼손

생계급여와 주거급여는 부양의무자 기준이 폐지되었지만 의료급여 등에는 여전히 적용되어 보호 수준이 달라지며, 이는 제도 간 불균형과 형평성 훼손이라는 정책 실패를 낳고 있다(관계부처합동, 2023).

(3) 제도적 배제와 복지 기능의 상실

실질적 부양이 이루어지지 않는 위기가구가 제도에서 탈락하면서 복지제도는 보호망으로서의 역할을 상실하고 있으며, 이는 위기 대응보다 행정 기준 유지를 우선시한 구조적 실패의 결과이다.

2) 개선 지연과 정책 책임의 회피

부양의무자 기준의 문제는 반복적으로 지적되었지만, 실질적인 개선은 정치적 부담과 예산 논리를 이유로 지연되고 있다. 이는 복지정책의 실효성을 약화시키며, 제도에 대한 국민의 불신을 심화시키는 구조적 문제로 이어진다.

(1) 단계적 폐지의 한계와 회피 전략

정부는 의료급여 기준 폐지를 '단계적 추진'으로 한정함으로써 본질적 제도 개선보다는 시기 조절에 주력하고 있으며, 이는 결과적으로 사각지대 해소에 실패하고 정책적 책임 회피의 수단으로 사용하고 있다(성기노, 2023).

〈사례 7-1〉 부양의무자 기준 완화에도 현장 미적용: 의료급여 신청 사례

2024년 1월부터 보건복지부는 중증장애인을 포함한 가구에 대해 의료급여 부양의무자 기준을 폐지하고, 실질적 부양 관계를 반영한 제도로 전환하였다. 그러나 실제 경기도의 한 행정복지센터에서 중증장애인을 둔 가정이 의료급여 신청을 문의한 결과, "자녀가 중증장애인일 때만 해당된다"는 잘못된 안내를 받는 일이 발생했다. 이는 중앙정부의 제도 개선이 실제 현장까지 전달되지 않았거나, 전달되었음에도 공무원의 숙지가 부족했음을 보여준다. 보건복지부는 정책 홍보와 공무원 교육을 2023년부터 여러 차례 시행했다고 밝혔으나, 여전히 현장에서는 제도 개선의 효과가 체감되지 못하고 있는 실정이다. 이 사례는 부양의무자 기준 완화와 같은 제도적 전환이 실효성을 가지기 위해서는 현장의 전달력과 실천 체계 강화가 병행되어야 함을 보여주는 대표적 사례다(뉴시스, 2024.02.14).

(2) 행정 효율성 중심의 판단 오류

행정 편의성과 예산 통제를 우선시하는 기준 유지 방식은 위기 대응보다는 관리 중심의 판단에 머무르고 있어 복지제도의 본래적 기능을 약화시키고 있으며, 이는 제도의 실효성을 떨어뜨리는 구조적 문제로 이어지고 있다.

(3) 책임 분산과 협력 부재의 결과

복지부와 지자체 간의 기능 분산과 협력 부족은 제도 개편의 추진력을 저해하고 있으며, 이는 복지 정책의 일관성 결여와 반복적인 실패를 야기하는 주요 요인으로 작용하고 있다.

3) 부양의무자 기준이 초래한 복지 사각지대의 구조화

실질적 부양이 어려운 상황에서도 부양의무자 기준은 제도적 보호를 차단하며, 복지 사각지대를 구조화하고 반복되는 정책 실패를 고착화하고 있다.

(1) 수급 탈락과 위기가구의 배제

가족의 존재만으로 수급 대상에서 제외되는 사례는 실제 위기가구를 제도 밖으로 내몰고 있으며, 이는 복지제도의 보호기능 상실을 보여주는 것으로, 가족 단위 기준은 공정성과 효과성 측면에서 구조적 한계를 드러낸다.

(2) 복지 신뢰의 저하와 제도 회피

수급자 선정의 부정확성과 불공정성은 복지에 대한 신뢰를 저하시켜 제도 이용에 대한 소극적 태도를 유발하며(관계부처합동, 2023), 이는 제도 접근성 저하와 복지 회피라는 부정적 순환을 낳고 있다.

(3) 국제 기준과의 괴리와 정책 정당성 상실

OECD 국가들이 개인 중심 기준을 채택하는 반면, 한국은 가족 기준을 고수하며 정책의 정당성에 대한 도전을 받고 있으며, 이는 기준의 비현실성과 낙인을 통해 제도 불신과 수급 기피를 심화시키고 있다.

2. 기준 미달 가구의 구조적 소외

중위소득 및 재산 기준 중심의 복지제도는 현실 빈곤을 반영하지 못해 수급에서 반복 탈락하는 비수급 빈곤층을 양산하며, 제도 신뢰와 형평성을 훼손하고 복지 사각지대를 구조화하고 있다.

〈사례 7-2〉 폭염 속 고령자 사망 사례: 의성군의 기후위기 대응 실패

경상북도 의성군은 전국에서 폭염일수가 가장 많은 지역이며, 노인 인구 비율이 44.7%에 달하는 초고령 지역이다. 그러나 해당 지역에서는 폭염 대응 정책이 주민들에게 제대로 전달되지 않았고, 실효성 있는 보호조치도 이루어지지 않았다. 2023년 여름, 밭일을 하던 80대 노인 A씨는 폭염으로 인해 현장에서 쓰러져 병원에 후송되었으나 결국 사망하였다. 그는 평소 냉방시설 없이 생활하던 위기 가구였으며, 무더위 쉼터까지 거

> 리도 멀고, 관련 정책에 대한 정보 접근성도 전무했다. 해당 사례는 "제도는 있으나 체감되지 않는 정책"이 고령자에게는 생명 위협으로 이어질 수 있음을 보여주는 대표적 사례이다.
> 이처럼 기후위기와 고령화가 겹친 지역에서 실질적 전달력이 확보되지 못한 복지제도는 새로운 형태의 복지 사각지대를 야기하고 있으며, 제도 설계와 현장 실행 사이의 괴리를 해결하는 구조적 접근이 요구된다(월드비전 아동권리대표단, 2024).

1) 획일적 기준이 만들어낸 비수급 빈곤층의 확대

복지제도는 중위소득 기준이라는 일률적 잣대로 수급 자격을 판단하지만, 이는 실질적인 빈곤 상태를 포착하지 못해 복지 사각지대를 확대하고 있다(경기도, 2023).

(1) 중위소득 기준의 경직성과 다층 빈곤의 누락

중위소득 중심 기준의 경직성과 현실 괴리 중위소득 30~50% 사이의 저소득층은 실제로 빈곤 상태임에도 수급 대상에서 제외되며, 이는 다층적 빈곤을 반영하지 못한 경직된 기준 구조에 기인한다.

(2) 지역별 생계비 격차를 무시한 단일 기준의 문제

수도권과 지방 간 생계비 차이를 고려하지 않는 단일 기준은 도농 간 복지 불평등을 심화시키며, 상대적 빈곤과 지역 격차를 반영하지 못한 기준은 실질적 수요에 부응하지 못하는 제도적 한계로 작용하고 있다(충청남도, 2022).

(3) 기준 경계선에서 반복 탈락하는 제도 신뢰의 붕괴

기준선 근처의 가구들이 반복적으로 탈락하면서 제도에 대한 신뢰를 상실하고 있으며, 이러한 반복적 배제는 제도의 예측 가능성을 떨어뜨리고, 사각지대를 구조화하는 심각한 신뢰 위기를 초래하고 있다.

2) 소득·재산 환산 방식의 비현실성과 제도적 모순

소득 · 재산 환산 기준은 생활 실태와 괴리된 방식으로 적용되어, 생활이 어려운 가구도 '부적합' 판정을 받는 문제가 발생하고 있다(보건복지부, 2024).

(1) 자산 환산의 한계

실거주 주택이나 생계유지용 차량까지 환산소득에 포함하는 경직된 자산 환산 기준은 자산의 형식적 보유만을 근거로 생활 빈곤 상태의 가구를 복지제도에서 배제시키는 한계를 드러내며, 이는 제도의 현실 적합성을 심각하게 저해한다.

〈사례 7-3〉 자동차 소유로 인한 수급 탈락과 제도 개선 방향

보건복지부는 2025년부터 자동차재산 기준을 기존보다 완화하여, 1,600cc 미만 또는 200만 원 이하 차량에만 일반재산 환산율을 적용하던 기준을 2,000cc 미만 또는 500만 원 이하 차량으로 확대하였다. 예컨대, 소나타(1999cc, 450만 원)를 소유한 4인 가구 B씨는 기존 기준에서는 차량가액 전체가 소득으로 환산되어 생계급여 수급에서 탈락했으나, 개선안 적용 시 차량가액의 4.17%인 19만 원만 소득으로 반영되어 수급 가능성이 열리게 되었다. 이 사례는 자산 환산 기준의 경직성이 실생활과 괴리를 일으켜왔으며, 수급 자격에서 탈락한 위기가구의 현실을 정책적으로 보완할 필요가 있음을 보여준다(보건복지부, 2024.07.25).

(2) 재산 기준의 왜곡

처분이 불가능한 자산을 기준으로 수급 자격을 판정하는 방식은 빈곤의 실질적 양상을 반영하지 못하고 있으며, 이는 재산 중심의 획일적 판단이 복지의 본래 목적과 괴리된 결과를 초래하는 제도적 왜곡을 의미한다.

(3) 기준 행정의 경직성

형식화된 기준 중심의 행정 운영은 위기 상황에 대한 유연하고 민감한 대응을 어렵게 만들며, 복지제도를 삶의 회복보다는 적격성 심사 중심의 제도로 전락시키는 비인간화된 행정 실천의 대표적 사례로 지적된다.

3) 기준 미달 가구의 반복 탈락과 제도 신뢰의 약화

복지제도의 경계선 밖에 놓인 가구들은 반복적 탈락을 경험하며, 이는 제도 회피와 복지 시스템 불신으로 이어지고 있다(한국사회보장정보원, 2024).

(1) 경계선 탈락 반복

중위소득 또는 재산 기준을 소폭 초과한 가구는 제도 경계선에서 반복적으로 탈락하며, 이러한 지속적 이탈은 실질적 도움이 필요한 계층을 제도 밖으로 밀어내 복지 사각지대를 구조화하고 있다(충청남도, 2022).

〈사례 7-4〉 중위소득 기준 탈락: 실직 자영업자 부부의 사례

경기도에 거주하는 박OO 씨 부부는 소규모 식당 운영 종료 이후 소득이 급감하였으나, 직전 연도의 신고 소득과 자녀 명의의 소형 아파트 소유로 인해 긴급복지와 기초생활보장 대상에서 연속 탈락하였다. 실직 직후의 위기 상황은 반영되지 않았고, 실제로는 생계 유지가 어려운 상태였음에도 중위소득 기준을 소폭 초과했다는 이유로 제도의 문턱을 넘지 못했다. 이들은 이후 민간단체를 통해 일시적인 식료품 지원과 주거비 일부를 지원받았으나, 공적 복지제도와의 연계는 끝내 이루어지지 않았다. 이 사례는 중위소득 또는 자산 기준이 경직된 형태로 적용될 때, 제도의 보호를 가장 필요로 하는 위기가구가 반복적으로 탈락하며 복지제도에 대한 신뢰를 상실하게 되는 구조적 문제를 보여준다(경기도, 2022).

(2) 제도 회피와 불신

비수급 빈곤층은 반복적인 탈락 경험을 통해 제도에 대한 신뢰를 상실하고, 결국 신청을 포기하거나 민간 지원에 의존하게 되며, 이는 공공복지에 대한 회피와 정책 전반에 대한 거부감으로 이어지고 있다(보건복지부, 2024).

(3) 불공정 인식 확산

수급 여부에 따라 발생하는 형평성 문제는 국민 사이에 복지제도에 대한 불공정 인식을 확산시키며, 이는 제도 전반에 대한 불신으로 연결되어 복지 거버넌스의 정당성과 지속 가능성을 약화시키는 요인이 된다.

3. 정보 비접근성과 복잡한 절차

디지털 격차와 행정 절차의 복잡성은 정보 접근의 불균형과 수급 포기를 초래하며, 복지 사각지대를 제도 안에서 반복적으로 재생산하고 있다. 이로 인해 실제로 제도가 존재하더라도 접근하지 못하는 계층이 누적되며, 복지에 대한 신뢰와 수급 권리가 동시에 약화되고 있다.

1) 디지털 격차에 따른 정보 접근의 어려움

복지정책의 디지털 전환 가속은 디지털 취약계층의 복지 접근 소외를 초래하며, 정보 접근의 불균형이 제도적 배제를 심화시키는 구조적 실패로 이어지고 있다(과학기술정보통신부, 2024).

(1) 디지털 소외계층의 구조화

고령층, 장애인, 저소득층, 농어민 등은 디지털 접근성, 정보 활용 능력, 기기 운용 역량 전반에서 일반 국민보다 현저히 낮은 수준을 보이며, 이로 인해 복지 정보에 대한 접근 기회에서 구조적으로 배제되는 취약계층으로 고착되고 있다.

(2) 기술기반 정책의 형식주의화

복지멤버십, AI 사전안내 시스템 등 디지털 기반의 복지정책이 확대되고 있으나, 실제 이용률은 낮은 수준에 머무르고 있으며, 이는 오히려 정보 접근 격차를 심화시켜 기술기반 행정의 형식주의화를 초래하고 있다(김한솔 외, 2025).

(3) 복지정보 접근의 양극화

기술 활용이 가능한 계층과 그렇지 못한 계층 간의 정보 접근력 차이는 복지제도 신청과 수급 기회 전반의 양극화를 가속화시키고 있으며, 이는 디지털 포용 정책의 실효성에 근본적 의문을 제기하고 있다(한국사회보장정보원, 2024).

(4) 디지털정보화 수준

아래의 시각자료는 디지털복지 정책이 확대되는 과정에서 오히려 정보취약계층이 복지권에서 배제되는 현실을 보여준다. 2024년 기준, 4대 정보취약계층의 디지털정보화 수준은 접근(96.5%)에 비해 역량(65.6%)과 활용(80.0%)이 현저히 낮은 수준이며, 특히 고령층과 농어민은 모든 영역에서 최하위권을 기록하고 있다. 이는 정보 기반 복지서비스에서의 구조적 불평등과 정책 실효성의 한계를 단적으로 반영한다.

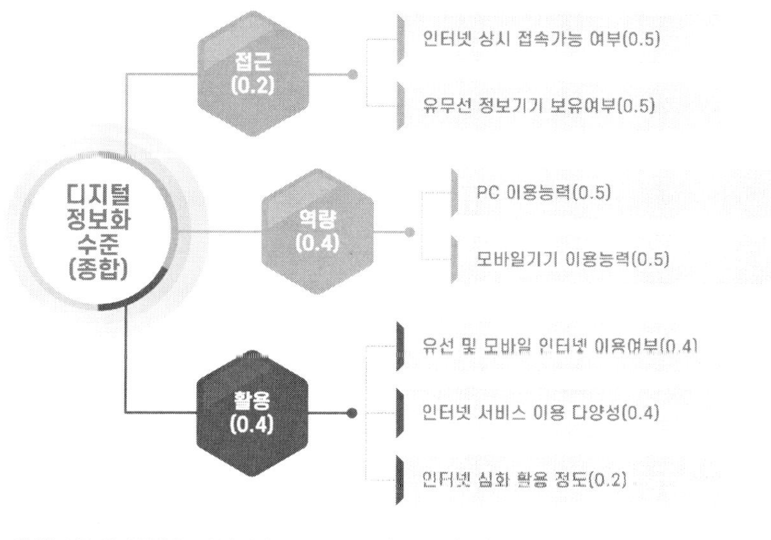

〈그림 7-1〉 디지털정보화 수준(종합)

출처: 한국지능정보사회진흥원(2024). 2024 디지털정보격차 실태조사 보고서. 21.

〈표 7-1〉 2024년 정보취약계층의 디지털정보화 접근 수준 (단위: %)

구분	2020년	2021년	2022년	2023년	2024년
장애인	95.4	95.6	96.7	98.0	98.1
고령층	92.8	93.1	95.1	95.3	95.3
저소득	98.3	98.7	99.5	99.6	99.8
농어민	94.8	94.8	95.7	97.0	97.0
평균	93.7	94.4	96.0	96.5	96.5

※ 일반국민의 디지털정보화 접근 수준을 100으로 할 때, 일반국민 대비 4대 계층의 디지털정보화 접근 수준을 의미

출처: 한국지능정보사회진흥원(2024). 2024 디지털정보격차 실태조사 보고서. 25.

〈표 7-2〉 2024년 정보취약계층의 디지털정보화 역량 수준 (단위: %)

구분	2020년	2021년	2022년	2023년	2024년
장애인	74.2	74.9	75.2	75.6	76.1
고령층	53.7	53.9	54.5	55.3	55.9
저소득	92.5	92.9	92.9	93.0	93.3
농어민	69.0	69.6	70.6	71.0	71.8
평균	60.3	63.8	64.5	65.1	65.6

※ 일반국민의 디지털정보화 역량 수준을 100으로 할 때, 일반국민 대비 4대 계층의 디지털정보화 역량 수준을 의미

출처: 한국지능정보사회진흥원(2024). 2024 디지털정보격차 실태조사 보고서. p27.

〈표 7-3〉 2024년 정보취약계층의 디지털정보화 활용 수준 (단위: %)

구분	2020년	2021년	2022년	2023년	2024년
장애인	81.4	81.5	82.0	82.5	83.7
고령층	71.4	72.3	72.6	73.8	75.0
저소득	96.1	96.3	96.4	97.4	98.0
농어민	70.0	78.1	78.8	70.2	79.6
평균	74.8	77.6	78.0	79.0	80.0

※ 일반국민의 디지털정보화 활용 수준을 100으로 할 때, 일반국민 대비 4대 계층의 디지털정보화 활용 수준을 의미

출처: 한국지능정보사회진흥원(2024). 2024 디지털정보격차 실태조사 보고서. p29.

2) 행정 절차의 복잡성과 이용자의 소외

복지 신청 절차는 과도한 서류 제출과 행정적 부담을 수반하며, 이는 제도 진입 자체를 막는 구조적 장벽이 되어 신청 포기자와 비수급 빈곤층을 양산하고 있다(보건복지부, 2024).

(1) 과중한 행정 요건의 지속

수급 신청자는 소득, 재산, 가족관계 등과 관련된 증빙서류를 반복적으로 제출해야 하며, 이러한 과중한 행정 절차는 특히 긴급한 지원이 필요한 위기가구에게 제도 접근의 주요 장벽으로 작용하고 있다.

(2) 신청 포기 현상의 구조화

복잡한 신청 절차와 반복되는 심사 과정은 비자발적 미신청 계층의 지속적 확대를 유발하며, 이는 복지제도의 접근성을 저해하는 구조적 요인으로 작동하고 있다(충청남도, 2022).

(3) 복지제도의 문턱 효과 강화

행정 효율성을 중심으로 설계된 복지제도는 신청주의의 한계를 노정시키며, 제도가 존재함에도 불구하고 실제 접근이 어려운 '문턱 효과'를 고착화시키는 배제의 메커니즘을 형성하고 있다(보건복지부, 2024).

3) 정보 연계 미흡과 현장 대응의 한계

AI 기반 위기가구 발굴 시스템이 운영되고 있으나, 실질적 대상자 연계와 현장 개입은 여전히 미흡하여 사각지대 해소에 제한을 보이고 있다(한국사회보장정보원, 2024).

(1) 발굴-연계 간 정보 단절

복지 사각지대 발굴 시스템이 100만 명 이상을 탐지했음에도 불구하고 실제 서비스 연계율은 절반 수준에 그치고 있으며, 이는 발굴과 연계 사이에 구조적인 행정 공백이 존재함을 보여주는 대표적 사례이다(보건복지부, 2024).

(2) 지역 간 대응 역량의 편차

찾아가는 복지서비스와 읍면동 중심 통합사례관리의 운영 수준은 지역 간 큰 편차를 보이며, 일부 지자체는 여전히 고립된 체계를 유지하고 있어 복지 대응의 불균형성과 서비스 질 저하 문제가 지속되고 있다(충청남도, 2022).

(3) 민관 연계 부재와 실효성 부족

공공기관 중심으로 설계된 복지 발굴 체계는 민간 복지기관과의 유기적 연계가 미흡하여 긴급하거나 복잡한 위기 상황에 대한 신속하고 유연한 대응이 제한되는 실효성 부족의 한계를 드러내고 있다(경기도, 2023).

4. 제도 사각지대 유형별 분석

복지제도는 정형화된 기준과 제한된 발굴 · 연계 체계, 지역 간 자원 불균형으로 인해 다양한 위기가구를 제도 밖에 방치하며 사각지대를 구조화하고 있다. 이러한 구조는 위기의 실체를 제도로 포착하지 못하게 만들고, 복지의 실효성과 형평성을 함께 약화시키고 있다.

1) 정형화된 기준에 맞지 않는 비전형 위기가구의 배제

복지제도는 일정한 기준에 따라 수급 자격을 부여하지만, 제도의 범주에 들지 못하는 다양한 위기가구는 여전히 제도 밖에서 배제되고 있다(경기도, 2023).

(1) 비정형 위기가구의 제도 밖 존재

실직 중인 자영업자, 공과금 체납 가구, 가족 해체 가정 등은 기존 복지제도의 수급 기준에 부합하지 않아 제도적 보호의 대상에서 제외되고 있으며, 이들은 구조적으로 사각지대에 방치되는 비정형 위기가구로 분류된다.

(2) 제도 기준에 포섭되지 않는 위기 특성

현행 복지제도는 소득, 재산, 가족구조와 같은 정형화된 기준에 따라 운영되므로 단기적이거나 복합적인 위기 상황을 충분히 반영하지 못하며, 이로 인해 다양한 위기 양상이 제도의 보호 범주에서 누락되고 있다(충청남도, 2022).

(3) 위기 정의와 제도 적용의 괴리

실제 위기 상황은 제도상 '적격자' 기준과 불일치하는 경우가 많아, 정책 설계에서 상정하는 위기 개념과 현장에서 발생하는 위기 실태 간의 괴리가 커지고 있으며, 이는 제도의 실효성과 대응력을 약화시키는 요인으로 작용한다.

2) 발굴 체계의 한계와 정보 연계 미비

복지 사각지대 발굴 시스템은 구축되어 있으나, 실질적인 연계와 지원까지 이어지지 못하는 구조적 단절이 여전히 존재한다(한국사회보장정보원, 2024).

(1) 발굴-연계-지원의 단절

2024년 기준 138만 명이 복지 사각지대 발굴 시스템에 의해 탐지되었음에도 불구하고, 실제 복지서비스 연계율은 절반 이하에 그쳐 발굴 이후 연계 및 지원 단계로의 이행 체계가 구조적으로 단절되어 있는 문제를 보여준다(보건복지부, 2024).

(2) 민간 연계 부족과 현장 한계

복지대상자 발굴 이후 민간기관과의 연계 체계가 미흡하여 현장에서의 즉각적인 조치가 지연되거나 누락되는 사례가 빈번히 발생하고 있으며, 이는 위기 대응의 실효성을 저해하는 현장 운영상의 중요한 한계로 지적된다.

(3) 기술 중심 발굴의 실효성 문제

AI 기반의 위기가구 발굴 시스템은 정량적 데이터 분석에는 강점을 가지나, 주관적 고통이나 긴급성을 수반하는 위기 상황을 식별하는 데에는 한계를 보이며, 이는 기술 중심 행정의 실효성에 대한 비판적 검토를 요구한다(경기도, 2023).

3) 지역 간 복지 자원 편차와 구조적 불균형

복지 자원의 지역 간 편차는 위기 대응 능력의 격차를 발생시키며, 이는 동일한 위기 상황이라도 지역별 회복력과 복지 이용 수준에 차이를 만든다(충청남도, 2022).

(1) 읍면동 복지 역량의 편차

동일한 복지 허브 정책이 전국적으로 추진되더라도 지자체별 인력 확보 수준, 예산 배정, 민관 협력 체계의 차이에 따라 지역 간 실행력의 편차가 크게 발생하며, 이는 균등한 복지서비스 제공을 어렵게 만드는 요인으로 작용한다.

(2) 복지 자원의 집중과 소외

수도권과 내도시는 빈산 복지 인프라와 다양한 서비스 연계망이 상대적으로 풍부한 반면, 농산어촌 지역이나 소규모 지자체는 물리적 · 인적 자원의 절대적 부족으로 인해 구조적 소외가 지속되고 있다(한국사회보장정보원, 2024).

(3) 구조적 지역 격차의 고착화

지역 간 복지 인프라의 격차는 단순한 행정 역량의 차이를 넘어, 장기적으로는 지역 주민의 건강권, 복지 체감도, 삶의 질 전반에 영향을 미치며 사회적 불평등을 심화시키는 구조적 요인으로 고착화될 우려가 있다.

5. 복지 사각지대 해소 전략

복지 사각지대 해소를 위해서는 기준 완화, 정보 접근성 강화, 발굴 · 연계 · 지원의 통합 등 제도 · 기술 · 현장 전반에 걸친 구조적 혁신이 필요하며, 이를 위한 정책적 재설계가 시급하다. 특히 사각지대의 원인을 제거하는 동시에 취약계층의 권리 실현을 보장하는 실천적 전략이 요구된다.

1) 제도 기준 개편과 정책 설계의 전환

복지 사각지대를 줄이기 위해선 경직된 수급 기준을 유연하게 조정하고, 복지정책을 위기 중심 · 개인 중심으로 전환하는 구조적 설계가 필요하다(경기도, 2023; 보건복지부, 2024).

(1) 부양의무자 기준의 전면 폐지

복지 수급 자격 판단 시 가족관계를 기준으로 한 부양의무자 기준을 전면 폐지하고, 개인의 위기 상황과 생활 실태를 중심으로 판단하여 실질적인 부양 여부와 관계없이 국가가 직접 복지권을 보장하는 체계로 전환해야 한다.

(2) 소득 · 재산 기준의 유연화

자가주택, 생계형 차량 등 실질적으로 처분이 어려운 자산에 대해서는 예외를 인정하거나 환산 방식에 유연성을 부여함으로써, 자산 보유 형식보다 생계 유지 가능성을 우선하는 기준 개편이 필요하다.

(3) 지역 맞춤형 기준의 도입

지역별 물가 수준, 주거비 부담, 복지 자원 밀집도 등을 반영한 '지역 기준중위소득' 체계를 도입함으로써, 지역 간 생활비 격차를 고려한 보다 현실적이고 형평성 있는 복지 기준을 마련해야 한다(충청남도, 2022).

2) 정보 접근성 향상과 디지털 포용 전략

디지털 기반 복지 행정은 정보격차 문제를 야기할 수 있으므로, 취약계층을 위한 포용적 접근 경로와 다중 채널 설계가 병행되어야 한다(과학기술정보통신부, 2024).

(1) 디지털 취약계층 전담 지원 체계

고령층, 장애인 등 디지털 접근이 어려운 계층을 위해서는 온라인 중심의 일괄적 서비스 제공 방식에서 벗어나, 오프라인 안내 창구 운영, 전담 인력 배치, 방문 상담 중심의 맞춤형 서비스 제공 체계를 마련해야 한다.

(2) 복지정보 통합 플랫폼의 고도화

AI 기반 복지멤버십과 사전안내 시스템은 수요자 중심의 신청 · 연계 · 지원 과정을 하나의 흐름으로 통합함으로써, 정보 제공의 정확성과 서비스 연계의 실효성을 높이는 고도화된 플랫폼 구축이 필요하다(한국사회보장정보원, 2024).

(3) 다채널 기반의 접근 경로 다양화

전화, 모바일 애플리케이션, 복지관 창구, 찾아가는 서비스 등 다양한 채널을 통해 대상자의 상황에 맞는 정보 접근 경로를 제공함으로써, 복지 접근성의 형평성과 편의성을 동시에 확보해야 한다(김한솔 외, 2025).

3) 발굴-연계-지원을 통합하는 현장 중심 복지

사각지대 해소는 단순 탐지를 넘어, 실제 연계와 맞춤 지원까지 이어지는 현장 기반 통합사례관리 체계와 민관 협력 거버넌스가 핵심이다(보건복지부, 2024; 한국사회보장정보원, 2024).

(1) 지역 통합사례관리 기능의 고도화

읍면동 단위에서의 복지 허브 기능을 실질적으로 강화하고, 위기 사례에 대해 초기 평가부터 지원 계획 수립, 서비스 연계까지 단계별로 통합된 대응체계를 구축함으로써 신속하고 효과적인 복지 개입이 가능하도록 해야 한다(경기도, 2023).

(2) 민관 파트너십 기반 발굴 연계 강화

지역복지관, NGO, 마을 이웃 조직 등과의 유기적 협력 체계를 활성화하여 행정의 한계를 보완하고, 지역 내 취약계층의 위기 징후를 보다 민감하게 포착할 수 있는 민관 협력 기반의 발굴·연계 구조를 정착시켜야 한다(충청남도, 2022).

(3) 선제적 개입을 위한 데이터 기반 통합관리

위험징후 데이터를 활용하여 반복 탈락자, 고위험군 등을 조기에 탐지하고, 이들의 변화 양상을 지속적으로 추적·관리할 수 있는 데이터 기반의 통합관리체계를 마련함으로써 선제적 복지 개입이 가능하도록 해야 한다.

6. 실패를 넘는 복지 전달체계의 혁신

복지 전달체계의 반복된 실패를 극복하기 위해서는 권리 기반 재설계, 데이터 기반 정책, 시민참여형 거버넌스 등 구조적 전환이 필요하다. 이를 통해 복지의 형식주의를 넘어 실질적인 권리 보장과 위기 대응 능력을 강화하는 지속가능한 복지체계로 나아가야 한다.

1) 권리 기반 복지체계로의 전환

복지 사각지대를 반복하지 않기 위해서는 복지를 선택적 혜택이 아닌 보편적 권리로 재정립하고, 개인 중심 · 국가 책임형 복지체계로의 전환이 요구된다(보건복지부, 2024).

(1) 신청주의의 한계 극복과 자동 연계 강화

복지제도의 접근성을 제고하기 위해서는 국민이 직접 신청하지 않더라도 위기 상황을 자동으로 탐지하고, 적절한 서비스로 연계 · 지원할 수 있는 시스템을 확대 구축하여 신청주의의 구조적 한계를 극복해야 한다(한국사회보장정보원, 2024).

(2) 가족 단위 기준에서 개인 중심으로의 전환

부양의무자 기준과 같은 가족 책임 중심의 복지 판단 기준을 폐지하고, 개인의 위기와 삶의 조건을 중심으로 복지권을 평가하는 개인 단위의 권리 중심 체계를 확립함으로써 복지의 보편성과 형평성을 강화해야 한다(경기도, 2023).

(3) 복지의 사회적 안전망 기능 회복

복지제도는 경제적 상황과 무관하게 모든 국민에게 인간다운 삶을 보장하는 최소한의 사회적 안전망으로 기능해야 하며, 이를 위해 권리 보장을 중심에 둔 정책 설계와 제도 운영의 근본적 전환이 필요하다(충청남도, 2022).

2) 데이터 기반 복지정책의 과학화

복지정책의 설계와 집행은 경험 중심에서 벗어나, 빅데이터 · AI를 활용한 과학적 분석 기반으로 전환되어야 한다(행정안전부, 2024).

(1) 위험징후 중심 선제적 정책 설계

건강보험료 체납, 실직, 의료 공백 등 다양한 위기 징후 데이터를 조합하여 위기 가구를 조기에 식별하고 개입할 수 있도록 분석 체계를 고도화함으로써, 사후 대응이 아닌 선제적 정책 설계가 가능하도록 해야 한다.

(2) 실시간 정보 연계와 부처 간 통합

복지, 고용, 건강, 교육 등 주요 영역의 정보를 통합 · 분석하고, 부처 간 행정적 칸막이를 제거함으로써 실시간 정보 연계를 기반으로 한 신속한 의사결정과 지원 체계의 정착이 필요하다.

(3) 데이터 기반 복지 사후관리 체계 구축

복지서비스 제공 이후에도 대상자의 상황 변화와 개입 효과를 지속적으로 추적 · 관리할 수 있도록 정책 설계에 데이터 기반의 사후관리 및 피드백 구조를 포함시켜야 하며, 이는 정책의 실효성을 높이는 핵심 기반이 된다(보건복지부, 2024).

3) 시민참여형 복지 거버넌스 확립

복지 실패를 반복하지 않기 위해서는 행정 중심이 아닌 시민이 주도하고 감시할 수 있는 참여형 복지 거버넌스 체계가 필요하다(충청남도, 2022).

(1) 주민조직 기반 정책 의사결정 참여 확대

지역사회보장협의체, 주민참여예산제 등 주민조직을 기반으로 시민이 복지정책의 수립, 실행, 점검 과정에 실질적으로 참여할 수 있도록 보장함으로써, 민주적 거버넌스와 정책의 현장 적합성을 강화해야 한다.

(2) 복지 사각지대 감시와 대응의 시민화

이웃 돌봄 조직과 생활권 중심의 인적 안전망을 통해 지역주민이 복지대상자를 조기에 발견하고 지원하는 역할을 수행할 수 있도록 체계를 정비하고, 복지 사각지대 해소의 주체로서 시민의 역할을 제도화해야 한다(경기도, 2023).

(3) 지속가능 복지체계의 지역 분권 강화

지방정부가 지역의 특성과 수요에 기반한 복지계획을 자율적으로 수립하고 운영할 수 있도록 행정 권한과 재정 자율성을 동시에 보장함으로써, 지속가능한 복지체계의 실현을 위한 실질적 지역 분권을 강화해야 한다.

토론 주제 / 논의할 문제

1. 부양의무자 기준 폐지 이후에도 의료급여 등 일부 급여에 남아 있는 가족 중심 판단 기준은 어떤 제도적 문제를 초래하고 있으며, 이를 어떻게 개선할 수 있을까?

2. 중위소득 및 자산 기준의 경직성이 반복 탈락을 유발하는 구조적 원인은 무엇이며, 이를 보완하기 위한 복지제도 설계의 새로운 방향은 무엇인가?

3. 디지털 정보격차가 복지 접근성에 미치는 영향을 분석하고, 기술기반 행정의 효율성과 인간 중심 접근의 균형을 유지하기 위한 현장 실행 전략은 무엇일까?

Chapter

08

사회복지 관련 법령, 지침, 매뉴얼의 실패

1. 법령의 모호성과 혼란

현행 복지 법령은 대상자에게 명확한 기준을 제시하지 못하거나, 법률 간 충돌로 인해 정책 집행의 일관성이 떨어지는 문제가 있다. 지역 간 해석 편차와 현장의 자의적 판단이 발생하며 실천력을 약화시키는 요인이 된다. 부양의무자 기준, 소득산정 기준 등에서 불명확성이 두드러진다.

1) 개념적 불명확성과 해석의 자의성

사회복지 법령은 국민의 권리를 정하는 기준이므로 명확성과 일관성이 요구된다. 하지만 법령 개념이 불명확하거나 해석이 자의적으로 이뤄지는 사례가 반복되고 있다.

〈사례 8-1〉 법령의 모호성과 해석 혼선

문헌 원문	정책적 의미
"사회복지사업법, 사회복지사업법 시행규칙, 사회복지법인 및 사회복지시설 재무 · 회계규칙, 지방교부세법 등 관계 법규에서 정하지 않은 사항에 대하여는 본 안내에서 정하는 바를 참고하여 지방자치단체의 장이 자율적으로 지역실정에 맞는 사업안내서를 작성 · 시행하기 바랍니다."	법령에 명확히 규정되지 않은 사항을 지침으로 보완하되, 지자체 자율성에 맡긴다는 의미이나, 법적 위임 없이 지침이 행정 기준처럼 기능해 해석의 자의성과 지역 간 불일치문제를 초래할 수 있다.

출처: 보건복지부(2024), 2024년 사회복지관 운영관련 업무처리 안내, 2.

(1) 국민기초생활보장법 해석 편차 문제

국민기초생활보장법은 부양의무자 기준의 모호성으로 인해 지자체별 해석 편차와 수급 자격의 불균형이 발생하며, 이는 제도의 신뢰성과 정책 일관성까지 위협하고 있다(보건복지부, 2021).

(2) 복수 법령 간 충돌 사례

장애인복지법과 노인복지법처럼 유사 대상에 대해 상이한 기준을 적용하는 복수 법령 간 충돌은 행정 현장의 혼선을 유발하고, 수급자 권리 실현에 부정적 영향을 미치고 있다(참여연대, 2024).

(3) 유권해석의 불일치 문제

법령 해석에 대한 중앙정부의 명확한 지침 부재는 실무자의 자의적 해석을 초래하며, 지역별로 정책 적용 결과가 달라지는 등 복지제도의 형평성과 신뢰를 저해하고 있다(법제처, 2023).

(4) 유사 공공정책에서 반복되는 구조적 실패

의료 · R&D 분야에서도 지침 중심의 형식주의 운영과 중앙-지방 기능 분담 실패, 정책목표-실행 간 괴리가 반복되며, 이는 사회복지법령의 해석 불일치와 실행력 저하 문제와 구조적으로 유사하다(의료개혁특별위원회, 2024; 유나리 외, 2024).

2) 상위 법률과 하위 법령 간 위계 구조 미비

사회복지 정책은 법률-시행령-지침 간 위계 질서가 명확해야 행정의 일관성과 정당성이 확보된다. 그러나 현행 체계는 하위 규정이 상위 법률과 충돌하거나 오히려 우선 적용되는 왜곡이 발생하고 있다.

(1) 시행령과 시행규칙의 기준 혼선

시행령 · 시행규칙이 상위 법률의 취지를 충분히 반영하지 못하고 자의적으로 기준을 설정하면서, 복지 행정의 현장 혼선을 유발하고 일관된 정책 집행에 장애가 되고 있다(한국보건사회연구원, 2023).

(2) 예산지침의 법적 위계 무시 문제

예산지침이 법률의 위임 없이 사실상 규범으로 기능하며, 실무자가 법령보다 지침에 의존하는 왜곡된 구조는 복지정책의 법적 안정성과 합리성을 약화시키고 있다(정창률, 2020).

(3) 지자체의 소극적 해석과 실행 회피

상위 법령과 하위 지침 사이의 불일치 상황에서 지자체는 자율권을 제대로 발휘하지 못하고, 법적 책임 회피를 우선시하며 복지정책의 실효성과 현장 대응성을 저해하고 있다(이정민 외, 2023).

3) 법령 개정 지연 및 현장 부적합성

사회복지 법령은 급변하는 사회 환경을 반영하여 신속히 개정되어야 하나, 제도 개선이 늦어져 현장 적용에 어려움이 발생하고 있다. 이로 인해 현장의 실천력과 제도 신뢰도가 동시에 저하되고 있다.

(1) 법령 개정의 시의성 부족

사회 구조와 복지 수요가 빠르게 변화함에도 불구하고 법령 개정이 시의적절하게 이루어지지 않아, 낡은 조항이 존치되고 이는 정책의 현실성 및 제도 운영의 유연성 확보에 심각한 장애 요인으로 작용하고 있다(김기태, 2023).

(2) 새로운 복지 수요에 대한 정의 미흡

고령화, 1인가구, 다문화가정 등 복지 수요의 다양화가 가속화되고 있음에도 이를 적절히 반영할 법적 정의와 기준이 마련되지 않아, 제도 설계의 혼란과 현장 서비스의 부적합성을 유발하고 있다(서울대 사회복지연구소, 2024).

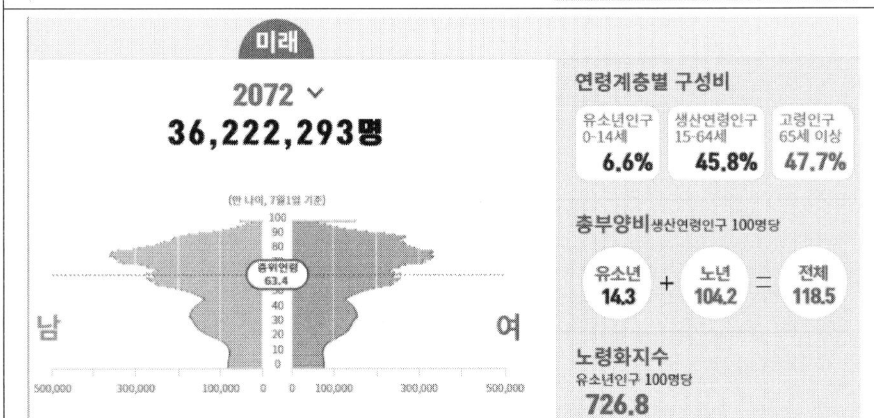

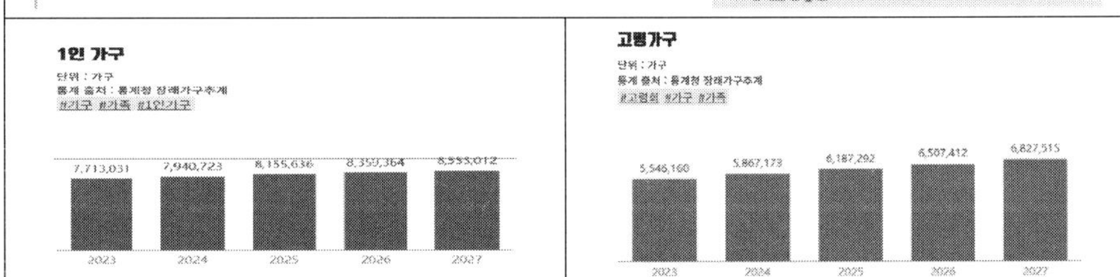

통계표 (단위: 가구)

	2015	2016	2017	2018	2019	2020	2021	2022	2023
다문화가구	299,241	316,067	318,917	334,856	353,803	367,775	385,219	399,396	415,584

〈그림 8-1〉「2025년과 2072년 대한민국 인구구조 변화 비교」

– 고령화 심화와 인구감소의 미래 전망 –

출처: 통계청 국가통계포털(2024)[1)]

(3) 법령 적용 범위의 협소성

현행 복지 법령은 특정 요건이나 집단 중심으로 구성되어 다변화된 사회적 수요를 포괄하지 못하고 있으며, 그 결과 제도 외부로 밀려나는 복지 소외계층이 증가하여 제도 신뢰성과 형평성에 대한 문제를 제기하고 있다(한국보건사회연구원, 2023).

2. 지침의 위법성 및 불일치

복지정책 집행 시 법령의 취지를 따르지 않거나 법적 위임 없이 운영되는 행정지침은 위법 논란을 낳는다. 지침이 법령과 충돌하거나 법률처럼 강행되면 권리 침해와 행정 책임 회피 문제가 반복된다. 이로 인해 하위기관의 혼란과 자의적 판단이 심화된다.

1) 지침과 법령 간 충돌 사례

복지 행정에서 법적 위임 없이 제정된 지침이나 상위 법령과 충돌하는 사례는 빈번히 발생하며, 이는 정책 집행의 혼선과 법적 책임 회피, 제도 전반에 대한 신뢰 저하라는 구조적 문제를 야기하고 있다.

1) 통계청. (2024). **인구로 보는 대한민국: 인구상황판**. 국가통계포털(KOSIS). https://kosis.kr/visual/populationKorea/PopulationDashBoardDetail.do?statJipyoId=3789&vStatJipyoId= 4873&listId=A_02&areaId=&areaN

(1) 법적 위임 없는 지침 제정

보건복지부의 일부 지침은 법률의 명확한 위임 없이 독자적 기준을 설정하여 위법성 논란을 일으켰고, 이는 행정의 정당성과 법체계의 일관성을 심각하게 훼손하는 결과로 이어지고 있다(김도환 외, 2024).

(2) 상위 법령과의 해석 상충

사회복지시설 운영에 관한 지침이 상위 법령과 상충되거나 해석 기준이 불일치하면서, 현장 실무자들은 법과 지침 사이에서 혼란을 겪고 있으며 정책 적용의 일관성도 저해되고 있다(보건복지부, 2023).

〈사례 8-1〉 법령의 모호성과 해석 혼선

문헌 원문	정책적 의미
"사회복지관이 사업장으로서 준수해야 하는 「근로기준법」(근로기준정책과 등) 및 「산업안전보건법」(산업안전보건정책과 등) 관련 사항은 고용노동부(국번없이 1350)로 문의하여 주시기 바랍니다."	상위법 적용 여부를 중앙부처에 직접 문의하라고 명시하는 구조는 지침과 법령 간 위계 질서 부재를 의미하며, 법적 책임 소재가 명확하지 않은 행정 구조를 드러낸다.

출처: 보건복지부(2024), 2024년 사회복지관 운영관련 업무처리 안내, 2.

(3) 지방정부 자율성 침해

중앙정부가 예산 배정 기준을 지침 형식으로 일방적으로 설정하면서, 법적 위임 없는 권한 행사로 인해 지방정부의 자율성과 책임 있는 정책 운영이 제약받는 사례가 반복되고 있다(양산시, 2024).

2) 행정지침의 남용과 자의적 적용

지침은 본래 법률 보완의 수단이나, 현장에서는 법적 구속력이 없음에도 사실상 강제력으로 작용하는 사례가 증가하고 있다. 이로 인해 지침의 자의적 해석과 지역 간 적용 편차가 심화되며, 정책 형평성과 제도의 신뢰성에 부정적 영향을 주고 있다.

(1) 사실상 강제력으로 기능하는 지침

법적 구속력이 없는 행정지침이 실무 현장에서 법령처럼 강제력 있게 적용되며, 이는 법률의 실질적 효력을 약화시키고 행정 권한의 남용으로 이어지고 있다(김희성 외, 2024).

(2) 지자체 간 해석과 적용의 편차

동일한 지침임에도 불구하고 지자체마다 해석과 적용 방식에 큰 차이가 발생하고 있으며, 이는 정책 집행의 형평성과 국민의 수급권 보장에 중대한 위협이 되고 있다(한국보건사회연구원, 2023).

(3) 동일 사안에 대한 상이한 대응

복지현장에서 행정지침이 담당자의 자의적 판단에 따라 해석되면서, 동일한 사례임에도 지역이나 기관에 따라 상이한 행정 대응이 이루어지는 문제가 반복되고 있다(이문원 외, 2024).

3) 지침 개정의 불투명성과 책임 회피

지침은 현장 운영의 기준이 되지만, 개정 과정이 폐쇄적이고 비공식적으로 이루어져 수용성과 실효성이 낮다. 또한 지침의 오류에 대한 책임 소재가 불분명하여 상·하위 기관 모두 책임 회피에 집중하는 경향이 나타난다.

(1) 이해관계자 의견 수렴 부족

지침 개정 시 현장 실무자나 서비스 이용자 등 이해관계자의 의견 수렴 절차가 생략되거나 형식에 그치며, 결과적으로 제도의 실효성과 현장 수용력을 저하시킨다(사회복지정책연구소, 2023).

(2) 상·하위 기관의 책임 회피

상위 기관은 지침의 오류나 문제점에 대해 책임을 지지 않고, 하위 기관은 형식적 집행에만 몰두하면서 지침 운영의 개선이나 조정에 소극적인 태도를 지속적으로 보이고 있다(서울대 행정대학원, 2023).

(3) 공문 해석 차이로 인한 혼선

중앙부처에서 내려보낸 공문과 지침의 해석 기준이 모호하거나 일관되지 않아, 현장에서는 법령과 지침 모두가 무력화되는 사례가 반복되며 행정 효율성과 신뢰가 훼손되고 있다(서울대, 2024).

(4) 정책 환류 부재로 인한 지침 실효성 저하

R&D 정책평가에서도 2019~2023년 특정평가 결과의 38.1%가 중간평가에 반영되지 않아, 지침·지표 기반 정책의 환류 체계가 작동하지 않음을 보여주며, 이는 사

회복지 지침의 실효성 부재와도 구조적으로 유사하다(유나리 외, 2024).

3. 매뉴얼의 시대착오성과 형식주의

사회복지 매뉴얼은 행정의 표준화를 위한 도구지만, 현실 변화에 대한 민감성이 부족하다. 개정 속도가 늦고 실효성이 떨어지는 매뉴얼은 현장의 자율적 대응을 방해한다. 형식 중심의 매뉴얼 운영은 복지 서비스 품질 저하로 이어진다.

1) 형식주의 매뉴얼로 인한 행정 실패

사회복지 매뉴얼이 절차 중심으로 운영되며 유연한 대응이 필요한 현장 상황을 반영하지 못해 행정의 실효성과 대응력이 저하되고 있다.

(1) 현장 상황을 반영하지 못하는 절차 중심 운영

매뉴얼은 행정 절차의 통일성과 정확성을 강조하지만, 복잡하고 예외적인 상황이 빈번한 복지현장에서 정형화된 절차만을 고수하여 실천적 대응의 유연성을 심각하게 제한하고 있다(보건복지부, 2023).

(2) 위기 상황에서의 문서 의존과 대응 지연

위기 상황 발생 시 매뉴얼의 절차 확인이 우선되면서 실질적 문제 해결보다 문서 검토와 절차 준수가 우선시되고, 이로 인해 신속하고 적절한 대응이 지연되는 문제가 반복되고 있다(교육부, 2023).

(3) 담당자 재량을 억제하는 규정 중심 구조

일률적 매뉴얼 기준이 현장 담당자의 판단과 재량권 발휘를 제한하며, 이는 적극적이고 창의적인 문제 해결을 저해하고 수동적 행정 실행을 고착화시키는 요인이 되고 있다(이정우, 2022).

2) 변화하는 환경에 대한 반영 부족

코로나19 이후 복지환경과 대상이 급변하고 있으나, 매뉴얼은 시대적 변화와 현장 수요를 반영하지 못해 실효성이 크게 저하되고 있다.

〈사례 8-2〉 법령의 모호성과 해석 혼선

문헌 원문	정책적 의미
"기존 안내서 Part. 2의 내용(사회복지시설 관리안내)은 2024년부터 사회복지관 운영 안내 지침에 수록하지 않음을 알려드리며, 2024 사회복지시설 관리안내 지침은 '보건복지부 홈페이지 〉 정보 〉 법인/시설/단체' 란에서 검색하여 활용하시기 바랍니다."	매뉴얼 내용이 삭제되고 별도 지침으로 전환된 것은, 기존 매뉴얼이 변화하는 환경을 반영하지 못한 시대착오적 구조임을 나타낸다. 이는 형식주의 매뉴얼의 실효성 부족 사례로 해석된다.

출처: 보건복지부(2024), 2024년 사회복지관 운영관련 업무처리 안내, 2.

(1) 팬데믹 이후 복지환경 변화 반영 미흡

코로나19를 계기로 복지현장은 비대면 서비스, 긴급 돌봄 등 새로운 요구가 등장했지만, 대부분의 매뉴얼은 여전히 팬데믹 이전 체계에 머물러 있어 적용의 한계를 보이고 있다(이승민, 2023).

(2) 새로운 복지 대상에 대한 기준 부재

플랫폼 노동자, 이주민, 다문화가정 등 새롭게 등장한 복지 대상에 대한 정의와 지원 기준이 매뉴얼에 포함되지 않아, 제도 적용의 공백과 정책 사각지대를 확대시키고 있다(김도환 외, 2024).

(3) 디지털 전환 속도에 미치지 못하는 개정 체계

공공행정의 디지털화와 시스템 자동화가 급속히 진행되고 있음에도, 매뉴얼은 문서 중심 체계를 유지하고 있어 디지털 기반 행정과의 연계성 확보에 실패하고 있다(이현정, 2024).

(4) 실효성 제고를 위한 지자체의 개선 사례

관악구는 기존 매뉴얼의 한계를 보완하기 위해 2023년 '복지플래너 위기사례 대응 매뉴얼'을 자체 개발하였으며, 이는 절차 중심 운영에서 벗어나 실천 중심 사례 대응 체계로 전환한 대표적인 지자체 사례로 평가된다(MS뉴스, 2023.09.13).[2)]

(5) 교육 행정의 형식주의와 사회복지 매뉴얼의 유사성

교육 대전환 2035는 학교 규정의 형식주의를 비판하며, 지역 연계 실행 중심 교육 행정을 강조하고 있다(교육부, 2023). 이는 사회복지 매뉴얼의 절차주의와 실효성 저하 문제와 구조적으로 연결된다.

2) 출처: MS뉴스(2023.09.13). 『관악구, 전국 최초 '복지플래너 위기 매뉴얼' 개발』
https://www.msnews.co.kr/news/articleView.html?idxno=790570

3) 현장 활용도와 실효성 저하

매뉴얼이 추상적이고 포괄적인 경우가 많아 실무 활용도가 낮고, 현장에서는 공식 문서보다 구두 지시와 관행에 의존하는 경향이 뚜렷하다.

(1) 매뉴얼 내용의 추상성과 실무 부적합성

복지시설 운영 매뉴얼이 지나치게 포괄적이거나 원론적 서술에 그쳐, 일선 실무자가 실제 업무에 적용하기 어려운 내용으로 구성되어 현장 활용도를 크게 떨어뜨리고 있다(보건복지부, 2023).

(2) 운영지침으로서의 기능 상실

매뉴얼이 현장의 실천적 기준이 아닌 단순 참고자료로 취급되며, 그 결과 제도의 일관성과 표준 운영을 위한 구체적 지침으로서의 역할을 제대로 수행하지 못하고 있다(이재원, 2024).

(3) 구두 지시에 의존하는 현장 운영 관행

매뉴얼의 실효성이 낮고 내용이 불명확하다 보니, 일선 종사자들은 선임자의 구술 지시나 조직 내부 관행에 의존하는 비공식적 행정 실행을 반복하는 문제가 지속되고 있다(경기도 복지재단, 2024).

4. 지자체별 적용 차이와 지역 격차

동일한 법령과 지침 하에 운영되더라도 지자체의 해석과 재정 여건에 따라 복지 정책의 성과는 달라진다. 이는 지역 간 복지 격차를 심화시키고 복지 보편성 원칙을 훼손한다. 결과적으로 국민의 복지 체감 수준에 불균형이 발생한다.

1) 예산 및 자원 배분의 불균형

복지정책 집행은 지자체의 재정력과 인프라 수준에 따라 큰 차이를 보이며, 지역 간 복지 체감도 격차를 심화시키는 원인이 되고 있다.

(1) 지역 재정력에 따른 복지 수준 격차

지자체 간 재정 자립도 차이로 인해 동일한 복지정책이더라도 실제 실행 수준과 서비스 질이 달라지며, 복지 체감의 지역 간 불균형이 심화되고 복지 대상자의 권리 보장 수준에도 실질적인 격차가 발생하고 있다(양산시, 2024).

(2) 복지시설 및 서비스 인프라 부족 문제

복지시설과 인적 · 물적 인프라가 지역마다 불균형하게 분포되어 있어, 주민들이 누릴 수 있는 서비스의 접근성과 질적 수준에서 명백한 차이가 나타나고 있다(김수진 외, 2023).

(3) 1인당 복지지출의 지역 간 격차

광역시와 농어촌 군 단위 간 1인당 복지지출 수준의 차이가 최대 7배 이상 벌어지는 등, 지역 간 공공복지 재정 배분의 불균형이 매우 심각한 수준이다(한국보건사회연구원, 2023).

2) 지침·매뉴얼 해석의 지역 차이

동일한 지침과 매뉴얼이라도 지자체별로 해석과 적용 방식이 달라 정책 집행의 일관성과 형평성을 저해하는 구조적 문제가 발생하고 있다.

(1) 해석 기준의 지역별 편차

동일한 행정지침이라 하더라도 지자체별로 해석 기준이 다르게 적용되어, 같은 사안에 대한 행정 처리 결과가 지역마다 상이하게 나타나는 문제가 반복되고 있다(서울시복지재단, 2023).

(2) 중앙 지침의 지역 맥락 미반영

상위기관이 수립한 지침이 지역의 여건이나 특수성을 고려하지 않은 채 일률적으로 적용되면서, 현장 수용성이 낮고 지자체의 실천 의지가 약화되며 정책 효과성 또한 제한되고 있다(이민경 외, 2024).

(3) 책임 회피에 따른 소극적 운영

지침 해석의 불명확성과 법령 간 충돌 우려로 인해 지자체는 법적 책임을 우선 고려하여 소극적으로 운영하거나 중앙정부에 의존하려는 경향이 뚜렷하게 나타나고 있다(이정민 외, 2023).

3) 지역 복지 전략의 부재

지자체의 복지계획이 상위 정책에 종속되거나 지역 맞춤형 전략 수립 역량이 부족해 지역 격차 해소와 창의적 정책 실현에 한계가 발생하고 있다.

(1) 상위 계획 중심의 정책 종속성

많은 지자체가 중앙정부나 광역지자체의 상위 계획에 의존하며 독자적인 복지계획을 수립하지 못해, 지역 주도의 창의적 정책 형성이 저해되고 있다(서울대 사회복지연구소, 2024).

(2) 지역 맞춤형 전략 수립 역량 부족

지자체가 지역 주민의 복지 수요, 인구 구조, 자원 현황 등을 체계적으로 분석하고 반영하는 정책 설계 역량이 부족하여 실효성 있는 전략 마련이 어렵고 지역 특화 복지서비스 개발에도 한계가 있다(양산시, 2024).

(3) 지역 간 연계 · 협력 체계 미비

지자체 간 복지 사각지대 해소나 공동과제 대응을 위한 협력 체계가 제도화되어 있지 않아, 복지 격차 완화를 위한 광역적 조정 기능이 작동하지 못하고 있으며, 지역 간 자원 연계 및 정보 공유 또한 제한되고 있다(이문원 외, 2024).

5. 개선을 위한 입법·행정 전략

문제 해결을 위해서는 법령 · 지침 · 매뉴얼의 정비가 필요하며, 모호한 조항의 명문화와 실천 중심 개편이 요구된다. 지역 맞춤형 복지 설계와 재정 분권 강화도 병행되어야 한다. 이를 통해 현장성과 일관성을 동시에 확보할 수 있다.

1) 법령 체계 정비

현장 혼선과 자의적 해석을 줄이기 위해서는 법령 간 위계 질서 정비와 모호한 조항의 명문화가 우선적으로 이루어져야 한다.

(1) 모호하거나 충돌하는 조항의 정비 필요

법령 간 충돌 또는 용어 · 기준의 불명확성은 현장 실무자의 혼선과 자의적 해석을 초래하므로, 이러한 조항을 우선적으로 정비하고 명확한 규정을 통해 법적 일관성과 행정 실행력을 확보해야 한다(김기태, 2023).

(2) 위계 질서 기반의 법령 체계 확립

상위 법률, 시행령, 지침, 매뉴얼 간 위계 질서를 명확히 설정함으로써 정책 이행 기준을 통일하고, 행정의 정당성과 법적 안정성을 동시에 확보할 수 있는 체계를 마련해야 한다(법제처, 2023).

(3) 유권해석의 기준 공개 및 일관성 확보

지자체 간 해석 편차를 줄이기 위해 중앙정부는 유권해석 기준을 명확히 공개하고, 해석의 일관성을 확보할 수 있는 제도적 장치와 운영 기준을 체계적으로 구축해야 한다(정창률, 2020).

2) 지침 및 매뉴얼 개선

지침과 매뉴얼은 현장의 실효성을 높이기 위한 실행 기준으로, 현장 중심의 개정과 법적 위상 정립이 함께 이루어져야 한다.

(1) 이해관계자 의견 반영 절차 제도화

지침과 매뉴얼의 개정 과정에서 실무자, 전문가, 서비스 이용자 등 다양한 이해관계자의 의견을 공식적으로 수렴하고 이를 제도적으로 반영함으로써, 정책의 수용성과 현장 실효성을 동시에 제고해야 한다(보건복지부, 2023).

(2) 상황 중심 · 사례 기반 개정 방식 도입

지침과 매뉴얼은 추상적이고 일률적인 규정에서 벗어나야 하며, 구체적인 상황에 대응할 수 있는 지침과 실제 사례를 포함한 실천 중심 구조로 개편하여 현장 적용 가능성을 높여야 한다(교육부, 2023).

(3) 법적 위상과 적용 범위의 명확화

지침이 사실상 법령처럼 기능하고 있는 현실을 반영하여, 그 법적 위상과 적용 범위를 명확히 규정하고 자의적 해석을 방지할 수 있는 기준과 운영 절차를 제도적으로 마련해야 한다(이승민, 2023).

(4) 실행력 중심 지침 설계와 환류 강화 방안

실행 현장과 평가체계의 연계를 강화하고, 지침 전 과정에 정책목표 중심 실행 전략과 이해관계자 참여를 포함해 지역 맞춤형 실천 도구로 작동하도록 체계적으로 설계되어야 한다(유나리 외, 2024).

3) 지역 맞춤형 복지 전달체계 구축

지역의 복지 수요와 환경에 기반한 전달체계 정비를 통해 실효성 있는 정책 실행과 복지 격차 해소가 가능하도록 해야 한다.

(1) 지역 환경에 기반한 맞춤형 지침 필요

지역 간 인구 구성, 재정 수준, 복지 수요 등의 차이를 반영한 지침과 사업 매뉴얼이 마련되어야 하며, 이를 위해 복지환경 분석에 기반한 지역 맞춤형 설계가 필수적이다(서울대 사회복지연구소, 2024).

(2) 복지재정 분권을 통한 자율성 확보

복지 행정의 실질적 자율성과 책임성을 확보하기 위해, 지역 단위에서 재정 집행권을 확대하는 복지재정 분권화를 추진하고 자율성과 책무성을 균형 있게 보장해야 한다(이정민 외, 2023).

(3) 지자체 간 협력에 기반한 공동 대응 전략

복지 사각지대 해소와 지역 간 불균형 완화를 위해 인접 지자체 간의 협력체계를 제도화하고, 공동사업 운영 및 자원 연계 등 광역적 복지 대응 전략이 병행되어야 한다(김수진 외, 2023).

6. 정책 혁신을 위한 미래 지향적 접근

디지털 행정지원, AI 기반 규정 점검, 참여 기반 제도 설계 등 혁신 전략이 필요하다. 실천가와 당사자의 참여를 제도화하고, 중앙과 지방의 역할을 분담하여 실행력을 높이는 구조 개편이 중요하다. 복지정책의 지속가능성을 확보해야 한다.

1) 디지털 기반의 규정 체계 개편

복지 행정의 효율성과 정합성을 높이기 위해 법령 · 지침 · 매뉴얼을 디지털 기반으로 통합하고, 실시간 관리체계를 구축해야 한다.

(1) 실시간 업데이트 가능한 통합 플랫폼 구축

복지 관련 법령, 지침, 매뉴얼을 통합 데이터베이스화하여 관리하고, 실시간 개정 사항이 반영되는 온라인 플랫폼을 구축해 행정의 일관성과 정보 접근성을 높여야 한다(서울대 행정대학원, 2023).

(2) AI 기반의 정책 검토 및 시뮬레이션 도입

정책 설계 초기 단계에서 AI 기반 시뮬레이션을 통해 법령과 지침 간의 충돌 가능성을 사전 검토하고, 오류와 혼선을 미연에 방지할 수 있는 기술적 기반을 활용해야 한다(이재원, 2024).

(3) 사용자 친화적 인터페이스 구현

현장 실무자와 이용자가 보다 쉽게 활용할 수 있도록 법령 · 지침 시스템을 사용자 중심으로 설계하고, 직관적인 검색 기능과 안내 체계를 강화하여 정보 접근성과 활용도를 높여야 한다(김도환 외, 2024).

2) 참여 기반 정책 설계

정책 수립의 대표성과 실행력을 높이기 위해 실천가, 당사자, 전문가가 함께 참여하는 구조적 거버넌스가 필요하다.

(1) 실천현장 중심의 참여형 거버넌스 도입

복지정책 수립과정에 실천가, 서비스 이용 당사자, 정책 전문가가 공동으로 참여하는 참여형 거버넌스를 제도화하여, 현장성 · 대표성 · 수용성을 동시에 확보해야 한다(서울시복지재단, 2023).

(2) 정기적 피드백 기반의 수정 · 보완 체계 마련

정책 시행 이후에도 정기적인 피드백과 평가를 통해 문제를 진단하고, 변화하는 환경과 현장 요구에 따라 유연하게 수정 · 보완할 수 있는 순환적 정책 관리 체계를 구축해야 한다(이승민, 2023).

(3) 사회적 다양성을 반영한 법제 설계 원칙 정립

취약계층, 소수자, 다양한 사회 집단의 목소리가 정책에 반영될 수 있도록, 법제 설계 단계에서 대표성, 형평성, 포용성을 보장하는 기준과 절차를 마련하고 실행 과정에서도 이를 지속적으로 반영해야 한다(이현정, 2024).

3) 통합성과 책임성을 높이는 행정 구조 개편

복지행정의 중복과 비효율을 해소하고 정책 실행력을 높이기 위해 기능 분담과 책임 중심의 행정구조 정비가 요구된다.

(1) 중앙-지방 간 역할 정립의 구조화 필요

현행 복지 행정체계는 중앙정부와 지방정부 간 역할 분담이 명확하지 않아 실행 과정에서 반복적인 혼선과 책임 회피가 발생하고 있으며, 이를 해소하기 위해서는 중앙은 제도 설계와 기준 수립을, 지방은 실행과 조정을 담당하는 실질적 이원화 구조가 필요하다.

(2) 복지통합관리시스템 도입을 통한 중복 해소

부처 간, 전달체계 간 중복 업무를 효율적으로 조정하기 위해 복지통합관리시스템을 구축하고, 대상자 중심의 정보 공유와 연계 지원 기능을 강화하며 행정 효율성과 서비스 통합성을 동시에 제고해야 한다(정창률, 2020).

(3) 성과 기반 행정과 평가 체계 개선

정량적 지표뿐 아니라 실질적 효과와 현장 평가를 반영하는 성과 중심의 행정 평가 체계를 마련하고, 불합리한 관행은 개선과 보상체계를 통해 지속적으로 혁신해야 한다(김수진 외, 2023).

(4) 지역완결형 공공의료체계의 사회복지적 시사점

의료 전달체계의 혁신 사례로서의 시사점 의료개혁 1차 실행방안에서는 진료협력체계의 형식화를 극복하고자 '지역완결형 공공의료체계'와 '책임의료기관 중심 거버넌스'를 제안하고 있으며, 이는 사회복지 전달체계 재편에도 적용 가능한 구조 개혁 방향으로 볼 수 있다(의료개혁특별위원회, 2024).

토론 주제 / 논의할 문제

1. 사회복지 법령 간 충돌이나 해석의 자의성은 현장 행정에 어떤 혼선을 초래하며, 이를 해소하기 위한 법령 체계 정비와 유권해석 기준 마련의 방안은 무엇인가?

2. 형식주의적 지침과 매뉴얼이 실무 현장의 실행력과 대응성에 미치는 부작용은 무엇이며, 이를 극복하기 위한 실천 중심의 개정 전략은 어떻게 설계되어야 하는가?

3. 지자체 간 복지 해석 · 예산 · 인프라 격차가 수급자의 권리 실현에 미치는 영향은 무엇이며, 지역 맞춤형 복지 설계와 재정 분권화를 위한 제도적 조건은 무엇인가?

Chapter

09

아동 및 청소년 복지 실패 사례

1. 아동학대 대응체계 실패

1) 현행 대응체계의 구조적 한계

아동학대는 법적 · 행정적 절차에 따라 처리되도록 체계화되어 있으나, 현실에서는 정보 연계 미흡과 대응 단절 등으로 아동 권리 보호에 한계가 드러난다. 〈그림 1〉은 신고부터 조치까지의 절차와 제도와 현실 간 간극을 시각적으로 보여준다.

(1) 이원화된 행정체계로 인한 대응 공백

보건복지부와 교육부로 이원화된 장애아동 학대 대응체계는 아동에 대한 통합적 접근을 저해하며, 반복 학대를 막지 못하는 결과로 이어진다(김민제, 2024). 학교폭력과 아동학대 간 경계 불명확성은 부처 간 책임 회피와 정보 미공유로 이어진다.

(2) 학대 신고 후 조치의 일관성 부족

신고 의무자 제도가 법적으로 규정되어 있으나, 아동 보호 · 분리 · 상담 등 후속 조치는 지역 및 기관 간 편차가 심각하며, 아동보호전문기관의 전문성 부족과 인력난은 개입의 지속성과 질적 수준을 저해하는 구조적 한계로 작용하고 있다(법제처, 2025).

(3) 정서적 학대와 방임에 대한 대응 미비

신체적 폭력에 비해 정서적 학대나 방임은 인지하기 어렵고 신고율도 낮아 보호 개입이 늦어진다. 특히 부모에 의한 방임 사례는 반복되기 쉬우며, 예방보다 사후 조치에 치중된 한계가 있다(천보영, 2024).

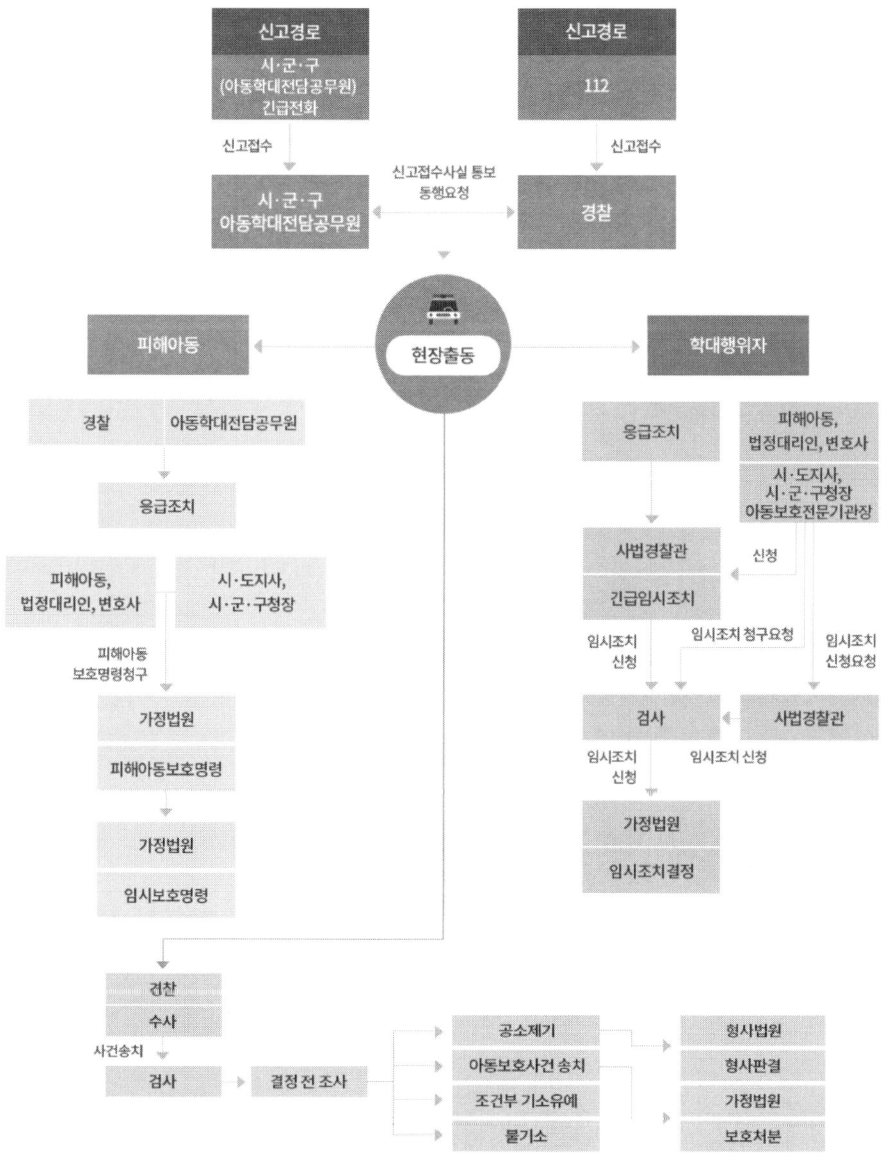

〈그림 9-1〉 아동학대 신고 및 대응 절차

출처: 찾기쉬운 생활법령정보. (2025). 아동학대 예방 및 보호. 대한민국 법제처.

2) 피해아동 보호 및 치유 체계 부재

피해아동에 대한 응급 보호는 이뤄지고 있으나, 이후 치유와 재통합 체계는 미흡하며, 본 장에서는 연계 부족, 시설 중심 보호의 한계, 재학대 방지대책의 문제를 분석한다.

(1) 응급분리 후 치유 연계 부족

응급 분리된 아동은 쉼터나 임시보호시설로 이동하지만, 이후 심리치료, 정서회복, 사회복귀를 위한 치유 연계 시스템은 부족하다(김병규, 2024). 피해아동이 원가정으로 복귀한 뒤 재학대를 경험하는 사례도 많다.

(2) 시설 중심 보호의 한계와 탈시설 논쟁

시설 보호는 보호자의 편의를 우선시한 대응으로, 장기 보호 아동의 애착 손상과 심리적 고립을 유발할 수 있다. 유엔아동권리협약은 가정 기반 보호를 권장하고 있으나, 한국은 여전히 시설 보호 중심이다(김다은, 2024).

(3) 가정 복귀 실패와 탈시설 정책의 한계

현행 아동학대 대응 체계에서 즉각분리 조치는 중요한 보호 수단이지만, 회복·복귀 지원 체계가 미비해 장기 보호 중심의 대응이 아동 발달에 부정적 영향을 주며, 탈시설과 가정회복의 실패를 드러낸다.

〈사례 9-1〉 즉각분리 아동의 장기 시설화: 가정 복귀 실패와 탈시설 과제

윤혜미 교수는 "아동이 가정에서 즉각 분리될 경우, 특히 나이가 어릴수록 심각한 트라우마를 겪을 가능성이 높다"고 지적하며, "2023년 기준 즉각분리된 아동 중 단 24.5%만이 부모교육과 환경개선 이후 가정으로 복귀했다는 점은, 여전히 다수의 아동이 가정으로 돌아가지 못하고 있다는 현실을 보여준다"고 밝혔다. 이어 "가정에서 분리된 아동의 75% 이상이 18세가 될 때까지 위탁가정이나 양육시설에서 지내야 하는 상황은 또 다른 문제를 야기할 수 있다"며, "아동의 안전한 양육을 가능한 한 조속히 보장하기 위해서는 가정에 대한 적극적인 지원과 체계적인 사례관리가 무엇보다 중요하다"고 강조했다. 이는 현재의 즉각분리 및 시설 보호 중심의 대응이 아동의 장기적 발달과 심리적 안정을 해칠 수 있으며, 탈시설 중심의 정책 전환과 가정 회복을 위한 지원 체계 마련이 시급함을 시사한다(한겨레, 2025.04.14 기사).[1)]

(4) 아동학대 재발 방지대책의 미비

아동학대 재발의 주요 원인은 가해자에 대한 처벌 미흡과 치료 · 상담 이행의 제도화 부족이며, 보호조치 결정 과정에서도 단순한 학대 여부 판단에 치중한 결과 실질적 보호 필요성이 간과되고 있어, 피해아동의 안전을 최우선으로 보장하는 사법심사 기반 분리제도와 보호자 치료 의무화, 낙인을 유발하는 '아동학대행위자' 용어의 개선이 필요하다.

1) 김미영(2025, 4월 14일). 학대에서 장애아동 지켜내려면, 이원화된 대응체계 개선해야. 한겨레. https://www.hani.co.kr/arti/society/schooling/1192320.html

〈사례 9-2〉 아동학대 보호조치의 판단 기준과 용어 사용의 문제

윤혜미 교수는 "즉각분리 조치로 인해 아동이 가정에서 분리될 경우, 특히 나이가 어릴수록 심각한 트라우마로 이어질 가능성이 높다"며, 시설 중심 대응의 한계를 지적하였다. 박우근 변호사는 "현장 종사자들은 아동 분리 여부를 두고 '왜 분리했느냐'와 '왜 분리하지 않았느냐'는 이중 비난에 직면해 진퇴양난의 상황에 놓여 있다"고 진단하며, 기본권 침해를 최소화하고 정당성을 확보하기 위한 사법심사 기반의 피해아동보호명령 제도 활성화를 제안하였다. 그는 또한, 지자체 실무가 학대 여부 판단에만 과도하게 집중되고 있으며, 정작 아동에게 필요한 보호조치를 종합적으로 판단하지 못하는 구조적 한계를 지적했다. 아울러 '아동학대행위자'라는 용어는 불필요한 낙인을 유발할 수 있으므로, '사례관리대상자'로의 용어 전환이 필요하다는 점도 강조하였다. 이는 현행 아동학대 대응 체계가 가해자 중심의 형식적 판단과 용어 사용에 머무르고 있어, 실질적인 재학대 예방과 피해아동 보호로 이어지지 못하는 제도적 한계를 보여준다(한겨레, 2025.04.14).

3) 정책 대응과 예방 체계의 개선 과제

아동학대 대응은 사후 중심에서 예방 중심으로 전환이 필요하며, 본 절에서는 예방 체계, 통합 시스템, 전문 인력 확충 과제를 다룬다.

(1) 아동권 기반의 사전 예방 중심 체계 구축

아동학대 대응은 사후 개입 중심의 구조에서 벗어나, 아동의 권리 보장을 기반으로 한 예방 교육, 부모 대상 교육, 지역사회 감시체계를 제도화하는 방향으로 전환되어야 한다(류정희, 2025).

〈사례 9-3〉 부모교육 의무화 미비: 예방 중심 정책의 한계

2024년 여성경제신문 보도에 따르면, 지난달 복지부는 전체 아동학대 행위자 중 약 85.9%가 부모이며, 학대의 약 82.9%는 가정 내에서 발생하고 있음에도 불구하고 부모교육은 법적 의무가 아닌 자발적 신청에 기반한 임의 프로그램 수준에 머물러 있다. 특히 학대 경험이 있는 부모가 체벌에 더 관대하고 실제로 체벌을 실행할 확률도 높아, 세대 간 체벌의 대물림이 강하게 나타나고 있다. 전문가들은 모든 부모를 대상으로 한 비폭력 양육 교육의 의무화와 정기적 교육체계가 필요하며, 이는 아동학대 예방을 위한 권리 기반 체계 전환의 핵심 요소임을 강조하였다.[2)]

(2) 부처 간 통합형 아동보호 시스템 정비

보건복지부, 교육부, 경찰청 간 연계 시스템을 정비하고, 학대 정보 통합 관리 및 사례 회의 체계를 법제화해야 한다. 중복 개입 방지 및 사례관리의 연속성이 확보되어야 한다(김민제, 2024).

(3) 전문 인력 확충과 아동중심 조사체계 도입

아동학대 조사와 회복 지원을 위해 아동친화적 환경을 갖춘 조사체계를 마련하고, 아동 진술 중심의 접근이 가능한 전문 인력을 양성 · 배치하며, 조사과정 전반에서 아동의 심리적 안전을 보장해야 한다.

2) 천보영. (2024, 9월 23일). 신고된 아동학대 피해는 '빙산의 일각' … "부모교육 의무화 절실". 여성경제신문. https://www.womaneconomy.co.kr/news/articleView.html?idxno=226206

2. 보호종료아동 사후관리 부재

1) 자립지원 정책의 구조적 결함

보호종료아동 자립지원은 여전히 단편적이며, 본 장에서는 퇴소 공백기, 연령 제한, 통합관리 부재 등 구조적 문제를 분석하고, 당사자 참여 기반의 지속가능한 지원체계 구축 방향을 제시한다.

(1) 퇴소 이후 공백기 발생

만 18세가 되면 보호 종료와 함께 대부분의 지원이 끊기며, 아동은 갑작스레 경제적 · 정서적 독립을 요구받는다. 이로 인해 주거 불안, 고립, 부채 위기 등 복합적인 자립 실패로 이어진다(오수진, 2022).

(2) 지원 대상 및 연령의 한계

자립준비청년 대출사업이나 자립수당은 보호종료 5년 이내 청년에 한정되며, 23세 이후부터는 사실상 지원이 단절된다. 특히 경계선 지능 청년은 장애 판정이 어려워 제도에서 이중 배제된다(백민, 2025).

〈사례 9-4〉 느린학습자 청년의 자립지원 배제 구조

배현경 화성시 의원은 "느린학습자 청년은 발달장애로 인정받지 못해 장애인 복지정책의 대상이 아니고, 보호종료청년도 아니며, 일반 청년 정책에도 포함되지 못한 상태"라며, "이들은 사회적응 능력은 부족하지만 제도적 보호에서는 이중으로 배제되어 자립 준비와 취업 연계에 구조적으로 실패할 수밖에 없다"고 지적하였다. 특히 느린학습자는 행정 분류의 회색지대에 놓여 있어 정책 설계 시 고려되지 않으며, 이에 따라 지역사회 기반의 맞춤형 취업 지원 및 복지 서비스망 구축이 시급하다고 강조하였다(오마이뉴스, 2025.04.25).[3)]

(3) 통합적 사후관리 체계 부재

현재 자립정착금, 디딤씨앗통장 등 단편적 재정지원은 존재하지만, 취업, 주거, 정신건강, 사회관계 등을 아우르는 통합지원 체계는 부족하여 자립 이후 삶의 안정성과 지속성에 한계를 초래한다(한겨레, 2024).[4)]

2) 정책 실행의 현장 실효성 문제

보호종료아동 자립지원은 시행되고 있으나, 현장 실효성 부족으로 자립 지속성이 저해되고 있다. 본 장에서는 자립수당 · 기관 한계, 사회적 고립, 일자리 연계 부족 등 실행상의 문제를 분석한다

3) 오마이뉴스. (2025, 4월 25일). 화성시의회 배현경 의원, 느린학습자 청년 취업망 구축 촉구. **오마이뉴스(네이트뉴스 제휴)**. https://news.nate.com/view/20250425n20225

4) 한겨레. (2024, 3월 15일). **보호종료아동 자립지원의 현실과 과제**. https://www.hani.co.kr/arti/society/society/xxxxx.html

(1) 자립수당과 자립지원기관의 한계

자립수당은 월 35만원에 불과하며, 실제 주거비나 생계비에는 턱없이 부족하다. 자립지원전담기관 역시 지역 간 편차가 크고, 인력도 부족해 개별 사례관리가 어렵다(보건복지부, 2024).

(2) 사회적 낙인과 관계 단절

시설 출신이라는 사회적 낙인과 불신, 낮은 사회 연계성은 고립감과 우울감으로 이어진다. 사후관리의 핵심은 경제적 지원을 넘어 관계 회복과 지속적 정서적 지지망 형성이다(박주언, 2024).

(3) 일자리 연계의 단절성과 지속가능성 문제

공공일자리 위주의 단기 고용은 자립 기반이 되기 어렵고, 민간기업과 연계된 실질적 취업지원 체계가 부족하다(최소원, 2025).

3) 자립기반 구축을 위한 과제

보호종료아동의 자립을 위해서는 주거 · 정서 · 진로를 아우르는 통합적 지원과 당사자 참여 중심의 지속가능한 정책 설계, 지역사회 연계 실행체계 마련이 필요하다.

(1) 자립 이후 지원 연령 확대 및 지속화

정책 사각지대 해소를 위해 자립 지원 기간을 5년 이상으로 확대하고, 생애주기별 맞춤형 지원 체계를 도입해야 한다(사회연대은행, 2024).

(2) 주거 · 정서 · 진로가 통합된 사례관리 체계 확립

주거, 진로, 정신건강을 아우르는 지역 기반의 통합 사례관리와 멘토링 체계 마련이 시급하다. 공공과 민간이 연계한 장기적 지원 모델이 필요하다(나눔문화연구소, 2024).

(3) 당사자 참여 중심 정책 설계

정책 수립 및 평가 과정에 보호종료청년의 직접 참여를 제도화함으로써, 당사자의 경험 기반 정책이 가능해져야 하며, 이는 자립지원의 실효성과 수요자 중심성을 동시에 확보하는 핵심 기반이 된다(이상정 외, 2021).

3. 청소년 위기개입 미비

1) 위기청소년 정의와 분절적 정책 구조

위기청소년 문제는 가출, 자해, 학업중단 등 복합적으로 나타나지만, 정책은 분절적이고 조기개입 체계는 미흡하며, 전달체계의 중복과 사각지대도 여전하다.

(1) 위기의 다층적 양상과 식별의 어려움

청소년 위기는 가출, 자해 · 자살 위험, 학업중단, 가족해체 등 복합적으로 나타나며, 개별 정책은 위기 유형별로 분절적으로 대응해 통합적 관점이 결여되어 있다(여성가족부, 2023).

(2) 위기 인지와 개입 시기의 불일치

위기 상황이 발생한 이후에야 개입이 이루어지는 경우가 많으며, 조기 발견 체계는 여전히 미흡하다. 특히 학교 밖 청소년은 제도 밖에 위치해 위기 노출 가능성이 높다(정은지, 2024).

(3) 위기 유형별 전달체계의 중복과 사각지대

청소년쉼터, 일시보호소, 학교밖청소년지원센터 등 다양한 기관이 있으나, 정보 연계 부족과 인력의 한계로 인해 중복 지원과 사각지대가 동시에 존재한다(나눔문화연구소, 2024).

〈사례 9-5〉

> 여성가족부(2024)의 실태조사에 따르면, 위기청소년의 43.5%가 사회적 고립감을 느끼고 있으며, 자해 시도율은 21.5%, 우울감 경험은 33%에 달하는 것으로 나타났다. 그러나 이들을 위한 위기 개입 체계는 단절되어 있으며, 정보 공유 부족으로 인해 일부 청소년은 복수 기관에서 중복 지원을 받는 반면, 실제 지원이 절실한 청소년은 사각지대에 방치되고 있다[5)]

2) 정책 실행력과 현장 대응의 한계

위기청소년 지원정책은 인력과 접근성 부족, 학교 시스템 미비, 자살 고위험군 대응 실패 등으로 실행력이 낮고 현장 대응에도 한계를 보이고 있다.

---

5) 여성가족부. (2024). **위기청소년 지원기관 이용자 생활실태조사**. 여성가족부 보도자료. https://www.mogef.go.kr/nw/enw/nw_enw_s001d.do?bbtSn=712615&mid=mda700&utm_source=chatgpt.com

(1) 위기개입 기관의 전문성과 접근성 부족

위기 청소년을 담당하는 기관은 전문 인력 부족과 예산 제약으로 인해 충분한 상담 및 사례관리가 어렵다. 특히 농어촌 지역일수록 청소년 정신건강 서비스 접근성이 낮다(세종시, 2025).

(2) 학교 기반 예방 시스템 미비

학생정신건강지원센터, Wee센터, 교육복지실 등 다양한 프로그램이 존재하나, 학교 내 심리정서 지원체계는 일관성 없이 운영되고 있다. 교사 대상 연수 또한 형식화되어 실효성이 낮다(홍섭근, 2024).

(3) 자살 고위험군에 대한 사전 대응 실패

정신건강 고위험군 청소년에 대한 실시간 연계체계가 부실하며, 학생자살 사후 대응에만 치중된 구조는 반복되는 위기를 방치하고 예방적 개입의 기회를 지속적으로 놓치게 만든다(국가인권정책기본계획, 2025).

3) 통합적 위기 대응체계 구축 방안

위기청소년 문제 해결을 위해서는 지역사회 중심의 통합지원 네트워크 구축, 교내 조기개입 체계 정착, 청소년 참여 기반의 예방사업 설계가 절실하다.

(1) 지역 중심 위기청소년 통합지원 네트워크 구축

학교-지자체-청소년상담복지센터가 연계된 지역 통합 모델 구축이 필요하며, 특히 복합위기 청소년에 대한 사례 중심 접근과 지속적인 사후관리 체계 마련이 함께 이루어져야 한다(경기도청, 2024).

(2) 교내 조기발견 및 개입 시스템 제도화

단위학교 위기관리 가이드라인을 정례화하고, 학기별 위기 발굴 및 대응회의, 교직원 대상 위기감지 연수를 의무화해야 하며, 이를 통해 학교 내 조기 개입과 위기 예방 체계를 안정적으로 구축해야 한다(교육부, 2024).

(3) 청소년 참여 기반 예방사업 설계

청소년 당사자가 참여하는 정책 기획과 실행, 피드백 체계를 통해 수요자 중심의 실효성 있는 위기 대응이 가능하다. 정서 · 관계 회복 중심의 프로그램 확대가 요구된다(서울복지재단, 2025).

4. 학교사회복지의 한계

1) 제도적 기반의 미비와 정책적 분절성

학교사회복지제도는 법적 기반의 부재, 지역 간 배치 격차, 사업 중심 운영으로 인해 정책의 분절성과 지속 가능한 복지체계 구축에 한계를 보이고 있다.

(1) 학교사회복지사의 법적 지위와 역할 부재

학교사회복지사는 '사회복지사'로서 자격은 인정받고 있으나, 초 · 중등교육법상 제도화되어 있지 않아 배치의 지속성과 예산의 안정성이 결여되어 있으며, 이는 학교 내 복지지원의 구조적 불안정성을 심화시키고 있다.

(2) 지역 및 학교 규모에 따른 편차

2024년 기준 학교사회복지사의 전국 평균 배치율은 15.9%에 불과하며, 농산어촌이나 소규모 학교는 배치율이 현저히 낮다. 교육복지우선지원사업과의 연계도 지역에 따라 상이하다(한국학교사회복지사협회, 2024).

(3) 사업 중심 운영과 종합성 부족

학교사회복지사업은 중앙정부 및 시도교육청 단위의 개별 사업으로 운영되어, 장기적이고 통합적인 복지체계 구축에 한계가 있으며, 사업 간 연계 부족과 총괄 컨트롤타워의 부재가 구조적 문제로 지적된다(노경은, 2025).

2) 현장 운영의 한계와 실천 구조의 취약성

학교사회복지 실천이 학교 현장에서 안정적으로 작동하기 위해서는 교내 협력체계, 역할 명확성, 정규직 배치 확대 등 운영 기반의 강화를 전제로 해야 한다.

(1) 협력 기반 부재와 교사와의 역할 충돌

학교사회복지사는 상담교사나 담임교사와의 역할이 명확히 구분되지 않아, 업무 중복과 권한 모호성 문제로 협력체계 형성이 어렵고, 학교 내 복지기능의 실질적 작동이 제한된다(이진숙, 2023).

(2) 비정규직 중심의 고용 불안정성

대부분의 학교사회복지사는 계약직으로 고용되며, 연 단위 계약으로 인해 직무 연속성과 전문성 축적에 어려움을 겪고 있다. 이는 학교 내 신뢰 형성과 개입 지속성을 저해하는 구조적 요인이다(이은정, 2024).

(3) 업무 과중과 정체성 혼란

상담, 사례관리, 프로그램 운영, 행정 업무까지 병행하는 구조 속에서, 학교사회복지사는 자신의 정체성을 확립하기 어려우며, 전문성 발휘보다는 업무소진에 직면하게 된다(박윤미, 2024).

3) 통합적 학교사회복지 실현을 위한 방향

학교사회복지의 실효성을 높이기 위해서는 법제도 기반 정비, 교육복지 통합지원체계 구축, 학교사회복지사의 전문성 인식 제고가 병행되어야 한다.

(1) 법제도적 기반 정비 및 국가자격 연계

초·중등교육법에 학교사회복지사 배치 및 자격에 대한 법적 근거를 명시하고, 기존 사회복지사 국가자격과 연계하여 제도화함으로써 법적 안정성과 배치의 지속 가능성을 확보해야 한다(노경은, 2025).

(2) 교육복지 통합지원체계 구축

Wee센터, 교육복지실, 특수교육 등 관련 부서를 하나의 통합 플랫폼으로 연계하고, 통합 사례관리 시스템을 구축해 학생 맞춤형 지원을 체계화하며, 행정 효율성과 정보 연계성을 함께 제고해야 한다(교육부, 2025).

(3) 학교사회복지사의 역할 재정립과 인식 제고

교내 위기대응의 전문가로서 학교사회복지사의 지위를 제고하고, 상담교사, 담임교사와 협력적 팀체계를 구성하여 다학제 개입이 가능하도록 해야 하며, 교직원과의 지속적인 협업 기반을 구축해야 한다(홍섭근, 2024).

5. 아동권리 기반 복지로의 전환

1) 권리기반 접근(RBA)[6]의 개념과 국내 미이행

아동권리 실현을 위한 권리기반 접근은 여전히 선언적 수준에 머물고 있으며, 아동을 권리 주체로 인식하고 실질적 참여를 보장하는 제도적 체계 마련이 요구된다.

(1) UNCRC[7] 이행의 형식성과 제도적 간극

1989년 채택된 유엔아동권리협약(UNCRC)은 생존, 보호, 발달, 참여의 4대 권리를 중심으로 한다. 한국은 1991년 비준하였으나, 정책 설계와 실행 전반에서 협약 이행은 선언적 수준에 머물고 있다(금천구청, n.d.).

---

6) 권리기반 접근(Rights-Based Approach, RBA)은 인간의 존엄성과 인권을 중심으로 개인과 집단을 '도움의 대상'이 아닌 '권리의 주체'로 보고, 정책과 서비스를 참여, 비차별, 책임성 등의 인권 원칙에 따라 설계·운영하는 사회문제 해결 방식이다.

7) UNCRC(United Nations Convention on the Rights of the Child)

(2) 복지대상자 중심 관점에서 권리 주체로의 인식 전환 부족

아동을 보호 대상으로만 간주하고 있으며, 복지 제공자는 여전히 시혜적 관점에 머물러 있다. 이는 아동이 정책의 수혜자가 아니라 결정 과정에 참여할 주체임을 간과한 결과이다(나눔문화연구소, 2024).

(3) 권리기반 지표와 참여 권리의 부재

아동 정책의 성과 평가는 서비스 전달 중심이며, 아동 권리 실현 지표는 부재하다. 특히 아동의 의견 청취 및 참여 보장은 법률과 행정 체계에서 미비한 상태이다(유니세프한국위원회, 2023).

2) 아동 참여권 실현의 현실과 도전

아동 참여권 실현은 정책과 현장에서 여전히 형식적 수준에 머물고 있으며, 아동의 목소리를 반영하는 제도적 구조와 실질적 참여 보장 체계 마련이 요구된다.

(1) 아동정책 형성과정에서의 아동 참여 부진

정책 수립 시 아동 의견을 수렴하는 구조는 극히 제한적이며, 참여 자체도 형식적으로 운영되는 경우가 많다. 청소년의회, 아동권리옹호단 등의 운영이 지속성 없이 시행되고 있다(한국아동복지학회, 2023).

(2) 교육과 돌봄 현장의 아동 목소리 배제

학교나 시설에서 아동의 생활환경 및 결정에 대해 의견을 낼 기회는 거의 없으며, 참여 구조도 전무하다. 이는 복지현장의 수직적 구조와 통제 중심 문화에서 비롯된 한계다(김정수, 2025).

(3) 정책 지표 및 모니터링 체계 부재

아동 권리 보장을 위한 정량적 · 정성적 평가 지표가 부족하며, 모니터링 또한 외부 전문가 중심으로 이루어져 아동 당사자의 참여는 배제되고, 정책의 수요자 반영과 실효성 확보에 한계를 드러낸다(박광동, 2024).

3) 권리중심 복지 전환을 위한 정책과제

아동을 권리의 주체로 인식하는 복지 전환을 위해서는 권리 실현지표 도입, 정책 참여 구조 확립, 실천가 대상 권리감수성 교육이 함께 추진되어야 한다.

(1) 아동권리 실현지표 및 평가지표 도입

국가와 지자체 차원에서 아동 권리 기반의 정책 성과지표를 정립하고, 정기적인 실태조사 및 권리 모니터링 체계를 제도화해야 하며, 이를 통해 아동정책의 효과성과 책무성을 지속적으로 검증할 수 있어야 한다(보건복지부, 2025).

(2) 정책 설계 및 실행과정의 아동 참여 보장

'아동정책참여 플랫폼'과 지역 아동권리옹호 체계를 제도화하고, 어린이 · 청소년의 의견이 반영될 수 있도록 실질적 권한과 절차를 마련해야 하며, 이는 아동의 정책 참여권 실현을 위한 핵심 기반이 되어야 한다(이상정 외, 2021).

(3) 권리기반 복지 패러다임 전환 교육 확대

공무원, 교사, 사회복지사 등 아동 관련 실천가에게 아동권리와 참여 중심의 복지 교육을 의무화하고, 복지 전달자의 권리감수성 향상을 위한 시스템을 구축해야 한다(김다은, 2024).

6. 다문화 · 장애 · 정서적 취약 청소년에 대한 복지 사각지대

1) 복합적 취약계층의 증가와 제도적 대응 부재

복합적 취약성을 지닌 아동 · 청소년은 기존 제도에서 반복적으로 배제되고 있으며, 경계선지능 · 다문화 · 복합위기 청소년을 포괄하는 통합적 대응체계 구축이 시급하다.

(1) 장애아동과 경계선지능 청소년의 제도 밖 배제

지적장애 기준에는 미달하지만 일상생활 적응이 어려운 경계선지능 청소년은 복지제도에서 소외되기 쉽다. 자립지원, 진로교육, 정서지원 모두에서 체계적인 개입이 부족하며, 복합적 취약성에 대한 공공 시스템의 인식이 미비하다(백민, 2025).

〈정책 분석 사례 9-6〉 경계선지능 청년의 이중 배제와 자립지원의 공백

2025년 2월 17일자 **에이블뉴스**보도에 따르면, 경계선지능 청년은 지적장애로 판정받기 어려워 장애인복지의 보호 대상이 되지 않으며, 동시에 일반 청년 정책에서도 배제되는 이중 사각지대에 놓여 있다. 한 피해 사례로 소개된 22세 청년 A씨는 보호종료 이후 자립 준비를 위한 지원을 거의 받지 못한 채 단기 일용직을 전전하며 정신적 불안을 겪고 있었으며, 정서적 지지망이 부재한 상태였다. 전문가들은 "복합위기 청년의 경우 단순한 경제지원이 아니라 진단, 사례관리, 주거, 정서지원이 통합된 정책 설계가 필요하다"고 강조하고 있다. 이는 기존 정책의 분절성과 경계선 지능 청년을 위한 제도적 인식 부족으로 인해 발생한 명백한 사회복지 실패 사례이다.[8)]

(2) 다문화 · 이주배경 청소년의 언어 및 문화적 소외

다문화 아동은 언어, 학교 적응, 또래관계에서 반복적으로 배제되고 있으며, 복지 정책상 일반 아동과 동일하게 처리되면서 현실적 차이를 반영하지 못한다. 특히 정서 및 학습 지원 서비스의 부족이 심각한 문제로 지적된다(나눔문화연구소, 2024).

(3) 복합위기 청소년에 대한 연계 부족

학대경험, 정서장애, 가정해체 등 복합적 문제를 지닌 청소년에 대해 개별기관은 존재하나, 이들을 유기적으로 연결하고 지속적으로 사례관리할 수 있는 시스템은 부재하다(정은지, 2024).

8) 백민. (2025, 2월 17일). 자립준비 한계, 지원체계 부재 '경계선 지능 청소년' 어려움 수두룩. **에이블뉴스**. https://www.ablenews.co.kr/news/articleView.html?idxno=218784

2) 실천 현장의 인프라 미비와 전문성 부족

복합위기 아동·청소년을 위한 실천 현장은 맞춤형 프로그램 부족, 위기 조기감지 실패, 실천가 역량과 정책의 단절로 인해 효과적인 개입과 연계가 어려운 실정이다.

(1) 특수 및 위기아동 대상 맞춤형 프로그램의 결핍

현재 위기청소년이나 장애·다문화 아동을 위한 특화된 프로그램은 민간에 한정되거나, 공공 부문에서는 시범사업 수준에 머무르는 경우가 많다. 이는 복지 사각지대의 고착화를 초래한다(김정수, 2025).

(2) 위기감지 및 조기 개입의 실패

정서적 이상이나 비언어적 표현으로 나타나는 문제행동을 감지하고 개입하는 체계가 부족하다. 특히 교사와 복지 인력이 정서행동특성과 장애를 구분하는 훈련이 되어 있지 않아 초기 대응이 실패하는 경우가 많다(학생정신건강지원센터, 2025).

(3) 실천가 역량과 정책 간 연결부재

복합위기 청소년에 대한 상담, 사례관리, 진단 기능을 갖춘 실천 인력의 확보가 절대적으로 부족하며, 현장의 대응이 개별 사업 단위로 분절되어 정책 간 연결도 단절되어 있다.

3) 복합위기 청소년 지원체계 구축을 위한 제언

복합위기 청소년을 효과적으로 지원하기 위해서는 법제도 정비, 학교-지역 연계 모델 강화, 권리 기반의 포용적 복지 패러다임 전환이 함께 이루어져야 한다.

(1) 복합위기 대상군을 반영한 법제도 정비

'위기청소년', '특수욕구아동' 등 현장의 다층적 분류를 정책 용어로 도입하고, 기준 및 서비스 전달체계 설계에 이를 반영해야 한다(류정희, 2025).

(2) 학교–지역사회–복지기관 연계 모델 강화

학생맞춤통합지원법의 시행에 맞춰 위기학생과 다문화 · 장애 청소년에 대한 사례관리 매뉴얼과 연계 네트워크를 구축해야 한다. 학교 기반 통합사례관리팀(Wee 센터, 교육복지실, 복지기관 연계)이 활성화되어야 한다(노경은, 2025).

(3) 아동의 권리와 차이를 고려한 포용 복지

모든 아동은 같은 서비스를 받는 것이 아니라, 필요한 만큼의 차등화된 서비스를 제공받을 권리를 가진다. 차이를 인정하고 권리를 보장하는 패러다임 전환이 필수적이다(UNCRC, 1989).

토론 주제 / 논의할 문제

1. 아동학대 대응체계가 보건복지부와 교육부로 이원화되어 있는 현 체계는 현장에서 어떤 문제를 초래하고 있는가?

2. 보호종료아동에 대한 현재의 자립지원 정책은 실효성이 부족하다는 지적이 많은데, 그 근본적인 원인은 무엇이며 어떻게 개선할 수 있는가?

3. 아동을 복지의 수혜자가 아닌 권리 주체로 인식하기 위한 정책 전환은 왜 필요하며, 이를 위해 어떤 제도적 변화가 요구되는가?

4. 아동을 권리 주체로 인식하지 못하는 정책 및 제도 사례는 어떤 것이 있으며, 이를 어떻게 개선할 수 있을까?

Chapter

10

노인복지의 실패: 제도, 전달체계, 환경의 한계와 대안

1. 요양시설 인권침해와 인력 부족

1) 인권 중심 복지환경의 미비

노인요양시설은 수용 중심 운영과 자율성 침해 문제가 지속되고 있으며, 인권 보호 체계는 현장에서 충분히 작동하지 못하고 있어 구조적 개선이 요구된다.

(1) 수용 중심 운영과 자율성 침해

전국 요양시설의 68%가 생활공간을 충분히 확보하지 못하고, 프라이버시 보호 수준도 41%에 그쳐 노인의 주거권과 사생활권이 구조적으로 침해되고 있음을 보여준다(보건복지부, 2024; 국립재활원, 2024).

〈표 10-1〉 요양시설 인권침해 및 프라이버시 보장 현황

구분	생활공간 미비(%)	프라이버시 미흡(%)
전국 평균	68	41
정신요양시설	73	54
일반요양시설	65	39

출처: 보건복지부(2024), 국립재활원(2024)

(2) 신체적 제한 및 학대 사례의 만연

시설 내에서 침대나 휠체어에 장시간 묶는 관행은 여전히 잔존하며, 실제 사망 사례도 보고되고 있다. 인권보장보다 안전관리 명분이 우선시되며, 강박 행위가 일상화되어 있다(한겨레, 2024; 더인디고, 2024).

(3) 인권보호 체계와 교육의 한계

인권교육과 CCTV 설치 등 제도적 장치는 마련되었으나, 요양보호사 60.8%가 인권침해를 경험한 것으로 조사되며 실효성은 낮다. 종사자와 입소자 모두를 위한 통합적 인권보호 시스템이 부족하다(사회복지신문, 2024; 서울시복지재단, 2024).

2) 돌봄 인력 구조의 문제점

노인요양서비스의 질적 수준은 인력 확보와 관리체계에 좌우되지만, 현재 한국의 돌봄 인력 구조는 수급 불균형, 낮은 처우, 관리감독 부재 등 복합적 한계를 안고 있다.

(1) 만성적 인력 부족과 지역 격차

2028년까지 요양보호사 11.6만 명이 추가로 필요하나, 연간 양성 인원은 3.2만명에 그친다(고용노동부, 2024). 간호 인력의 지역 간 편차도 심각하여, 서울은 인구 1,000명당 간호사 수가 5.5명, 강원도는 4.0명으로 37.5%의 격차를 보인다(통계청, 2024).

(2) 낮은 처우와 이직률

요양보호사는 저임금과 불안정한 고용, 과중한 업무에 시달리며 이직률이 높고, 이로 인해 서비스의 지속성과 질이 저하되고 있다(사회복지신문, 2024). 종사자 인권 보장과 처우 개선, 교육 체계 강화를 위한 제도적 개선이 시급하다(치매뉴스, 2024).

(3) 인력 기준 및 관리감독의 미비

현행 인력 기준은 현장의 실제 상황을 충분히 반영하지 못하고 있으며, 부실 운영 시설에 대한 관리 · 감독 체계도 일원화되어 있지 않다(고용노동부, 2024). 인력 확충과 함께 인권교육 의무화, CCTV 설치 등 법 · 제도적 보완이 필요하다(경기도 인권위원회, 2024; 김명희, 2024).

3) 자택 중심 돌봄체계의 필요성

시설 중심의 돌봄체계는 고령자의 존엄성과 삶의 질 보장에 한계를 보이고 있으며, 이에 대한 대안으로 자택과 지역사회 기반 돌봄체계의 필요성이 부각되고 있다.

(1) 시설수용 중심 돌봄의 한계

고령화로 요양시설 입소 수요는 증가하고 있으나, 시설 중심 돌봄은 개인의 존엄성과 일상 유지에 구조적 제약을 초래하며, 생활의 주도권이 박탈되는 폐쇄적 환경을 유발할 수 있다(한겨레, 2024; 보건복지부, 2024).

(2) 자택 · 지역사회 기반 돌봄의 대두

자택 · 지역사회 중심 돌봄은 노인의 존엄성과 정서적 안정을 보장하는 대안으로 부상하고 있다. 독일 · 일본 사례와 OECD 분석은 자택 돌봄이 삶의 질 향상과 우울감 감소에 효과적인을 보여주며, 한국 역시 이에 대한 정책 전환이 요구된다.

① 독일: 자택 돌봄 선호와 제도적 확산

팬데믹 이후 독일에서는 자택 돌봄 선호가 뚜렷하게 증가하였으며, 정부는 2030년까지 전체 돌봄 인구의 약 3분의 2가 자택에서 돌봄을 받을 것으로 전망하고 있다. 'Ambulante Pflege(이동식 간호)'는 정서적 안정과 가족 유대를 강화하는 데 효과적인 제도로 평가된다(김수민, 2022).

② 일본: 지역포괄케어시스템의 성과

일본은 의료 · 돌봄 · 생활지원을 통합한 지역포괄케어시스템을 통해 고령자가 가능한 한 오래 자택과 지역사회에서 거주할 수 있도록 지원하고 있으며, 이 시스템은 고립감과 우울감 완화, 자립성 향상에 기여하고 있다(일본 후생노동성, 2023).

③ OECD: 자택 돌봄의 질과 정책적 시사점

OECD는 『Health at a Glance 2023』과 『Time for Better Care at the End of Life』에서 다수의 고령자가 자택 임종을 선호하지만 실제 절반 이상이 병원에서 사망한다고 지적하며, 이는 자택 돌봄 인프라 부족에 기인한다고 분석한다(OECD, 2023; 2024).

(3) 한국의 과제와 정책 동향

보건복지부는 주간보호센터 확충 등 자택 기반 돌봄 인프라를 확대하고 있으며, 방문간호 · 방문요양 · 스마트돌봄 등 서비스 다양화와 제도적 기반 정비가 함께 요구된다(보건복지부, 2024; 경기도 인권위원회, 2024; 서울시복지재단, 2024).

2. 기초연금제도의 사각지대

1) 수급기준의 제도적 경직성

기초연금은 노인의 기본 소득보장을 목적으로 하나, 자산 · 소득 중심의 경직된 수급 기준은 현실의 빈곤 노인을 충분히 포괄하지 못하는 한계를 갖는다.

(1) 자산 · 소득 중심 선정의 한계

2024년 기준 65세 이상 전체 노인의 약 70.1%가 기초연금을 수급 중이며, 약 18.7%는 수급 자격에서 제외되었다. 이 중 62.8%는 주거자산 기준 초과로 탈락하였으며, 이는 현 제도가 실제 경제적 곤란 상태를 적절히 반영하지 못함을 보여준다(통계청 KOSIS, 2024; 보건복지부, 2024; 통계플러스 겨울호, 2024).

(2) 행정적 기준과 현실의 괴리

기초연금 수급 탈락자의 41%가 "실제 생활이 어렵지만 행정기준에 맞지 않는다"고 응답했으며, 이러한 괴리는 제도에 대한 신뢰 저하와 수급 포기 현상으로 이어지고 있다(보건복지부, 2024; 김현정, 2023).

(3) 제도 개선의 필요성

한국의 부양의무자 기준은 일본보다 3배 넓게 적용되어 실질적 빈곤층을 배제하며, 이는 노인 빈곤률과 정책 대상자 간 괴리를 심화시키는 원인이다. 수급기준의 현실화와 탈락자 구제를 위한 제도 개선이 요구된다(OECD, 2023).

2) 단일 급여체계의 기능적 한계

기초연금은 단일 급여 형태로 제공되나, 급여 수준의 한계, 복합욕구 반영 부족, 정치적 불안정성 등으로 인해 안정적이고 효과적인 노후 소득보장 수단으로 기능이 미흡하다.

(1) 급여 수준의 한계

2024년 기준 기초연금 월 최대 지급액은 단독가구 기준 33만 4,810원으로, 전체 소득의 약 33.4%를 차지하나 수급자의 월평균 소비지출(77.5만 원)과 적정 생활비(132.2만 원)에 크게 미치지 못한다. 기초연금 수급액 만족도 역시 평균 3.67점으로 낮아, 제도의 실효성에 구조적 한계가 드러난다(국민연금연구원, 2023).

〈표 10-2〉 기초연금 수급자의 생활 실태 비교

항목	금액(월 기준)	비고
월평균 소득	951,000원	경상소득 기준(단독 기준)
월평균 소비지출	775,000원	생활비, 의료비 등 포함
수급자 인식 적정 생활비	1,322,000원	수급자 자가응답 기준
기초연금 수급액	약 334,810원	2024년 기준 단독 최대 지급액
전체 소득 중 기초연금 비중	약 33.4%	경상소득 대비 기초연금 구성 비율
기초연금 수급액 만족도	3.67점 / 5점	국민연금연구원, 2023년 실태조사

출처: 국민연금연구원(2023), 『2023년 기초연금 수급자 실태조사』.

이리한 수치는 현재 기초연금이 노인의 절대적 생계비는 물론, 수급자가 인식하는 적정 생활비에도 현저히 미치지 못함을 보여주며, 급여 수준의 단계적 인상과 생계 실태를 반영한 급여 재설계가 필요한 배경이 된다.

(2) 복합욕구 미반영 및 연계 부족

기초연금은 주거 · 의료 · 생활비 등과 연계되지 않은 단일 생계지원에 그쳐, 노인의 복합적인 욕구와 생활환경 변화에 능동적으로 대응하지 못하고 복지 체감도와 정책 신뢰도 저하로 이어지고 있으며, 서비스 통합의 필요성이 제기되고 있다(한국보건사회연구원, 2024).

(3) 급여체계의 정치적 불안정성

기초연금의 급여 수준은 선거 시기나 정권 교체와 같은 정치적 변수에 크게 영향을 받아 급여 정책의 지속성과 예측 가능성이 저해되며, 장기적이고 안정적인 노후소득보장 제도로서의 기능 확보에 구조적 한계를 드러내고 있다(김현정, 2023).

3) 수당 통합 모델의 정책 시사점

노인의 복합적 욕구를 반영하지 못하는 단일 급여 중심의 소득보장 체계는 점점 한계에 직면하고 있으며, 이에 따라 기능상태 기반의 급여 차등화와 지역 중심의 서비스 연계가 통합된 다층적 소득보장 모델이 정책 대안으로 주목받고 있다.

(1) 국내: 단일 급여 중심 체계의 한계와 개선 방향

① 현행 체계의 구조적 한계

한국의 기초연금과 장기요양보험은 주로 정액 중심의 단일 급여 체계를 유지하고 있으며, 노인의 기능상태나 경제적 수준, 지역 격차 등을 반영하지 못하고 있다(보건복지부, 2024).

② 노인빈곤율과 체감 복지 수준 저하

2023년 기준 한국의 노인빈곤율은 40.4%로 OECD 국가 중 가장 높은 수준이며(통계청, 2024), 현금급여와 서비스가 분절적으로 제공되어 수급자들의 체감 복지 만족도 또한 낮은 상황이다(OECD, 2024).

③ 정책 전환 요구의 증대

기능상태 기반 급여 책정, 지역사회 기반 서비스 연계, 현금-현물급여의 통합 등 다층적인 정책 구조로의 전환이 필요하다는 정책적 요구가 확대되고 있다(한국보건사회연구원, 2024).

(2) 국외: 프랑스 중심의 다층적 급여–서비스 통합 모델

① 기능상태 · 소득 기반 급여 차등화

프랑스의 APA 제도[1)]는 노인의 기능상태(GIR 등급)와 소득 수준을 종합적으로 평가하여 급여 수준을 차등화하고, 소득에 따라 본인부담률을 차등 적용한다(경기도여성가족재단, 2024).

② 개인 맞춤형 통합지원 계획

APA 제도는 개별 지원계획(Plan d'aide)을 통해 재가 및 시설 돌봄, 주거개조, 위생, 식사, 이동지원 등 다양한 서비스를 통합적으로 제공하며, 지역사회 기반 전달체계를 통해 실질적 복지 효과를 실현하고 있다(OECD, 2024).

1) APA(Allocation personnalisée d'autonomie)는 프랑스에서 60세 이상 노인의 자립성 상실(의존) 정도(GIR 1~4)와 소득 수준을 평가해 맞춤형 돌봄 · 서비스 및 현금급여를 지원하는 제도다. 지원은 재가와 시설 모두 가능하며, 본인부담률은 소득에 따라 차등 적용된다. 자세한 내용은 프랑스 정부 공식 안내(https://www.service-public.fr/particuliers/vosdroits/F10009)와 각 지방정부 안내)https://www.lacharente.fr/au-quotidien/senior-handicap-autonomie/allocation-personnalisee-dautonomie-apa) 참조.

③ 안정적 재정 기반과 제도 확장성

APA 제도는 2024년 기준 약 67억 유로의 예산으로 132만 명 이상에게 서비스를 제공하고 있으며, 중앙정부와 지방정부의 공동 재정투입 구조를 통해 지속가능성을 확보하고 있다(OECD, 2024).

(3) 제도개선의 방향: 한국형 다층 모델 전환의 필요성과 방향

① 기능상태 기반 급여체계 도입

노인의 건강상태, 정서 · 인지 기능, 돌봄 요구도 등 복합적 삶의 조건을 반영하여 급여를 차등화하는 방안은, 획일적인 지원에서 벗어나 실제 복지 수요에 적합한 급여 구조로의 체계적 전환을 위한 핵심 과제로 부상하고 있다.

② 현금급여와 서비스의 통합 연계

기초연금, 장기요양, 주거급여, 지역돌봄 등 이질적인 복지급여와 서비스를 단절없이 연계할 수 있는 통합관리체계 구축은 수급자의 복지 체감도 제고와 행정자원의 효율적 활용, 중복지출 방지에 필수적인 전략이다.

③ 지방정부 중심의 전달체계 혁신

지방자치단체가 주도하는 복지계획 수립과 지역 기반 인프라 구축은, 지역 특성과 수요를 반영한 맞춤형 다층 돌봄체계를 실현하는 데 있어 국가 균형발전 및 분권형 복지모델의 제도화에 기여할 수 있다.

3. 독거노인 돌봄의 단절

1) 고립과 응급대응의 사각지대

독거노인은 일상적 돌봄과 위기 대응 모두에서 사각지대에 놓이기 쉬우며, 이는 사회적 고립과 고독사 위험을 심화시키는 주요 요인으로 작용하고 있다.

〈사례 10-1〉 돌봄 체계의 공백 –서비스 연속성 확보

> 2025년 3월, 전남 영광군 대마면 홍교리에서 기초수급자로 생활하던 60대 독거노인이 화재 사고로 사망한 지 5일 뒤 집에서 발견되었으며, 그의 집은 독거노인 돌봄 서비스 대상이었음에도 정기 돌봄 방문이 이루어지지 않아 단절 상태였다.
> 이 사건은 돌봄 체계의 공백이 생명과 직결된 심각한 문제이며, 독거노인의 안전을 위한 서비스 연속성 확보가 절실함을 보여준다.(영광신문, 2025.03.31)

(1) 독거노인 고립 실태

독거노인의 22.4%가 월 1회 미만의 사회적 접촉을 하며, 고독사 위험은 일반 노인보다 4.3배 높아 관계망 단절이 생명 위협 요인으로 작용한다. 특히 장기적 고립은 정신건강 저하와 의료 접근 지연으로 복합적 위험을 초래한다(보건복지부, 2024).

〈사진 10-1〉

출처: SBS STORY(2025.07.23). 늘어나는 독거노인, 증가하는 고독사! 그 원인은 바로 질병? https://www.youtube.com/watch?v=l1Gho8KduSU.

(2) 응급상황 대응 미흡

기존의 방문 돌봄체계는 일상적 관리 수행에 제약이 있으며, 응급상황 대응 시스템 또한 인력 부족과 장비 미비로 인해 효과적인 위기 개입이 어려운 구조적 한계를 안고 있다(국민건강보험공단, 2024).

(3) 고독사 예방 정책의 한계

응급안전알림서비스, 고독사 예방사업 등은 시행 중이나 실질적 효과는 제한적이며, 지역 간 편차와 정책 지속성 부족이 제도 신뢰 형성을 저해한다. 아울러 기술 접근, 인력 배치, 대상자 발굴의 어려움 등 운영상 구조적 한계도 존재한다(김수정, 2023).

〈사례 10-2〉 고독사 예방을 위한 돌봄 안전망 대응체계 –돌봄망

2025년 7월, 전북 익산시는 고독사 예방을 위한 돌봄 안전망 대응체계 강화 대책을 발표하고, 독거노인을 위한 비상연락 시스템, 정기 모니터링, 복지사각 발굴체계를 확대하기로 하였다. 이러한 정책은 단순한 고립 예방을 넘어 일상적 돌봄의 연속성과 위기 대응을 포괄하는 통합형 모델 구축의 실천 사례로 평가된다. 특히 지역사회 중심의 촘촘한 돌봄망은 생명권 보장을 위한 기초 인프라로 기능하고 있다(스포탈코리아, 2025.07.25)

〈사진 10-2〉

출처: 스포탈코리아(2025.07.25.), "고독한 죽음 없도록" 익산시, 돌봄 안전망 대응체계 강화,https://www.sportalkorea.com/news/articleView.html?idxno=2025052909552450388

2) 전달체계의 구조적 한계

노인 돌봄서비스의 전달체계는 인력 수급, 서비스 구성, 지역 접근성 측면에서 구조적 불균형을 내포하고 있으며, 이는 돌봄의 질과 형평성 저하로 이어지고 있다.

(1) 인력 부족과 업무 과중

노인맞춤돌봄서비스 인력 1인이 평균 18.2명의 노인을 담당하고 있어, 개별 욕구에 기반한 맞춤형 돌봄 제공은 사실상 불가능하며 서비스의 질적 저하가 불가피하다(국민건강보험공단, 2024).

(2) 서비스 표준화와 욕구 미반영

전국 단위로 표준화된 서비스는 행정 효율성은 확보할 수 있으나, 개인별 상황과 선호를 반영하기 어려워 체감 만족도를 낮추고 수요자 중심 서비스 구현에 한계를 드러낸다(한국보건사회연구원, 2024).

(3) 지역 간 접근성 격차

농어촌 등 비수도권 지역은 돌봄 인력 확보와 서비스 인프라가 취약해, 지역 간 돌봄 격차가 점차 확대되고 있으며 이는 복지의 형평성 측면에서도 심각한 과제로 부각되고 있다(한국토지주택공사, 2024).

3) 다층적 돌봄 모델의 도입 가능성

노인의 복합적인 돌봄 욕구에 효과적으로 대응하기 위해서는 건강상태, 정서적 지원, 생활환경을 종합적으로 고려한 다층적 돌봄체계의 구축이 요구되고 있다.

(1) 해외 맞춤형 서비스 사례

스웨덴의 7단계 홈케어 모델과 일본의 지역포괄케어시스템은 노인의 건강위험 수준과 정서적 지원 필요도에 따라 돌봄 서비스를 세분화하고, 이를 통합적으로 제공함으로써 체계적인 돌봄 연계의 모범을 제시하고 있다(OECD, 2023; 일본 후생노동성, 2023).

(2) 국내 통합돌봄 선도사업

한국은 2024년부터 방문간호, 응급관리, 정서지원 등을 결합한 지역 중심의 통합돌봄 선도사업을 시행하고 있으나, 전국적 확산을 위한 법제화와 안정적 예산 기반은 아직 미흡한 실정이다(보건복지부, 2024).

(3) 통합 돌봄체계의 과제

정서적 지지, 응급상황 대응, 일상생활 지원을 포괄하는 다층적 통합 돌봄체계를 지역 단위에서 지속 가능하게 운영하기 위해서는 전달체계의 정비와 제도적 기반 강화가 병행되어야 한다(한국보건사회연구원, 2024).

4. 지역 간 인프라 격차

1) 복지 인프라의 공간적 불균형

복지서비스 접근성과 질은 지역 간 자원 배분과 인프라 수준에 따라 큰 차이를 보이며, 이는 돌봄 체계의 형평성과 실효성을 저해하는 주요 요인으로 작용한다.

(1) 의료 · 주거 · 교통 접근성 격차

수도권 노인의 30분 내 의료기관 접근률이 84%에 이르는 반면, 비수도권은 59%에 불과하여 거주 지역에 따라 기본 복지 접근성이 크게 달라지는 실정이다(국토연구원, 2024).

(2) 주거환경 및 주택개조 지원 격차

지방의 공공임대주택 입주율과 주택개조 지원 수준은 전국 평균의 60~70%에 머물고 있어, 열악한 주거환경이 노인의 생활 안정성과 복지 연계에 제약을 주고 있다(한국토지주택공사, 2024).

(3) 정보 접근성의 지역 편차

복지정보 접근성은 지역별로 격차가 커, 정보 소외계층의 발생과 함께 서비스 이용의 불균형이 심화되고 있으며, 이는 복지 체감도 저하로 이어지고 있다(한국보건사회연구원, 2024).

2) 지역별 주거환경 개선의 제한성

지역 간 주거환경의 질적 격차는 고령자의 생활 안정뿐 아니라 복지서비스 연계의 기반에도 영향을 미치며, 이는 주거복지의 공간적 불균형을 심화시키는 원인으로 작용한다.

(1) 최저주거기준 미달 주택 비율

지방 고령자 주택의 34%가 최저주거기준에 미달하는 것으로 나타나, 열악한 주거환경이 노인의 건강권과 생활권을 동시에 위협하며 기본적인 주거 복지 실현을 가로막고 있다(한국토지주택공사, 2024).

(2) 정책 집중의 수도권 편중

주택개조 및 환경개선 사업의 72%가 수도권에 집중되어 지방은 구조적으로 소외되고 있으며, 이러한 자원 배분의 편중은 지역 간 주거복지 격차를 고착화하고 복지 형평성을 약화시킨다(국토연구원, 2024).

(3) 주거안정과 돌봄 연계의 한계

주거환경이 안정되지 않으면 돌봄서비스의 접근성과 연계성이 떨어지고, 이는 복지 전달체계 전반의 기능적 취약성과 함께 고령자 대상 복지정책의 실효성을 저해하는 구조적 원인으로 작용한다(한국보건사회연구원, 2024).

3) 지역포괄복지체계의 시사점

복지 접근성과 전달체계의 지속가능성을 확보하기 위해서는 지역 내 복지 · 의료 · 생활지원 인프라를 통합하고, 지역 주도의 분권형 복지체계를 제도화하는 방향이 요구된다.

(1) 일본 · 독일의 지역통합 모델

일본의 지역포괄케어시스템은 고령자가 30분 내 복지 · 의료 · 생활지원에 접근할 수 있도록 설계되었으며, 독일은 자치단체 중심의 재정 분권을 통해 지역 간 복지 격차를 완화하고 있다(일본 후생노동성, 2023; OECD, 2023).

(2) 한국의 개선 방향

한국은 생활권 단위의 복지거점을 확보하고, 지방정부의 재정 및 행정 자율성을 강화하여 지역 기반 복지의 지속성과 대응력을 확보하는 방향으로 제도 개선이 필요하다(국토연구원, 2024).

(3) 지역복지 전달체계 혁신

방문서비스, 주거지원, 지역 복지거점 인프라 확대를 통해 지역 내 돌봄과 지원이 통합적으로 이루어질 수 있는 구조를 구축해야 하며, 이는 고령자의 복지 접근성과 삶의 질을 동시에 향상시킬 수 있다(한국보건사회연구원, 2024).

5. 지역사회 중심 노인복지 방향

1) 지역 기반 복지전달의 구조적 한계

지역 중심 복지체계의 실현은 행정 간 연계, 재정 역량, 주민참여 기반에 따라 성패가 좌우되며, 현재 한국의 전달체계는 구조적 한계를 내포하고 있다.

(1) 부처 간 연계 미흡

통합돌봄 시범사업 평가 결과, 복지 · 보건 관련 부처 간 연계가 미흡하고, 지자체의 재정 · 행정 역량과 주민참여 기반이 부족해 통합적 서비스 제공이 제한되는 것으로 나타났다(보건복지부, 2024).

(2) 지역별 성과 편차

지역 간 복지서비스 제공의 일관성과 지속성이 저하되면서 지자체별 사업 성과 간 격차가 심화되고 있으며, 이는 복지의 형평성과 효과성을 동시에 위협하는 요인이 되고 있다(한국보건사회연구원, 2024).

(3) 주민참여 기반의 한계

주민참여 기반이 약화된 상황에서는 지역 자원과 정책 수요 간의 연계가 단절되어 실질적인 수요자 중심 복지 기획 및 실행이 어렵고, 지속 가능한 지역복지 생태계 조성에도 제약이 발생한다(한국보건사회연구원, 2024).

2) 커뮤니티케어 기반 사례의 특징

지역 중심의 커뮤니티케어는 공공 · 민간 · 의료기관 간 연계와 주민참여를 기반으로, 돌봄 · 의료 · 주거 · 정서지원 서비스를 통합하여 지역 맞춤형 복지체계를 실현하고 있다.

(1) 프랑스 CLIC 모델

프랑스의 CLIC(Coordinations Locales d'Information et de Coordination) 모델은 공공 · 민간 · 의료기관이 유기적으로 연계되어 자원조정과 사각지대 발굴을 동시에 수행하며, 개별자립수당(APA)을 기반으로 노인 맞춤형 통합 지원체계를 운영하고 있다(les-personnes-agees.gouv.fr, 2024).

(2) 영국 치매친화도시 등 정책 접목

영국은 복지정책과 도시계획을 연계하여 치매친화도시 조성, 녹지 환경 개선, 공공공간 재구성을 통해 복지 · 환경 통합정책을 확산시키며, 환경 기반 커뮤니티케어의 선진 사례로 주목받고 있다(House of Commons Library, 2024).

(3) 지역 네트워크와 자원조정

각국은 주민 조직 및 지역 네트워크와 협력하여 정책과 자원을 유기적으로 조정하는 체계를 마련하고 있으며, 이는 지역기반 복지의 지속 가능성과 수요자 중심 실천을 제도화하는 데 기여하고 있다(한국보건사회연구원, 2024).

아래 표는 커뮤니티케어의 주요 해외 사례와 한국의 통합돌봄 선도사업을 주요 특징, 서비스 범위, 주민참여 방식측면에서 비교한 것이다.

〈표 10-3〉 커뮤니티케어 해외 및 한국 사례 비교

국가	주요 특징	서비스 범위	주민참여 방식
프랑스	CLIC 모델, 지역연계, 개별자립수당(APA), 노인 전문 코디네이션센터 운영	돌봄 · 의료 · 주거	지역위원회 중심
영국	치매친화도시, 도시계획 연계, 복지 · 환경 통합	복지 · 환경 통합	주민협의체
일본	지역포괄케어시스템, 30분 생활권 통합 서비스	의료 · 복지 · 생활지원	마을기반 네트워크
한국	통합돌봄 선도사업, 생활권 복지거점, ICT 기반 방문 · 응급 · 정서지원	돌봄 · 의료 · 주거 · 정서	주민참여형 복지계획, 지역사회협의체

자료: les-personnes-agees.gouv.fr(2024), House of Commons Library(2024), 일본 후생노동성(2023), 한국보건사회연구원(2024), 보건복지부(2024) 등 참고하여 재구성.

3) 주민 중심 참여복지 실현의 과제

지역사회 기반 복지는 주민의 수동적 수혜를 넘어, 능동적인 참여와 자원 조직화를 통해 공동체 중심 복지로 진화해야 하며, 이를 위한 제도적 · 재정적 기반 확충이 요구된다.

(1) 주민참여형 복지계획 수립

지역사회 복지는 행정 주도형 서비스 제공을 넘어, 주민이 복지계획의 수립과 실행 과정에 주체적으로 참여함으로써 수요 반영의 실효성과 정책 수용성을 높여야 한다(한국보건사회연구원, 2024).

(2) 마을 단위 복지조직 강화

마을 단위의 복지조직은 지역 내 자원을 연결하고 돌봄 공백을 해소하는 핵심 기반이며, 이를 제도적으로 보장하고 지속 가능한 운영체계를 마련하는 것이 과제로 제기된다(보건복지부, 2024).

(3) 예산 및 기획 권한의 지역 이양

주민참여가 실질화되기 위해서는 지역에 예산 편성 및 복지 기획 권한이 함께 이양되어야 하며, 이러한 권한 분산은 지역 특성과 수요를 반영한 맞춤형 정책 추진과 분권형 복지모델 구축의 출발점으로 작동할 수 있다(국토연구원, 2024).

6. 고령친화기술 적용 및 실천 전략

1) 기술기반 돌봄의 정책적 시도

고령사회의 돌봄 수요 증가에 대응하기 위해 ICT[2] 기반의 스마트돌봄 기술이 정책 도구로 활용되고 있으나, 현장 적용과 수용성 확대에는 여전히 과제가 존재한다.

2) ICT(Information and Communication Technology)는 정보와 통신, 기술을 결합한 정보통신기술을 의미한다. IT(정보기술)에 네트워크와 통신 기능을 추가한 개념으로, 인터넷을 중심으로 데이터 생성 · 전달 · 분석 · 활용을 가능하게 한다.

(1) 스마트돌봄 시범사업

보건복지부는 약 복용 알림기, 응급호출기, 돌봄로봇 등 ICT 기반 돌봄서비스를 중심으로 스마트돌봄 시범사업을 도입하였으며, 이를 전국적으로 확산하기 위한 정책 추진이 진행 중이다(보건복지부, 2024).

(2) 현장 확산의 한계

스마트돌봄 기술은 제도화 초기 단계로 확산 속도가 더디고, 고령층을 대상으로 한 기술 교육과 지원 인프라가 미흡하여 현장 수용성과 효과성이 제한되고 있다(한국지능정보사회진흥원, 2024).

(3) 기술과 돌봄의 융합 정책

기술은 정서적 돌봄을 대체하기보다 보완하는 수단으로 활용되어야 하며, 고령자의 감정적 수용성과 현장 실천가의 수용 태도를 높이기 위한 정책적 지원이 병행되어야 한다(김한솔 외, 2025).

2) 기술 수용의 격차와 불균형

고령친화 기술의 확대는 돌봄서비스의 질 향상에 기여할 수 있으나, 지역·계층·연령 간 기술 수용 능력의 불균형은 새로운 돌봄 격차를 유발할 수 있다.

(1) 디지털 문해력의 지역·계층별 격차

고령자의 디지털 문해력은 지역, 성별, 연령에 따라 큰 차이를 보이며, 특히 농어촌이나 저소득층 고령자는 기기 사용과 정보 해석 능력에서 현저한 제약을 겪고 있다(김한솔 외, 2025).

(2) 기술 격차와 돌봄 격차

기술 수용성이 낮은 고령자일수록 스마트돌봄 서비스의 수혜에서 소외되는 경향이 강해지며, 이는 돌봄 접근의 형평성과 사회적 통합을 저해하는 요인으로 작용한다(한국지능정보사회진흥원, 2024).

(3) 디지털 포용 정책의 필요성

기술 활용의 형평성을 확보하기 위해서는 디지털 포용교육과 사용자 맞춤형 지원체계를 확대하고, 고령자 중심의 인터페이스 설계와 교육 지원이 병행되어야 한다(한국보건사회연구원, 2024).

3) 해외사례의 제도화 경험

고령친화기술은 선진국을 중심으로 복지 인프라에 통합되고 있으며, 일본 · 스웨덴 · 한국은 각기 다른 전략과 제도적 기반을 통해 정책화를 추진하고 있다.

(1) 일본 '돌봄로봇 6대 분야' 정책

일본은 2018년부터 '돌봄로봇 6대 분야'(이동 지원, 이동 · 이착탈 지원, 배설 지원, 인지증 케어, 커뮤니케이션, 감시 시스템)를 지정하고, 후생노동성 주도로 기술개발과 실증사업을 병행하고 있다. 해당 정책은 돌봄업무의 신체적 부담 경감, 안전사고 예방, 인력 부족 대응을 핵심 목표로 하며, 중앙정부와 지자체, 민간기업의 협력 기반 실증 시스템을 구축하고 있다(일본 후생노동성, 2023; 국립재활원, 2024).

(2) 스웨덴 센서 기반 생활관리 시스템

스웨덴은 2019년부터 고령자의 주거 공간 내에 설치된 센서를 통해 낙상, 외출, 생체신호 이상 여부 등을 모니터링하는 '생활관리 시스템'을 운영하고 있다. 이 시스템은 고령자의 자율성을 보장하는 동시에, 위기 상황 발생 시 신속한 대응을 가능케 하며, 건강 악화의 조기 발견에도 기여하고 있다(OECD, 2023; 한국보건사회연구원, 2024).

(3) 고령친화기술의 복지 인프라 통합

한국은 2022년부터 '스마트돌봄 시범사업'을 통해 ICT 기반 약 복용 알림기, 응급호출기, 정서지원 로봇 등으로 방문돌봄, 응급관리, 정서지원을 통합 제공하고 있으나, 고령자의 디지털 문해력, 지역 인프라 격차, 현장 수용성 등은 여전히 과제로 남아 있다(보건복지부, 2024; 한국지능정보사회진흥원, 2024; 김한솔 외, 2025)

주요국의 고령친화기술 정책을 정책명, 도입 시기, 적용 분야별로 비교한 표이다. 일본, 스웨덴, 한국 모두 고령화 대응을 위해 기술 융합형 정책을 추진하고 있으며, 각국의 접근 방식과 초점에 차이가 있다.

〈표 10-4〉 주요국 고령친화기술 정책 비교

국가	정책명/주요내용	도입 시기	적용 분야
일본	돌봄로봇 6대 분야	2018	요양, 재활, 안전
스웨덴	센서 기반 생활관리 시스템	2019	주거, 건강관리
한국	스마트돌봄 시범사업, ICT 기반 돌봄 통합	2022	방문, 응급, 정서지원

출처: 일본 후생노동성(2023), 국립재활원(2024), OECD(2023), 보건복지부(2024), 한국지능정보사회진흥원(2024), 김한솔 외(2025), 재구성

토론 주제 / 논의할 문제

1. 요양시설 중심 돌봄체계는 노인의 존엄성과 자율성을 보장하는 데 어떤 한계를 보이며, 자택 중심 돌봄은 그에 대한 대안이 될 수 있는가?

2. 기초연금 제도의 자산 · 소득 중심 수급 기준과 단일 급여체계는 실제 빈곤 노인의 소득보장 기능을 충분히 수행하고 있는가?

3. 고령친화기술은 돌봄의 질을 향상시키는 미래 전략인가, 아니면 기술 수용 격차로 인해 새로운 돌봄 소외를 초래하는가?

4. 노인복지 정책 추진에서 지역 간 인프라 격차 해소와 주민참여 기반 강화 중 어느 전략이 우선되어야 하는가?

Chapter

11

장애인복지와 의료복지 실패

1. 장애인 이동권과 접근권의 실패

1) 법적·제도적 한계

장애인[1)]의 이동은 헌법이 보장하지만 법령 분산, 복잡한 구제 절차, 예산 부족으로 실효성이 낮다(김동현, 2024; 서울대학교 법학전문대학원 공익법률센터, 2025; 참여연대, 2024).

(1) 법적 미비와 분절적 적용

장애인의 이동은 헌법상 권리임에도, 관련 법은 분산적이고 실효성이 낮아 일상적 이동을 제약하고 있다. 제도적 구제 절차 또한 복잡하며, 예산 부족으로 정책 이행에 구조적 제약이 따른다(김동현, 2024; 서울대학교 법학전문대학원 공익법률센터, 2025; 참여연대, 2024).

(2) 권리구제 체계의 한계

장애인이 이동권 침해를 당했을 때, 이를 구제받기 위한 절차는 매우 복잡하고 시간이 오래 걸린다. 행정심판이나 소송 같은 제도는 접근성이 낮아 실질적인 보호가 어렵다. 결국, 당사자가 권리를 회복하는 데 큰 장벽이 존재한다(김동현, 2024).

1) 「장애인복지법」은 장애인의 인간다운 삶과 권리 보장을 위해 필요한 복지 지원, 사회 참여, 자립 생활을 촉진하는 법률입니다.이 법은 장애인 등록, 복지 서비스 제공, 교육 및 직업 지원, 차별 금지 등을 규정하여 장애인의 삶의 질 향상을 목표로 한다(「장애인복지법」, 국가법령정보센터. 2025.04.23. 시행)

(3) 예산 및 정책 집행의 한계

이동권 관련 예산은 복지정책 중 일부로 간주되어 편성되며, 실질적 요구 수준에 크게 못 미치는 수준이다. 국회에서 통과되는 예산은 장애인 측 요구의 극히 일부에 불과하다는 점에서 정책 실행의 실효성을 저해하고 있다(참여연대, 2024).

2) 물리적·환경적 장벽

장애인의 이동권은 교통수단, 공공시설, 도로 등 물리적 환경에서 여전히 제약을 받고 있다. 저상버스, 휠체어 탑승 가능한 시외 · 고속버스, 장애인콜택시 등 교통수단의 도입률이 낮고, 지역 간 격차도 심각하다(한국장애인개발원, 2023; 이재민, 2024).

(1) 교통수단 접근성의 한계

2023년 기준, 저상버스와 특별교통수단(휠체어 탑승 가능 차량 등) 등 교통 인프라의 확충은 여전히 미흡하며, 지역 간 격차도 심각하다. 특히 저상버스의 도입률은 전국적으로 큰 차이를 보이고, 특별교통수단 역시 지역별 편차가 크다.

아래 표는 한국장애인개발원 및 국가통계포털(KOSIS) 공식 통계자료로, 장애인 이동권 보장을 위한 교통수단의 전국 현황과 교통약자 인구 추이를 보여준다.

〈표 11-1〉 저상버스 도입률

(단위 : %)

항목	서울	부산	대구	인천	광주	대전	울산	세종	경기	강원	충북	충남	전북	전남	경북	경남	제주
보급률 (%)	66.7	36.4	46.5	18.8	37.7	39.7	14.6	46.4	32.1	41.9	33.3	21.7	30.5	20.3	22.7	37.9	18.9

출처: 한국장애인개발원, 장애통계데이터포털, 2025.05.22

〈표 11-2〉 특별교통수단 보급률

(단위 : %)

항목	서울	부산	대구	인천	광주	대전	울산	세종	경기	강원	충북	충남	전북	전남	경북	경남	제주
보급률 (%)	125.3	64.4	93.0	84.0	100.0	77.1	100.0	112.5	116.8	115.3	96.6	86.8	101.7	85.5	78.0	114.3	101.5

* "특별교통수단"이란 이동에 심한 불편을 느끼는 교통약자의 이동을 지원하기 위하여 휠체어 탑승설비 등을 장착한 차량을 말함(「교통약자의 이동편의 증진법」 제2조8호)

출처: 한국장애인개발원, 장애통계데이터포털, 2025.05.22

〈표 11-3〉 교통약자 현황

(단위 : 명, %)

		2019	2020	2021	2022	2023
총인구	계	51,849,861	51,829,023	51,638,809	51,439,038	51,325,329
교통약자	계	15,218,666	15,400,843	15,508,602	15,688,048	15,864,004
	(%)	29.4	29.7	30.0	30.5	30.9
장애인	계	2,618,918	2,633,026	2,644,700	2,648,424	2,641,896
고령자	계	8,026,915	8,496,077	8,851,033	9,267,290	9,730,411
고령장애인	계	1,263,952	1,314,625	1,357,215	1,397,669	1,425,095
어린이	계	2,363,736	2,357,866	2,330,735	2,323,493	2,295,075
장애어린이	계	26,457	27,827	29,110	30,741	32,826
영유아동반자		3,216,739	3,003,660	2,828,629	2,649,793	2,446,568
장애영유아 동반자		19,909	19,671	20,732	21,728	22,053
임산부		302,676	272,337	200,502	249,186	230,028

※ 고령자 인구의 증가에 따라 교통약자 인구 수가 증가하고 있으며, 23년 12월을 기준으로 교통약자 인구는 전체 인구의 약 30.9%로 나타남.

출처: 국가통계포털(KOSIS), 등록장애인 현황, 2025.5.22.

〈사례 11-1〉 장애인 이동권은 헌법적 권리

2025년 에이블뉴스 보도에 따르면, 지방 중소도시의 장애인콜택시와 저상버스 보급률은 여전히 낮아, 중증장애인들이 병원 · 관공서 · 학교 등 일상 목적의 이동조차 어려운 상황이다.

예약 시스템의 복잡성과 대기 시간 문제는 특히 정보에 취약한 고령 장애인에게 이중 장벽으로 작용하고 있다. 이 사례는 이동권이 단순한 편의가 아닌, 헌법적 권리로서 실질적 보장을 받아야 함을 시사하며, 국가와 지방정부의 책임성 강화가 필요하다는 사회적 목소리를 보여준다(에이블뉴스, 2025.05.08)

〈사진 11-1〉

출처: 에이블뉴스(2025.05.08.), "여전히 먼 이동권 보장의 길", 장애인콜택시 해결 과제 산적, https://www.ablenews.co.kr/news/articleView.html?idxno=221152

이러한 자료는 전국적으로 저상버스와 특별교통수단의 도입률이 충분하지 않고, 교통약자 인구가 지속적으로 증가함에도 불구하고 지역별 격차가 심각함을 보여준다. 이는 장애인 이동권 보장을 위한 인프라 확충과 정책적 지원이 여전히 시급함을 시사한다.

(2) 공공시설 및 의료기관 접근성

장애인 편의시설은 설치 의무 기준이 면적, 건축 연도 등에 따라 달라 실질적 접근권을 보장하지 못하고 있다. 특히 공공건물과 의료기관에서의 시설 미설치 비율은 권리 침해로 이어지고 있다(서울대학교 법학전문대학원 공익법률센터, 2025).

(3) 지역 및 환경적 격차

수도권과 비수도권, 대도시와 중소도시 간 교통 인프라의 격차가 심화되고 있으며, 광역이동지원센터 등 제도적 장치 또한 기능적 한계에 직면해 있다. 이러한 지역 간 불균형은 장애인의 이동권 실현을 구조적으로 제약한다(참여연대, 2024)

3) 정책적 대안과 해외사례

장애인의 이동권을 실질적으로 보장하기 위해서는 법·제도의 통합적 개편, 예산 확보, 권리구제 수단 강화와 함께 선진국의 사례를 반영한 정책 설계가 필요하다(오유빈, 2025; 이수기, 2024; 김동현, 2024).

(1) 해외 주요국의 이동권 정책

미국(ADA), 영국(DDA), 일본(배리어프리법) 등은 교통과 공공시설 접근성을 법적으로 의무화하고 위반 시 제재를 부과한다. 프랑스는 다양한 교통수단을 운영하며 지역 맞춤형 이동 서비스를 제공한다(오유빈, 2025; 김동현, 2024).

① 미국 - ADA에 의한 전면적 법제화

미국은 「장애인법(ADA)」[2)]을 통해 대중교통, 공공시설, 도로 전반에 걸쳐 barrier-free 환경을 의무화하고, 위반 시 강력한 법적 제재를 부과하는 등 연방정부 차원의 포괄적 접근성 보장 체계를 운영하고 있다(오유빈, 2025; 김동현, 2024).

② 영국 - DDA와 합리적 편의제공의 법적 보장

영국은 「장애차별금지법(DDA)」[3)]을 통해 교통, 건물, 서비스 접근성 기준을 명확히 하고, 합리적 편의 제공 의무와 함께 위반 시 시정명령과 손해배상 등 실효성 있는 구제수단을 법적으로 보장하고 있다(이수기, 2024).

③ 일본 - 배리어프리법[4)]과 지역 맞춤형 정책

일본은 「배리어프리법」에 따라 신축 및 기존 공공시설의 접근성 기준을 단계적으로 강화하고, 정부 재정지원을 통해 지역 맞춤형 교통수단 도입과 이동권 증진

---

2) 1990년 제정된 미국의 장애인법(Americans with Disabilities Act of 1990; ADA)은 장애인 차별금지와 관련한 권리장전으로 평가되면서 세계 각국의 입법에 큰 영향을 미쳤다.

3) 영국은 1904년 산업재해를 입은 장애인 근로자를 위한 직업재활과 직업훈련을 시작한다. 1944년 '장애인고용법(The disabled Persons Employment Act, 1944)'을 제정하고 할당고용제(Quota system, 20명 이상 사업체 3% 고용)를 실시한 것도 영국이고, 1995년 의무고용제도를 완전 폐지하고 '장애인차별금지법(Disability Discrimination Act, DDA)'으로 정책의 방향을 인권 중심으로 전환한 것도 영국이다.

4) '배리어프리법'은 시행 후 16년이 지난 현재 기존에 시행된 어떤 정책보다 장애인이나 고령자에게 환경적 변화에 대한 체감 정도가 크고, 일본에서 가장 의미 있는 제도적 진전이라고 평가받고 있다. 배리어프리법의 의미는 기존 법률에 비해 장애의 범위가 확대됐다는 것이다. 과거에는 고령자나 신체장애인이 대상이었지만, 이에 더해 지적·정신·발달장애인을 정책의 대상자로 명확하게 규정했다. 이러한 대상자 확대는 도시 환경 개선과 관련해 이용자의 관점에서 생활에서 발생하는 모든 면의 '장애물'을 제거해야 한다는 개념으로 전환했다.

정책을 병행 추진하고 있다(오유빈, 2025; 김동현, 2024).

(2) 국내 정책 개선 방향

저상버스 전면 도입, 특별교통수단 기준 강화, 접근성 인증제 확대, 편의시설 미설치에 대한 행정처분 도입 등이 요구된다. 이는 실효성 있는 이동권 보장을 위한 핵심 제도 개선 과제로 평가된다(보건복지부, 2025; 참여연대, 2024).

① 교통수단 기반 인프라의 확충

저상버스 100% 도입, 휠체어 탑승 고속·시외버스 도입 의무화, 특별교통수단 기준 상향 및 광역이동지원센터 확대 등은 장애인의 실질적 이동권을 실현하기 위한 핵심적인 교통 인프라 정책 과제로 제시되고 있다(보건복지부, 2025; 참여연대, 2024).

② 접근성 인증 및 편의시설 제도 개선

모든 교통수단과 여객시설에 대한 접근성 평가·BF 인증 강화, 편의시설 미설치 시 행정처분 및 예산 연계 등 실효성 있는 제도 도입이 요구되며, 현재는 신축 공공시설 중심으로 적용되나 민간시설로의 확대가 필요하다(보건복지부, 2025).

③ 예산 확보 및 정책 집행의 구조 개선

이동권 보장을 위한 예산의 안정적 확보와 함께 정책의 실효성을 높일 평가·감독체계 마련이 필수이며, 중앙정부뿐 아니라 지방정부, 교통사업자, 시민사회가 공동으로 책임지는 구조로의 전환이 필요하다(참여연대, 2024).

(3) 통합적 접근 및 당사자 참여

법령의 일원화, 권리구제 절차 간소화, 인식개선 교육 확대, 장애인의 정책참여 보장, 민관 협력 기반의 정책 추진체계 마련이 필수적이다(서울대학교 법학전문대학원 공익법률센터, 2025; 참여연대, 2024).

① 이동권 관련 법제의 통합과 실효성 제고

교통약자법, 편의증진법, 장애인차별금지법 등 관련 법제의 통합 및 실효성 강화가 필요하다. 법령의 일원화와 권리구제 절차의 간소화, 신속한 행정심판 및 소송 지원 체계가 마련되어야 한다(서울대학교 법학전문대학원 공익법률센터, 2025).

② 이동권 인식개선과 당사자 참여 기반 확대

이동권 교육 및 인식개선 캠페인, 장애인 당사자 및 시민사회단체의 정책 설계 참여 보장 등 다층적 접근이 필수적이다. 이는 이동권을 '배려'가 아닌 '권리'로 인식하는 사회적 전환의 기반이 된다(김동현, 2024; 참여연대, 2024).

③ 협력적 이동권 보장 거버넌스 구축

정부, 지자체, 교통사업자, 시민사회가 협력하는 통합적 이동권 보장 거버넌스 체계 구축이 필요하다. 정책의 수립, 집행, 평가 전 과정에 장애인 당사자와 이해관계자 참여를 제도적으로 보장해야 한다(참여연대, 2024; 서울대학교 법학전문대학원 공익법률센터, 2025).

2. 장애인 의료복지의 형식화와 서비스 단절

1) 의료접근성의 구조적 문제

장애인 건강권은 「장애인 건강권 및 의료접근성 보장에 관한 법률」로 법제화되었으나, 실제 의료접근성은 지역, 기관, 장애유형별로 큰 격차가 존재한다. 건강주치의제, 건강검진기관, 재활의료 전달체계 등에서 구조적 한계가 반복되고 있다(김유휘 외, 2025; 김현아, 2024).

(1) 건강주치의제의 한계

장애인 건강주치의 제도는 2018년 시범사업으로 도입됐으나 2024년까지 대상 확대에도 참여율이 0.2 %에 불과할 만큼 저조하고(뉴시스, 2024.08.26), 의료기관 · 인력 부족 · 낮은 인지도, 수도권-농촌 격차, 의료 · 복지 연계 부재가 겹쳐 장애인이 필수 진료를 포기하는 사례가 이어지므로, 제도 내실화와 지역 격차 해소가 시급하다(보건복지부, 2025; 김유휘 외, 2025; 김경식, 2025).

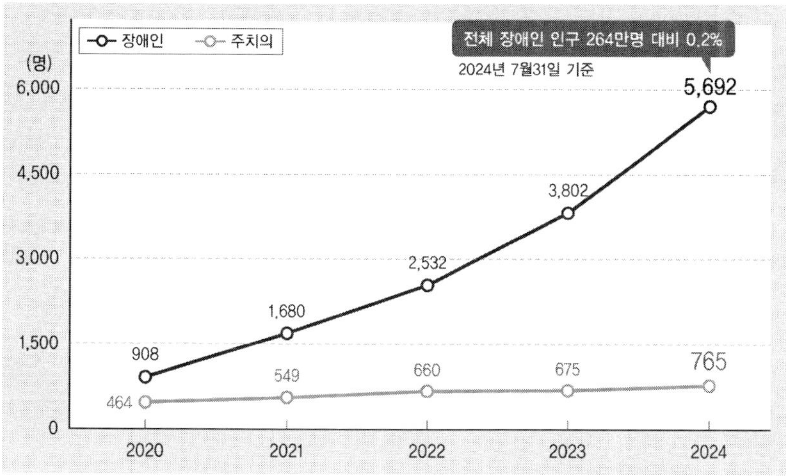

〈그림11– 1〉 장애인 건강주치의 시범사업 참여 장애인 및 주치의 현황

출처: 보건복지부, 서미화 더불어민주당 의원실, 뉴시스(2024.08.27)[5)]

(2) 건강검진기관 접근성 격차

장애인 친화형 건강검진기관은 수도권에 편중되어 있어, 농어촌 및 도서 지역의 장애인은 접근 자체가 어려운 상황이다. 이러한 지역적 불균형은 검진 수검률 저하와 건강 상태 관리의 격차로 이어지고 있다. 결국, 의료자원의 불균형이 건강권 침해로 연결되고 있다(김현아, 2024).

(3) 재활의료 전달체계 미흡

재활의료서비스는 지역 간 공급 불균형, 전문인력 부족, 체계적인 사례관리 미비 등 구조적 문제를 안고 있다. 특히 중증장애인의 장기적 재활지원이 단절되는 경우가 많다. 공공재활병원 등 국가 차원의 인프라 확충이 시급히 요구되고 있다(보건

5) 뉴시스. (2024. 8. 27). [단독]'장애인 주치의' 제도…대상 확대해도 참여율 0.2%, 왜? https://www.newsis.com/view/NISX20240826_0002863106

복지부, 2025).

(4) 현장 사례와 사회적 파장

최근 2년간 발달장애인 사망사건 등 사회적 참사가 20여 건 발생, 이는 사회 안전망의 부실과 지역사회 통합돌봄의 한계를 드러내고 있으며(KBS 뉴스, 2024.05.22)[6], 장애인 가족의 돌봄 부담, 긴급 지원 체계 부재, 사례관리의 한계 등이 반복적으로 지적되고 있다.

2) 서비스 전달체계의 한계

의료복지서비스는 단편적 · 형식적으로 제공되는 경우가 많아, 장애인의 실질적 건강권 보장에 한계가 있다. 의료기관 편의시설, 의료진 역량, 정보연계 등 전달체계의 미비가 반복적으로 지적된다(박진희, 2023; 보건복지부, 2025).

(1) 의료기관 편의시설 부족

장애인 편의시설의 전반적인 설치율이 낮고, 특히 민간의원급 의료기관에서는 물리적 접근 환경조차 갖춰지지 않아 장애인의 일상적 의료 이용을 구조적으로 제약하며, 의료현장의 기본적 접근권 보장이 이루어지지 못하고 있다(김현아, 2024).

(2) 의료진 장애 인식 및 역량 부족

의료진 대상 장애 인식 교육은 이행률이 낮고 실효성도 미흡하여, 진료 및 상담

6) [KBS] '발달장애인 사망' 2년 간 20여 건…"사회 안전망 부실" (2024.05.22.): https://www.youtube.com/watch?v=g2kRziIaH6I

과정에서 비장애인 중심의 응대와 편견이 지속되며, 이는 장애인 환자의 의료 불신과 진료 포기로 연결되는 악순환을 야기한다(김현아, 2024).

(3) 의료-복지 연계 미흡

의료와 복지서비스 간 정보공유 및 사례관리 연계체계가 전산시스템 기반으로 제대로 구축되지 않아, 장애인 대상 통합적 지원의 연속성과 효율성이 저하되고, 지역사회 기반의 맞춤형 돌봄 실현에도 한계를 드러내고 있다(보건복지부, 2025).

3) 정책 개선 과제

장애인 의료복지의 실효성을 높이기 위해서는 건강주치의제 고도화, 의료기관 접근성 강화, 재활의료 전달체계 개선 등 다층적 정책 개선이 필요하다. 2025년 정부는 관련 예산과 사업을 대폭 확대할 계획이다(보건복지부, 2025).

(1) 건강주치의제 확대 및 실 관리

장애인 건강주치의 제도는 2018년 도입 이후 '장애인 건강권의 일상적 보장'을 목표로 했으나, 구조적 한계로 실효성을 확보하지 못했다. 다음 세 가지 핵심 문제는 제도의 고도화를 위해 반드시 해결해야 할 과제다(에이블뉴스, 2025; 김유휘 외, 2025)..

① 참여 의료기관 · 주치의 부족

주치의로 등록된 의료기관과 의사 수가 절대적으로 부족해 대상자당 대기시간이 길어지고 중증 장애인의 연속적 관리가 사실상 불가능하며, 농어촌 · 도서지역은 주치의 공백이 심화되어 방문진료 · 응급 연계가 단절된다.

② 낮은 제도 인지도와 대상자 등록률

장애인 · 가족과 의료진 모두 제도를 충분히 알지 못해 등록률이 10%대에 머물고, 경증 · 청년 장애인은 접근 경로조차 찾지 못하는데, 이는 홍보 부족과 복잡한 신청 절차가 제도 이용을 더욱 저해하기 때문이다.

③ 지역 편차 및 구조적 결함

수가 산정 기준 · 진료지침 표준화가 미비하고 다직종 참여가 제한돼 지역별 서비스 질 격차가 확대되며, 정보 공유 플랫폼 부재로 검진기관 · 보건소 · 재활센터 간 연계가 원활히 이뤄지지 않는다(김유휘 외, 2025).

(2) 장애친화 건강검진기관 확충

장애인 친화 건강검진기관이 수도권에 집중된 반면 농어촌 및 도서지역에서는 접근성 자체가 제한되어, 건강검진 수검률 저하와 함께 장애인의 건강 상태 유지와 조기질환 발견에 있어 지역 간 심각한 불균형이 나타나고 있다(김현아, 2024).

(3) 재활의료 전달체계 고도화

재활의료 전달체계는 지역 간 인프라 편중, 전문인력 부족, 사례관리 미비 등으로 인해 장애인의 지속적 재활 지원이 제한되고 있으며, 특히 중증장애인을 위한 통합적 재활 접근을 위해 공공재활병원 등 국가 주도의 기반 확충이 시급하다(보건복지부, 2025).

3. 장애인 활동보조 서비스의 단절과 개선

1) 서비스 공급 구조의 문제

장애인 활동지원서비스는 장애인의 자립과 사회참여에 필수적이지만, 인력 부족, 낮은 처우, 서비스 시간 제한 등 공급 구조의 한계가 심각하다(이동영 · 박경하, 2023; 한국장애인개발원, 2024).

(1) 최중증 장애인 돌봄 위기와 정책 과제

최중증 장애인 돌봄은 인력 부족과 낮은 처우로 서비스 질이 저하되고, 가족 부담과 자립 제한이 심화되어 탈시설 정책의 실효성을 위해 24시간 돌봄체계와 인력 처우 개선이 시급하다(월간조선, 2025. 2월호).

〈사례 11-2〉 중증장애인 전문 활동지원기관 신설–고난도 수당을 추가

2025년 3월 발표된 서울시 실태조사에 따르면, 장애인활동지원사들의 월평균 소득은 201만 원 수준으로, 낮은 임금과 불안정한 노동환경에 대한 처우 개선 요구가 제기되었다. 지원사 부족으로 중증장애인의 활동지원 서비스가 중단되거나 지연되는 사례가 지속되며, 이는 장애인의 자립생활권을 위협하는 구조적 문제로 지적되었다. 서울시는 이에 대응해 중증장애인 전문 활동지원기관 4곳을 신설하고, 고난도 수당을 추가 지급하는 등 제도 개선에 착수했다(에이블뉴스, 2025.03.25)

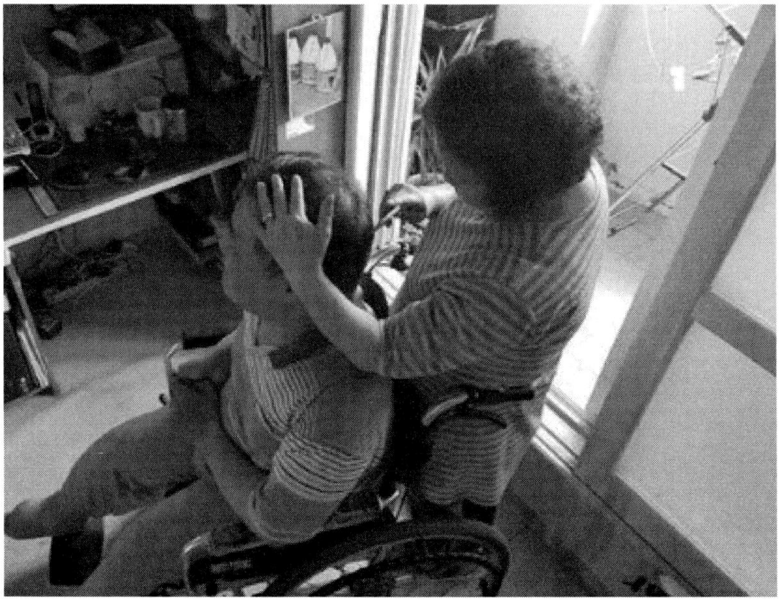

〈사진 11-2〉

출처: 에이블뉴스(2025.03.25), 장애인활동지원사 월평균 201만원 번다 "처우개선" 호소, https://www.ablenews.co.kr/news/articleView.html?idxno=219854&utm_source=chatgpt.com

(2) 서비스 시간 상한 및 범위 제한

활동지원 서비스는 기본 지원 시간이 한정되어 있고, 긴급 상황이나 야간 · 휴일 돌봄 제공이 매우 미흡하여 다양한 욕구 충족이 어렵고, 특히 최중증 장애인의 경우 24시간 연속 돌봄체계 구축이 시급한 과제로 대두되고 있다(한국장애인개발원, 2024).

(3) 지역 간 서비스 격차

활동지원서비스는 수도권과 비수도권, 도시와 농촌 간 인력 배치와 이용 가능 시간에 현저한 차이가 존재하며, 지역적 특성과 수요를 반영한 맞춤형 인력 확보와 예산 배분을 통해 형평성 있는 서비스 전달체계 마련이 요구된다(이동영 · 박경하, 2023).

2) 이용 경험과 서비스 질

활동보조 서비스는 장애인의 사회참여와 자립에 긍정적 영향을 미치지만, 서비스 단절 시 가족 돌봄 부담 증가, 사회성 개발 기회 제한 등 부정적 영향도 크다(김경미, 2023).

(1) 서비스 이용 후 자립감 향상

활동지원서비스를 이용하는 장애인은 외출 빈도와 사회활동 참여가 증가하고 자율성과 자립감이 높아지며, 이는 서비스의 지속 여부가 개인의 삶의 질과 사회적 통합 수준에 실질적인 영향을 미친다는 점에서 매우 중요한 함의를 갖는다(김경미, 2023).

(2) 서비스 단절 시 가족 부담 증가

서비스가 중단되면 가족 구성원의 돌봄 부담과 정서적 스트레스가 크게 증가하고, 장애인의 사회참여 기회가 현저히 제한되며, 이는 돌봄 책임의 불균형과 가족 해체 위험까지 초래할 수 있어 가족지원 정책의 연계 강화가 절실히 요구된다(김경미, 2023).

(3) 이용자-보조인 관계의 중요성

활동지원서비스의 효과는 이용자와 보조인 간의 신뢰 형성, 의사소통의 원활성,

상호 존중 여부에 따라 크게 달라지며, 보조인의 역량 향상을 위한 체계적인 교육과 지원체계 구축이 서비스 만족도와 삶의 질 향상에 필수적으로 요구된다(김정은, 2020).

3) 정책 개선 방향

서비스 질 제고, 인력 처우 개선, 지역 격차 해소, 긴급돌봄 확대 등 다각적 정책 개선이 요구된다. 정부는 2025년 활동지원 예산을 대폭 증액하고, 맞춤형 지원체계를 확대할 계획이다(보건복지부, 2025).

(1) 인력 처우 개선 및 교육 강화

활동보조 인력의 임금 인상, 감정노동 보호, 경력 개발 기회 제공은 인력의 장기 근속과 전문성 확보를 위한 핵심 조건이며, 이는 서비스 질 향상뿐 아니라 돌봄 노동의 사회적 가치를 제도적으로 보장하는 정책 기반으로 반드시 마련되어야 한다(이동영 · 박경하, 2023).

(2) 24시간 · 맞춤형 서비스 확대

야간 · 휴일 돌봄 제공, 서비스 시간 상한 완화, 긴급상황 대응 체계 보완 등은 다양한 돌봄 수요에 유연하게 대응하기 위한 핵심 방안이며, 특히 최중증 장애인을 위한 24시간 상시 지원체계와 이를 운영할 인프라 및 인력 기반 구축이 정책적 우선과제로 제시되고 있다(보건복지부, 2025).

(3) 지역 격차 해소 및 표준화

활동지원서비스의 지역 간 편차를 해소하기 위해 서비스 표준화, 신청·이용 절차의 간소화, 통합적 관리체계 구축이 요구되며, 지역별 수요를 반영한 맞춤형 자원 배분과 행정 지원, 중장기 로드맵에 기반한 균형 발전 전략이 함께 병행되어야 한다(한국장애인개발원, 2024).

4. 정신건강복지센터의 대응 한계

1) 전달체계 및 인프라 부족

정신건강복지센터는 중증정신질환자와 장애인의 지역사회 복귀 및 자립을 지원하는 핵심 기관이지만, 인력과 예산 부족, 서비스 표준화 미흡, 지역 간 접근성 격차 등 구조적 한계가 지속되고 있다(국립정신건강센터, 2022; 이상훈, 2020; 연합뉴스, 2019).

(1) 인력 및 예산 부족

상담, 사례관리 등 핵심 기능 수행에 필요한 인력과 예산이 부족하고, 전문요원 수는 OECD 평균의 6분의 1 수준이며, 근속기간도 짧아 전문성 유지가 어렵고, 예산은 인건비 중심으로 운영 여력이 부족하다(이상훈, 2020; 한국정신건강사회복지학회, 2024; 연합뉴스, 2019; 국회예산정책처, 2023).

(2) 지역 간 센터 접근성 격차

정신건강복지센터와 전문요원이 수도권 · 대도시에 집중된 반면, 농어촌 · 지방은 인력 · 시설 · 예산 모두 열악해 인구 10만 명당 센터 수와 인력 규모의 격차가 크고, 이는 정신건강 서비스 접근성 불균형을 심화시키고 있다(한국정신건강사회복지학회, 2024).

(3) 위기대응체계 미비

정신질환자의 자해 및 자살 위험 등 위기상황 발생 시 신속하고 통합적인 대응체계가 마련되어 있지 않고, 사례관리자 1인이 과도한 사례를 담당함으로써 위기개입과 긴급대응의 실효성이 저하되며, 유관기관 간 연계 부족도 중대한 문제로 지적되고 있다(국립정신건강센터, 2022).

2) 서비스 내용과 접근성 문제

정신건강복지센터의 서비스는 예방 · 조기개입, 중증 · 중복장애인 맞춤형 서비스, 가족지원 등에서 지역별 편차와 한계가 크다. 서비스의 내용과 접근성 모두에서 불평등이 심화되고 있다(정신건강복지센터 운영실태 보고서, 2023).

(1) 예방 · 조기개입 미흡

정신건강 문제를 조기에 발견하고 개입할 수 있는 체계가 지역별로 미비하여, 조기 증상을 방치하거나 간과하는 사례가 증가하고 있으며, 이는 만성화와 재발 가능성을 높이고 서비스 연계의 시의성을 저해하는 주요 요인으로 작용하고 있다(정신건강복지센터 운영실태 보고서, 2023).

(2) 중증 · 중복장애인 맞춤형 서비스 부족

중증 및 중복 정신질환자를 위한 통합적이고 표준화된 맞춤형 서비스가 현저히 부족하며, 장기입원 환자의 지역사회 복귀를 지원하는 체계도 미흡하여, 임상심리, 작업치료, 사회복지 등 다학제적 접근이 제 기능을 발휘하지 못하고 있다(이은정, 2023).

(3) 가족지원 및 사회복귀 프로그램 편차

가족상담, 보호자 지원, 사회복귀 프로그램의 제공 수준은 지역에 따라 큰 차이를 보이고 있으며, 일부 지역은 관련 서비스가 거의 부재하여 돌봄 부담이 가족에게 과도하게 집중되고, 이는 돌봄 지속성과 삶의 질 저하로 직결되고 있다(정신건강복지센터 운영실태 보고서, 2023).

3) 정책 개선 및 대안

정신건강복지센터의 인력 · 예산 확충, 서비스 표준화, 전문인력 양성, 지역사회 기반 통합지원체계 구축 등이 시급하다. 정부와 지자체, 민간의 협력적 거버넌스 강화가 요구된다(보건복지부, 2025).

(1) 인력 · 예산 확충 및 전문인력 양성

정신건강복지센터의 핵심 기능 수행을 위해 센터별 전문 인력 증원, 처우 개선, 임상심리 · 작업치료 등 분야별 전문인력의 체계적 양성이 시급하며, 장기근속을 유도할 수 있는 교육 · 보수 체계의 정비와 직무 지속성 확보가 반드시 병행되어야 한다(이상훈, 2020).

(2) 서비스 표준화 및 통합지원체계

정신건강서비스의 지역 간 편차 해소와 질적 향상을 위해 전국 공통의 서비스 표준화와 지역사회 기반 통합지원체계 구축이 필요하며, 다학제 협력팀 운영과 사례관리자 1인당 담당자 수의 적정 조정을 위한 인력 기준 마련도 함께 요구된다(정신건강복지센터 운영실태 보고서, 2023).

(3) 응급상황 대응매뉴얼 및 가족상담 확대

정신건강 위기상황에 효과적으로 대응하기 위해 전국 단위의 표준화된 대응매뉴얼 마련, 가족상담 및 보호자 지원 서비스의 확대, 위기개입 전문팀의 설치 · 운영을 통해 위기관리 역량과 서비스의 연계성을 동시에 강화해야 한다(보건복지부, 2025).

5. 통합적 의료·복지 서비스로의 전환

1) 통합돌봄 시범사업의 현황과 한계

지역사회 통합돌봄(커뮤니티케어) 시범사업은 의료-복지-돌봄의 연계 강화를 목표로 추진되었으나, 서비스 연계 미흡, 예산 · 인력 부족, 전달체계 분절 등 한계가 반복되고 있다(김지현, 2023; 보건복지부, 2025).

(1) 서비스 연계 및 조정 기능 미흡

사례관리자 1인당 담당 장애인 수가 과도하게 많고, 각 서비스 간 연계와 조정 기능이 체계적으로 작동하지 않아, 이용자의 복합적 욕구에 기반한 맞춤형 지원이 현장에서 제대로 이루어지지 못하고, 서비스 누락과 중복을 초래하는 구조적 한계로 이어지고 있다(김지현, 2023).

(2) 예산 · 인력 · 인프라 부족

지역 간 재정 자원의 편차와 함께 예산과 전문인력의 절대적 부족, 공공 인프라의 불균형이 복합적으로 작용하여, 복지 · 의료 · 주거 간 실질적인 협업 체계가 제대로 작동하지 못하고 있으며, 서비스 연속성에도 심각한 제약을 주고 있다(보건복지부, 2025).

(3) 정보공유 및 평가시스템 부재

부처와 기관 간 연계된 정보공유 체계가 미흡하고, 데이터 기반의 성과 평가 시스템이 구축되어 있지 않아, 통합돌봄 서비스의 효과성을 객관적으로 측정하거나 지속가능한 정책 개선으로 연결하는 구조적 메커니즘이 부재한 상태이다(보건복지부, 2025).

2) 해외 통합서비스 모델과 시사점

영국, 일본, 북유럽 등은 의료-복지-돌봄의 통합서비스 보델을 운영하며, 국내 정책에 다양한 시사점을 제공한다(국민건강보험공단, 2023; 박정수, 2022; 김정은 외, 2023).

(1) 영국 NHS의 통합케어

영국 국가보건의료서비스(NHS)[7]는 '통합케어시스템(ICS)[8]'을 통해 GP[9], 정신보건 전문가, 사회복지사 등 다학제 팀[10]이 실시간 정보공유로 의료 · 복지 · 돌봄을 연계하며, 지역사회 중심의 맞춤형 예방적 서비스를 제공한다(국민건강보험공단, 2023; 김유휘 외, 2017).

(2) 일본 지역포괄케어시스템

일본의 '지역포괄케어시스템'은 의료와 복지, 돌봄, 주거, 예방, 생활지원 등 다양한 서비스를 지역사회에서 통합적으로 제공하는 모델이다. 고령자와 장애인을 위한 맞춤형 서비스와 정보공유 플랫폼이 구축되어 있으며, 공공과 민간의 연계가 활발하다(박정수, 2022).

(3) 북유럽 다학제 협력체계

북유럽(스웨덴, 덴마크 등)은 의료, 복지, 돌봄 분야의 다양한 전문인력이 다학제 팀을 이뤄 통합서비스를 제공한다. 환자 개개인의 욕구에 맞춘 맞춤형 서비스 설계와 평가가 이뤄지며, 지역사회 기반의 예방 · 재활 · 자립지원이 강조된다(김정은

7) NHS(National Health Service)는 진료비가 전액 무상이며, GP(일반의)를 중심으로 1차 진료가 시작되고 필요시 전문의 및 병원 진료로 연계되는 체계를 갖추고 있다. 그러나 환자 수요 증가와 재정 부담으로 인해 대기시간 지연, 서비스 질 저하, 의료진 부족 문제가 동시적으로 제기되고 있다(나무위키. *NHS*) https://namu.wiki/w/NHS(검색일: 2025.5.20))

8) ICS(Integrated Care System)는 NHS, 지방정부, 민간 등 다양한 기관이 지역 단위에서 건강 · 복지 서비스를 통합적으로 기획 · 운영하는 협력체계이다(The King's Fund, 2022).

9) GP(General Practitioner)는 일반의로, 다양한 연령과 질병을 가진 환자들에게 1차 진료를 제공하는 의사이며, 만성질환 관리, 예방의학, 초기 진단 및 전문의 의뢰 등의 포괄적인 의료 서비스를 수행한다(Wikipedia. *General practitioner*. https://en.wikipedia.org/wiki/General_practitioner(검색일: 2025.5.20)).

10) 다학제 팀(MDT)은 GP, 간호사, 사회복지사 등 다양한 전문가로 구성되어 지역사회 주민의 복합적 건강 · 복지 욕구에 대응한다(NHS England, 2024).

외, 2023).

(4) 해외 복지모델 비교와 장애인복지 시사점

해외 통합돌봄 모델은 노인뿐 아니라 장애인복지에도 시사점을 주며, 한국도 노인 중심에서 장애인을 포함한 지역 기반 맞춤형 돌봄으로 확장하고자 의료 · 복지 연계, 자립지원, 다학제 협력과 지역사회 참여를 강화할 필요가 있다.

3) 정책 개선 방향

통합사례관리자 양성, 서비스 연계 · 조정 기능 강화, 지역 복지거점 · 방문서비스 · 주거지원 인프라 확충, 정보공유 · 평가시스템 도입 등이 정책 개선의 핵심이다(보건복지부, 2025).

(1) 통합사례관리자 양성 및 전문성 강화

사례관리자는 통합 서비스 조정과 개별 욕구 대응의 중심 주체로서, 전문성 강화를 위한 체계적인 교육과정 마련, 자격 기준 정립, 역할 명확화가 필요하며, 다학제 협력팀 내 효과적 소통과 실무 실행 능력을 함께 갖출 수 있도록 정책적 뒷받침이 요구된다(김지현, 2023).

(2) 서비스 연계 · 조정 기능 강화

통합돌봄 내 다양한 기관 간 연계 강화를 위해 정보공유 시스템의 기술적 기반 구축, 전달체계 간 조정 프로세스 확립, 부처 간 협업 메커니즘 정례화가 필요하며, 객관적 성과 분석과 데이터 기반 정책 설계 능력의 고도화도 함께 추진되어야 한다

(보건복지부, 2025).

(3) 지역 인프라 확충 및 데이터 기반 정책

지역사회 돌봄 인프라 확충은 복지거점 중심의 자원 통합, 방문형 서비스 확대, 주거환경 개선과 더불어, 데이터 기반으로 수요를 예측하고 자원을 배분하는 시스템을 정교화하여 지역 간 격차를 해소하고 정책의 지속 가능성을 확보하는 것이 중요하다(보건복지부, 2025).

6. 장애인 권리옹호와 사회참여의 실질적 보장 실패

1) 권리옹호 체계의 한계

장애인 권리옹호는 장애인의 인권과 시민권을 실질적으로 보장하기 위한 핵심 장치이지만, 국내 권리옹호체계는 법적·제도적 미비, 역할의 분절, 인력·예산 부족 등 구조적 한계에 직면해 있다(더인디고, 2024; 에이블뉴스, 2024; KDI 정책연구, 2024).

(1) 법적 근거와 역할의 제한

장애인권익옹호기관은 장애인복지법 개정으로 중앙·지방에 설치 의무가 생겼으나, 실제 역할은 학대 사건 피해구제에만 한정되어 있다. 차별·시민권 침해 등 폭넓은 권리옹호는 실질적으로 다루지 못한다(에이블뉴스, 2024).

(2) 조사권 및 구제권의 미흡

현행 인권센터와 권익옹호기관은 법률상 조사권이 매우 제한적이고 중앙정부의 재정 및 제도적 지원도 부족하여, 권리침해에 대한 실질적인 구제와 사후관리, 자립지원을 아우르는 통합적 권리보장 체계가 작동하지 못하고 있다(KDI 정책연구, 2024).

(3) 분절적 실행기구와 혼란

국가인권위원회, 권익옹호기관, 인권센터, 발달장애인지원센터 등이 각각 별도로 운영되어 기능과 역할이 중복되고 전달체계 연계도 부족해 정책 현장에서 혼란이 발생하며, 이를 해소할 통합적 P&A 시스템(Protection and Advocacy, 보호와 권익옹호) 구축 논의가 시급하다(비마이너, 2016).

2) 사회참여와 정보접근 격차

장애인의 사회참여와 정보접근은 권리옹호와 더불어 자립생활의 핵심 요소이나, 교육, 고용, 정보, 정치 등 모든 영역에서 구조적 차별과 정보격차가 지속되고 있다. 특히 장애인 당사자 참여 기반의 정책 설계와 정보접근성 강화가 시급하다(한국장애포럼, 2025; 더인디고, 2024).

(1) 교육 · 고용 · 정치 참여의 한계

2023년 기준 전체 등록 장애인의 51.6%가 중졸 이하 학력에 머물고 있으며, 고등교육 진입과 노동시장 참여, 정치적 대표성 확보에 있어서도 실질적인 기회가 부족하여, 장애학생의 권리보장과 참여 촉진을 위한 제도적 지원 강화가 요구된다(한국장애포럼, 2025).

(2) 정보접근성 및 디지털 격차

장애인의 디지털 접근권은 여전히 제한적이며, 공공정보와 민간 온라인 서비스 모두에서 웹 접근성 보장 수준이 낮고, 보조공학 기기와 사용자 맞춤형 정보서비스에 대한 국가 차원의 지원과 법제 개선이 시급하다(더인디고, 2024).

(3) 당사자 참여와 정책 반영

장애인 당사자의 실질적 참여 기반 확대를 위해 장애인단체 중심의 정책 설계 참여, 민관협의체 구성의 제도화, 인식개선 캠페인 확대와 같은 지속적 실천이 필요하며, 이는 권리 중심 복지 실현의 핵심 경로로 작용한다(SADD, 2024).

3) 장애인 고용과 사회참여의 실패

장애인 고용은 자립과 참여의 핵심임에도 불구하고, 제도의 실효성 부족과 사각지대 방치로 인해 구조적 차별과 사회적 배제가 지속되고 있다.

(1) 장애인 고용의 구조적 한계

장애인 고용은 법적 의무에도 불구하고 실제 이행률이 낮고, 기업은 직무 부담과 비용 문제를 이유로 부담금 납부를 선호하며, 경계선 지능인 등은 복지와 고용 모두에서 배제되고 있다(SBS 8뉴스, 2024.05.22; SBS 뉴스, 2025.02.02).

(2) 고용정책의 실효성 한계

장애인 고용장려금과 의무고용제는 실효성이 낮고 기업의 인식 개선, 맞춤형 직무 개발, 채용 후 적응 지원 등 후속 조치가 미흡하며, 특히 경계선 지능인 등 비법정 대상자는 정책 대상에서 제외되어 다중적 배제와 차별에 노출되고 있다.

(3) 정책 개선 방향

장애인 고용의 질적 · 양적 향상을 위해 다음과 같은 정책 개선이 필요하다.

① 의무고용제 실효성 강화

고용부담금을 단계적으로 인상하고 미이행 기관 명단을 공개하여 의무고용제를 실질적인 채용 유도 장치이자 기업 책임 강화 수단으로 전환해야 한다.

② 경계선 지능인 고용 · 복지 통합 지원

법적 사각지대인 경계선 지능인을 별도 고용 · 복지 지원대상으로 규정하고, 맞춤형 취업훈련과 소득보장 연계체계를 동시에 마련해야 한다.

③ 맞춤형 고용연계 · 직무 유지지원 강화

직무 적합성 기반 채용 매칭, 현장 적응훈련, 직무 유지 코칭, 의무적 인식개선 교육으로 장기 근속과 안정적 경력 형성을 지원한다.

④ 공공선도–민간확산 거버넌스

공공부문 선도 채용을 확대하고 민간 확산을 위해 인센티브 · 전문 컨설팅을 제공하며, 정책 설계 · 집행 전 과정에 장애인 당사자 참여를 제도화한다.

4) 권리 기반 복지 실현 과제

UN장애인권리협약(CRPD, Convention on the Rights of Pers ons with Disabilities) 등 국제 기준에 맞는 권리 기반 복지 실현을 위해서는 법제 정비, 전담기구 설치, 민관협력, 당사자 참여, 실효적 권리구제체계가 필수이며, 정부의 이행전략과 정책 실행 동력 확보가 관건이다(더인디고, 2024; KDI 정책연구, 2024).

(1) 국제협약 이행과 법제 정비

UN 장애인권리협약(CRPD)의 실질적 이행을 위해서는 국내법 개정, 장애인 권리보장법 제정, 복지 패러다임의 사회적 모델 전환 등 법제 정비가 시급하며, 정부는 이를 체계적으로 추진할 수 있는 로드맵과 실행기구를 마련하고 이행 책임을 명확히 해야 한다(더인디고, 2024).

(2) 전담기구 및 민관협력체계

CRPD 이행을 총괄할 전담기구가 정부 내에 설치되어야 하며, 범부처와 민관이 참여하는 공동 이행체계가 구축되어야 하고, 이를 지속 가능하게 운영하기 위한 안정적 예산 확보와 전문 인력 배치가 병행되어야 한다(KDI 정책연구, 2024).

(3) 실효적 권리구제와 사후관리

장애인 권리보장을 실질화하기 위해서는 신속하고 실질적인 권리구제 절차, 체계적인 사후관리 및 자립지원 연계, 권리옹호기관의 독립성과 전문성 강화, 조사권과 구제권의 제도적 확대가 함께 추진되어야 한다(에이블뉴스, 2024).

토론 주제 / 논의할 문제

1. 저상버스 100% 도입, 특별교통수단 기준 상향, 법령 일원화 등을 추진할 때 중앙 · 지방 예산과 권리구제 절차를 어떻게 통합적으로 설계할 수 있을까?

2. 건강주치의 등록률 저조, 장애친화 검진기관 편중, 재활의료 전달체계 미흡 중 어떤 과제가 최우선이며, 이를 해결하기 위한 실질적 인센티브 · 규제 방안은 무엇인가?

3. 인력 처우 개선, 24시간 돌봄체계, 서비스 시간 상한 완화 가운데 무엇을 먼저 실행해야 지역 간 편차와 최중증 장애인 돌봄 공백을 효과적으로 줄일 수 있을까?

4. 인력 · 예산 확충, 서비스 표준화, 위기 대응매뉴얼 중 어느 변화가 현장에서 가장 즉각적인 효과를 낼 수 있으며, 실행을 가로막는 제도적 장애 요인은 무엇인가?

Chapter

12

재난·위기 상황에서의 사회복지 실패

1. 팬데믹 대응의 복지 시스템 미비

1) 국내 사례: 코로나19와 안전망 사각지대

코로나19 팬데믹은 한국 사회복지 시스템의 취약성과 사각지대를 명확히 드러내며, 비정규직과 돌봄 수혜자, 취약계층이 위기 상황에서 적절한 보호를 받지 못하는 구조적 문제를 부각시켰다.

(1) 고용불안과 소득보장 실패

코로나19로 특수고용직과 프리랜서 등 비정규직 노동자들은 고용보험과 실업급여 대상에서 배제되어 생계유지에 어려움을 겪었고, 정부의 긴급지원금조차 일부 계층에 미치지 못했다(김정우 외, 2023).

2021년 4월26일 특수고용직 고용보험 의무가입 시행을 앞두고 학습지노조 한 관계자가 발언하고 있다.ⓒ연합뉴스

〈사진 12-1〉 특수고용직 고용보험 의무가입 시행을 앞두고 열린 기자회견 현장.

출처: 광진구노동복지센터(2024.08.14), [단독] 특수고용직 실업급여, 누가 얼마나 받았나 보니.

※ 2024년 5월 기준 특수고용직 고용보험 가입자 80만 명 중 실업급여를 수급한 인원은 5,513명(0.7%)에 불과했으며, 평균 실업급여 월액은 139만 원으로 일반 노동자 평균의 73.7% 수준에 그쳤다(다음뉴스, 2024-08-14). 또한, 2020년 코로나19 긴급고용안정지원금 수급자 중 46%는 소득 하위 20%에 해당되었으며, 특수고용직과 프리랜서의 월평균 소득은 69.1% 감소하였다. 여성과 40~50대 중장년층의 비중이 높아 취약계층의 경제적 타격이 더욱 심각하게 나타났다(고용노동부, 2020).

(2) 돌봄서비스 중단

감염병 확산으로 돌봄센터, 복지관 등이 휴관하면서 장애인, 고령자, 아동 등 취약계층은 돌봄 공백에 방치되거나 가족의 부담이 전가되었으며, 일상과 안전에도 위협이 되었다(김태홍, 김태성, 2021).

(3) 공공의료와 사회복지 전달체계 부재

공공의료 인프라 부족과 지역 간 자원 격차, 비대면 전환의 한계로 고령층과 저소득층은 복지서비스에서 소외되었고, 위기 상황에서 복지전달체계의 사각지대 문제가 반복적으로 드러났다(박현정, 2021).

2) 국외 사례: 복지선진국의 대응 한계

복지 신진국도 코로나19 팬데믹과 같은 대규모 위기에서는 사회복지 체계의 한계를 드러냈다. 고령자 돌봄, 의료 자원 배분, 긴급 지원 제공 등에서 기존 시스템의 미비점이 나타났고, 복지국가라 불리는 국가조차 위기 상황에서는 취약함이 드러났다.

(1) 스웨덴: 요양시설 집단감염과 고령자 사망

코로나19 초기 스웨덴은 봉쇄 대신 개인 자율 방역에 의존했지만, 요양시설 집단감염이 발생하며 치명적 피해를 초래했다. 사망자의 절반 이상이 요양원 거주자였으며, 이는 정부 방역과 고령층 보호체계의 실패를 보여준다(Reuters, 2020).

(2) 일본: 병상 부족으로 인한 환자 사망

일본에서는 감염병 확산 초기에 병상과 의료인력이 충분히 확보되지 않아 입원하지 못한 환자들이 자택에서 치료 없이 사망하는 사례가 발생했다. 이는 재난 상황에서 의료 대응 체계의 한계와 사전 준비 부족이 빚은 문제로 지적된다(The Guardian, 2011).

(3) 미국: 실업대란과 긴급지원 부재

코로나19 확산과 함께 미국에서는 대규모 실업 사태가 발생했지만, 기존 사회안전망이 신속히 작동하지 못해 많은 국민들이 푸드뱅크에 줄을 서야 하는 상황이 벌어졌다. 이는 위기 속에서 사회안전망이 충분히 대응하지 못하는 구조적 문제를 보여주는 단적인 사례였다(NASW, 2019).

3) 분석 및 개선방안

재난과 위기 상황에서의 사회복지 실패는 운영 미비를 넘어, 구조적 문제와 예방 부족에서 비롯된다. 이를 해결하려면 사각지대를 줄이고, 선제적 대응 체계를 구축해야 한다. 데이터 기반 지원, 전달체계 혁신, 예산 · 인력 확충이 필수 과제로 꼽힌다.

(1) 취약계층 데이터베이스 구축과 선제적 지원 체계 마련

재난 발생 시 취약계층의 신속한 파악과 지원이 가능하도록, 평상시부터 장애인, 노인, 저소득층 등의 상황을 정기적으로 업데이트하는 데이터베이스 관리가 필요하다. 이를 기반으로 재난 시 즉각적인 보호 조치를 실행할 수 있는 선제적 지원 체계를 구축해야 한다(한국보건사회연구원, 2023).

(2) 복지전달체계의 유연성 확보와 디지털 포용성 강화

위기 상황에서는 기존 전달체계의 경직성이 문제로 작용하는 만큼, 현장과 온라인을 아우르는 복지 서비스의 유연한 제공 방식이 필요하다. 또한, 고령자나 정보취약계층도 쉽게 접근할 수 있도록 디지털 포용성을 강화하는 방안이 필수적이다(김정우 외, 2023).

(3) 재난 대비 예산과 인력의 사전적 배분

위기 상황에서의 복지 실패를 줄이기 위해서는 별도의 재난 대응 예산을 사전에 확보하고, 이를 효과적으로 운영할 수 있는 전문 인력을 평상시부터 배치해 두어야 한다. 이는 일회성 지원이 아닌, 지속가능한 복지 대응력을 강화하는 핵심 전략이다(김태홍, 김태성, 2021).

2. 재난 시 취약계층 보호 실패

1) 국내 사례: 장애인과 저소득층의 보호 부재

(1) 반지하 발달장애인 가족 참변

서울 신림동 반지하 주택에서 발달장애인 가족이 폭우로 고립되어 사망한 사건은 주거취약계층의 구조적 위험과 대피 체계 부재 문제를 단적으로 보여주며, 재난 상황에서의 사전적 보호 장치 마련의 필요성을 부각시켰다(연합뉴스, 2022).

(2) 쪽방촌 · 노숙인 대상 재난대피 계획 미비

쪽방촌과 노숙인 밀집지역의 재난대피 계획은 현장에서 제대로 작동하지 않아 반복적인 피해로 이어졌으며, 취약계층 보호의 사각지대가 심각하게 드러났고, 지역사회 돌봄망의 부재 문제까지 함께 드러났다(한국보건사회연구원, 2023).

(3) 장애인 대피시설 접근성 문제

전국 재난대피소 중 장애인이 접근 가능한 시설이 4.5%에 불과해, 장애인 안전권 보장을 위한 제도적 보완과 시설 개선의 시급성이 강조되며, 시설 안전성의 평상시 점검체계 마련이 필요하다는 지적도 나온다(Goover, 2025).

2) 국외 사례: 선진국의 약자 보호 실패

(1) 일본 동일본 대지진 시 고령자 사망률

일본 동일본 대지진 당시 사망자의 60% 이상이 65세 이상 고령자였으며, 이는 고령층의 대피 취약성과 사회적 지원체계 미비 문제를 보여주는 대표적 사례로, 고령사회 대비 안전망 강화의 중요성을 시사한다(UNDRR, 2012).

(2) 독일 장애인시설 침수 참사

독일 신치히(Sinzig)[1] 지역에서는 홍수 발생 시 정보 전달과 대피 지원 부재로 중증 장애인 12명이 사망하는 참사가 발생하며, 재난 상황에서의 정보 접근과 대피 지원의 불평등 문제가 드러나고, 재난대응 매뉴얼의 사각지대 보완 필요성이 부각되었다(HRW, 2021).

(3) 미국 허리케인 카트리나 시 흑인 저소득층 피해[2]

허리케인 카트리나 당시 미국의 흑인 저소득층 주민들이 대피 지원에서 배제되며 극심한 피해를 입었고, 이는 인종과 경제적 불평등이 재난 대응에서 더욱 심화될 수 있다는 사실을 보여주며, 사회적 약자 보호 체계의 재구축 필요성을 제기했다(HRW, 2021).

---

1) 2021년 7월 18일 · 지난 14일 밤 독일 라인란트팔츠주 아르바일러 지역당국은 아르강 양안 50m 지역 주민에 대피령을 내렸는데, 강에서 200m 떨어진 장애인시설에 격류가 들이닥쳐 미처 대피하지 못한 장애인 12명이 사망했다. https://www.yna.co.kr/view/AKR20210718056700082

2) 2005년 8월 29일, 미국 루이지애나 주 뉴올리언스를 덮친 허리케인 카트리나는 미국 역사상 최악의 자연재해 중 하나로 기록되었습니다. 이 재해로 인해 뉴올리언스의 80%가 침수되었고, 약 2,000명의 사망자와 백만명의 이재민이 발생했습니다. 카트리나는 흑인 저소득층에게 특히 심각한 피해를 입혔습니다. 저소득층 비중이 높은 흑인 대부분은 홍수에 대비한 보험에 가입해 있지 않았고, 집값이 싼 저지대 침수지역에 모여 살았기 때문에 그 피해를 고스란히 감수해야 했습니다. 이후 복구 과정에서도 뒤처질 수밖에 없었습니다.

3) 개선방안

(1) 취약계층 재난대피 매뉴얼과 훈련 의무화

재난 취약계층을 위한 맞춤형 대피 매뉴얼과 정기 훈련 프로그램의 마련은 현장 대응력 강화와 신속한 보호 실현을 위한 필수 과제로 제시되며, 이를 통해 지역 기반 안전망의 활성화도 함께 추진해야 한다(김정우 외, 2023).

(2) 대피소 · 시설의 물리적 접근성 강화

장애인, 고령자, 교통약자가 안전하게 접근할 수 있도록 대피소와 시설의 물리적 접근성을 강화하는 것은 재난 시 포용적 대응의 기초가 되며, 이를 위해 설계 단계에서부터 무장애 기준을 반영해야 한다는 목소리가 커지고 있다(Goover, 2025).

(3) 지역사회 기반 돌봄망 구축

지역 내 이웃, 자원봉사자, 민간 네트워크를 활용해 긴급 지원과 돌봄 기능을 수행할 수 있는 지역사회 기반 돌봄망 구축이 재난 상황에서의 고립과 돌봄 공백 문제를 해결하는 핵심 대안이며, 이를 위해 재난 전담 조직과 협업 체계를 강화해야 한다(백옥선, 2020).

3. 심리적 응급개입 부족

한국의 대형 재난 이후 피해자들의 정신건강 문제는 심각하게 부각되었으나, 초기 심리지원 체계는 여전히 미흡하였다. 부족한 전문인력과 단편적 개입으로 피해자들은 장기적 회복에 어려움을 겪으며, 사회 복원력 약화로 이어졌다.

1) 국내 사례: 트라우마 지원의 한계

재난 상황에서 발생하는 정신적 충격은 신체적 피해만큼이나 중대하다. 한국 사회는 이를 체계적으로 지원할 인프라와 전문 인력이 부족해 피해자들이 충분한 회복 기회를 얻지 못하고 있다.

(1) 세월호 · 이태원 참사 이후 단기 지원에 그침

세월호와 이태원 참사 당시 정부의 심리지원은 조기 위기상황에 국한되어 장기 상담과 심리치료로 이어지지 못했고, 피해자들은 상처를 안고 방치되었으며, 후속 관리와 장기적 지원의 부재로 회복 과정에 큰 어려움을 겪었다(박현정, 2021).

(2) 전문인력 부족과 컨트롤타워 부재로 인한 혼선

심리 응급 지원 현장에서는 전문가 인력 부족과 주관 기관 부재로 피해자 정보 전달이 단절되거나 중복되며, 혼란이 반복되었고, 이로 인해 통합적 지원 체계 마련의 필요성이 부각되었다(퍼블릭경제, 2025).

(3) 지역 간 지원 격차와 불평등 문제

심리지원 접근성은 지역별로 크게 차이나 농어촌 지역과 소외계층은 상담 기회조차 얻지 못해 정신적 고통이 방치되는 상황이 이어졌고, 평등한 지원 접근을 위한 제도적 대안 마련이 시급히 요구되었다(헬스경향, 2022).

2) 국외 사례: 선진국의 심리지원 체계

선진국은 대형 재난을 겪으며 심리지원 시스템을 구축해왔지만, 체계의 실효성은 국가별로 상이하다. 일본, 독일, 미국의 사례는 재난심리지원에 있어 국가 차원의 대응 체계 마련의 필요성을 잘 보여준다.

(1) 일본 DPAT: 현장 중심 심리지원팀의 신속 대응

일본은 DPAT(Disaster Psychiatric Assistance Team)를 운영해, 재난 발생 시 즉각 현장에 파견되어 초기 심리지원부터 장기 치료 연계까지 책임지고 관리하며, 정신건강 전문가의 적극적 참여로 현장 대응의 전문성을 높인다(Cambridge Core, 2019).

(2) 독일 연방 심리사회적 지원팀 운영 및 특징

독일은 재난 시 경찰과 소방뿐 아니라 심리사회적 지원팀을 연방 차원에서 조직적으로 투입하여 피해자의 정신적 안정과 회복을 적극 지원하며, 상담서비스를 지속적으로 제공해 피해자들의 트라우마 예방에 기여한다(HRW, 2021).

(3) 미국 CCP: 위기상담 프로그램을 통한 지원 제공

미국은 FEMA[3] 산하 CCP(Crisis Counseling Program)를 통해 피해자에게 무료 심리상담을 제공하며, 피해자의 장기 회복을 위해 지역사회 지원망과 연계된 상담체계를 운영하고, 신속한 개입과 후속 치료 연결로 피해자 지원의 연속성을 강화한다(NASW, 2019).

3) 개선방안

재난 상황에서 심리적 응급개입은 피해자의 회복과 사회 복귀를 위한 핵심 요소이다. 그러나 현재의 인력과 제도로는 이를 안정적으로 뒷받침하기 어렵기 때문에, 지속 가능한 시스템 구축과 전문성 강화가 시급히 요구된다.

(1) 전문인력 확충과 처우 개선의 필요성

심리 응급지원 분야의 전문 인력을 지속적으로 양성하고 이들의 처우를 개선해 재난 발생 시 즉각 투입 가능한 인력을 확보해야 하며, 이를 통해 현장 대응의 전문성과 지속성을 높여야 한다(퍼블릭경제, 2025).

(2) 지속적 트라우마 관리 및 모니터링 체계 구축

단발성 상담 제공에 그치지 않고 피해자의 정신 건강을 장기적으로 관리하기 위해 정기 모니터링과 후속 상담 시스템을 제도화하고, 지역 간 격차 없이 누구나 지

3) 미국국토안보부:미국연방재난관리청(美國聯邦災難管理廳, 영어: Federal Emergency Management Agency, FEMA)은 미국 국토안보부 의 기관으로, 1978년 만들어졌다. 지방 정부나 주 정부 만으로는 처리하기 힘든 재난에 대응하는 것이 주 목적이다.

원받을 수 있는 체계 마련이 필요하다(박현정, 2021).

(3) 심리지원 컨트롤타워 일원화와 체계적 운영

중앙 · 지방정부와 민간이 협력하는 심리지원 컨트롤타워를 일원화해, 재난 발생 시 정보 누락이나 업무 중첩 없이 통합적이고 효과적인 지원 체계를 구축하고, 체계적인 업무 프로세스와 매뉴얼도 함께 마련해야 한다(헬스경향, 2022).

4. 위기 복지 인프라의 미정비

1) 국내 사례: 물리적 인프라 부족

재난 상황에서 취약계층의 안전을 보장하려면 물리적 인프라의 준비가 필수적이다. 그러나 한국 사회는 장애인 접근성, 정보 전달, 구호품 지원 등 기본적인 인프라 구축이 미흡해 반복적인 문제를 겪어왔다.

(1) 대피소 접근성 부족과 취약계층 소외 문제

대피소의 장애인 접근성은 4.5%에 그치며, 휠체어 진입로와 경사로, 점자 안내 등 필수 시설이 부족해 재난 상황에서 실질적인 대피가 어렵고, 이러한 인프라 미비는 반복적으로 문제로 지적되고 있다(Goover, 2025).

(2) 재난경보 체계의 전달 사각지대 발생

재난경보 시스템은 기술 의존도가 높아, 노숙인과 고령자 등 취약계층은 정보 전달 과정에서 배제되고, 이로 인해 긴급 상황에서 위험 정보를 적시에 받지 못해 피해가 커지고, 사전에 대비할 기회조차 얻지 못하는 현실이 드러났다(한국보건사회연구원, 2023).

(3) 구호품 · 임시주택 공급체계 부실과 초기 혼란

구호품과 임시주택 공급체계는 재난 발생 후마다 초기 혼란을 반복하며, 필수 물자와 임시 주거 제공의 신속한 대응이 이루어지지 않아 피해자들은 초기부터 큰 어려움을 겪었으며, 이는 구조적 문제로 지적된다(김정우 외, 2023).

2) 국외 사례: 선진국 인프라 개선 노력

선진국들도 대규모 재난을 겪으며 복지 인프라의 취약성을 경험했고, 이를 교훈 삼아 시스템 보완에 나섰나. 독일, 일본, 미국의 사례는 복지 인프라 구축과 재난 대응 간의 상관성을 보여준다.

(1) 독일의 재난경보 시스템 현대화

독일은 2021년 홍수 피해를 계기로, 정전 시 무력화되는 사이렌의 한계를 극복하기 위해 휴대전화 긴급경보(Cell Broadcast) 시스템과 다중 경보 체계를 도입하며, 모든 시민이 적시에 경보를 받을 수 있도록 시스템을 보완하고 있다(HRW, 2021).

(2) 일본의 지역포괄케어 시스템을 통한 돌봄 연계

일본은 지역 내 노인, 장애인 등 취약계층의 재난 상황 안전 확보를 위해 지역포괄케어 시스템을 구축하여, 평소부터 복지사, 의료진, 자원봉사자들이 협력해 대피 계획과 안부 확인을 수행하는 네트워크를 운영하고 있다(UNDRR, 2012).

(3) 미국의 교통약자 대피 지원 체계 구축

미국은 허리케인 카트리나 참사 이후 교통약자 대피 매뉴얼과 전용 버스 지원 체계를 마련해, 재난 발생 시 대피 수단이 부족한 저소득층과 장애인 등 취약계층의 안전한 대피를 돕고자 교통 지원 계획을 정비하고 있다(HRW, 2021).

3) 개선방안

복지 인프라는 단순한 물리적 시설을 넘어 생명과 안전을 지키는 핵심 자원이다. 따라서 평시 관리 체계 강화와 함께 재난 상황에서도 작동 가능한 시스템 구축이 절실하다.

(1) 대피소 · 거주시설의 물리적 접근성 강화 방안

장애인과 교통약자가 안전하게 대피소를 이용할 수 있도록 휠체어 진입로, 경사로, 점자 블록 등 필수 편의시설 설치를 법적으로 의무화하고, 정기적인 훈련과 점검을 통해 실질적인 접근성 확보를 보장해야 한다(Goover, 2025).

(2) 긴급구호 물자 비축 및 공급망 정비 강화

재난 발생 시 초기 구호 지원의 지연을 막기 위해 비상식량, 생필품, 구급세트 등 필수 물자를 평소 충분히 비축하고, 지역별 물류창고와 이송체계를 정비하여 효율적이고 신속한 물자 공급망을 마련해야 한다(김정우 외, 2023).

(3) 복지 인프라의 평시 관리 및 점검 체계 구축

복지 인프라는 평시부터 정기적으로 관리와 점검을 통해 안전성을 확보하고, 모의훈련과 응급상황 점검을 통해 위기 발생 시 즉각적으로 작동할 수 있는 준비 상태를 유지하는 것이 필수적이다.

5. 위기대응 복지모델 재정립

1) 국내 논의: 사회복지체계의 전면 재검토

한국 사회는 반복되는 재난과 위기 상황에서 기존 복지제도의 한계를 절감하며 새로운 대응 체계의 필요성을 인식하고 있다. 이를 위해 학계와 정책 현장에서는 보다 보편적이고 탄력적인 사회복지 모델의 필요성을 강조한다.

(1) 보편적 소득보장제도의 도입 필요성

위기 상황에서도 실업, 질병 등으로 인한 소득 상실을 최소화하기 위해 전 국민 고용보험, 상병수당, 유급병가 등 보편적 소득보장제도를 마련하여 취약계층의 생활권을 지키는 안전망을 강화해야 한다.

(2) 공공 돌봄 · 의료 인프라 확충의 중요성

감염병이나 재난 발생 시 돌봄 공백과 의료 서비스 부재 문제가 반복되므로, 공공의 역할을 강화해 돌봄 및 의료 인프라를 확충하고, 평시부터 안정적 운영 체계를 마련해야 한다(김정우 외, 2023).

(3) 민관 협력 거버넌스 체계의 필요성

위기대응의 효과성을 높이기 위해 정부와 지자체, 민간기관, 지역사회 간 협력을 제도적으로 보장하고, 현장에서 실질적인 협력이 이루어질 수 있는 법 · 제도적 기반을 마련해야 한다(한국보건사회연구원, 2023).

2) 국외 사례: 선진국의 복지모델

선진국들은 반복되는 위기에서 얻은 교훈을 바탕으로 사회복지 체계의 탄력성과 대응력을 높여왔다. 국가별 특성과 재난 유형에 따라 복지모델을 발전시키며, 취약계층 보호를 위한 전략을 지속적으로 모색하고 있다.

(1) 스웨덴: 복지 · 보건 · 민방위 통합 위기관리위원회 운영

스웨덴은 복지, 보건, 민방위 부문이 협력하는 위기관리위원회를 신설하여 평상시부터 위기 대응 계획을 수립하고 재난 발생 시 신속한 자원 조율과 실행을 가능하게 한다(SWB, 2020).

(2) 일본: 사회복지시설의 방재계획과 훈련 법제화

일본은 사회복지시설의 재난 취약성을 줄이기 위해 모든 시설에 방재계획 수립과 정기적인 훈련을 의무화해, 재난 시 노인과 장애인 등 취약계층의 안전 확보를 제도적으로 보장하고 있다(MHLW, 2012).

(3) 영국: Universal Credit 기반 자동 긴급지원 시스템

영국은 Universal Credit 제도를 기반으로, 위기 상황 발생 시 별도의 신청 절차 없이 자동으로 현금지원을 지급하는 시스템을 도입해, 재난 대응의 신속성과 행정 효율성을 높였다(UK Government, 2021).

3) 개선방안

위기대응 복지모델은 단순한 지원체계 보완을 넘어, 법제화와 예산 확보, 전문인력 양성, 사회적 신뢰 기반 확립, 공동체 협력 모델 강화 등 다차원적이고 지속적인 노력이 함께 이루어져야 한다.

(1) 복지모델의 법제화 및 재정 기반 마련

국내는 「재난 및 안전관리 기본법」 등 법령 개정, 대규모 재난훈련, 다중이용시설 안전계획, 감염병 표준매뉴얼, 사회복지사 안전정책 등을 통해 사회재난 대응체계 강화를 추진해왔다(evaluation.go.kr, 2024; DSI, 2024). 이러한 제도 개선은 사회복지의 위기 대응 실패 극복을 위한 기초 인프라로서, 법적 근거와 실행력 확보의 중요성을 시사한다.

(2) 전문 인력 양성 및 매뉴얼 개발

재난 발생 시 현장에서 즉각적이고 효과적인 대응이 가능하도록 위기대응 전문 사회복지사를 체계적으로 양성하고, 실천 현장의 다양성을 고려한 매뉴얼을 개발해 구체적 실천 지침을 제공해야 한다(김태홍 & 김태성, 2021).

(3) 사회적 신뢰와 공동체 기반의 통합 모델 구축

주민 참여형 돌봄 네트워크와 민관 협력체계를 포괄한 위기대응 복지모델을 마련해 지역사회 신뢰를 높이고, 재난 대응 과정에서의 상호 협력과 연대 의식을 강화해 사회 전체의 회복 탄력성을 높여야 한다(SWB, 2020).

〈사례 12-2〉 강남종합사회복지관의 'SMART 시니어 라이프디자인 모델'

강남종합사회복지관은 2024년 보건복지부 주관 디지털사회복지실천사례 공모전에서 『SMART 시니어 라이프디자인 모델』을 발표해 대상을 수상하였다. 이 모델은 신체 · 인지 · 정서 · 주거 · 사회적 환경 등 중장년층의 삶 전반을 통합 진단하고, 디지털 기반 맞춤형 서비스와 자기결정권 강화 프로그램을 연계한 것이 특징이다. 이는 지역사회 기반의 다차원적 노인 통합돌봄 모델로서, 향후 시니어의 건강한 노후설계와 디지털 복지 실천에 중요한 시사점을 제공한다.(웰페어뉴스, 2024.12.11; 강남종합사회복지관, 2024)

6. 사회적 신뢰와 공동체 네트워크 붕괴

1) 국내 사례: 공동체 신뢰 상실의 영향

재난 상황에서 공동체 신뢰는 피해 최소화의 핵심 자원이나, 한국 사회에서는 위기 속에 상호 신뢰가 무너지는 사례가 빈번히 나타났다. 이러한 신뢰의 붕괴는 지원 체계 접근성 저하로 이어져 사회적 복원력 약화를 초래한다.

(1) 코로나19 확진자에 대한 낙인과 배척의 장기적 영향

코로나19 확진자를 둘러싼 지역사회의 낙인과 배척은 격리 해제 후에도 사회복귀를 방해하며, 지원 서비스 이용에도 어려움을 초래해 피해자의 고립과 불안을 심화시키고, 장기적인 심리적 후유증까지 남겼다(한국보건사회연구원, 2023).

(2) 돌봄 공백과 사회적 단절이 불러온 아동학대 · 가정폭력 증가

돌봄 공백과 이웃 간 단절로 아동학대 · 가정폭력 발생률이 증가하였으며, 특히 긴급 돌봄망 부재로 학대 피해 아동의 발굴과 보호에도 한계가 나타나며, 사각지대의 구조적 문제와 책임소재 모호성도 드러났다(에이블뉴스, 2025).

(3) 정보 불평등과 신뢰 부족이 초래한 지원정책의 한계

재난 시 정보의 불균형과 불신은 공적 지원정책의 효과성을 약화시키고, 일부 계층의 정보 소외로 인해 정책 수혜의 불평등이 더욱 심화되었으며, 이는 위기 상황에서의 취약계층 보호의 부실함을 반영한다(김정우 외, 2023).

2) 국외 사례: 사회적 자본의 차이

국제적으로도 위기 상황에서 사회적 신뢰와 공동체 자본의 유무는 국가별 재난 대응 성과에 중요한 영향을 주며, 단순한 제도나 정책의 문제가 아닌 사회적 유대와 협력이 위기 극복의 핵심 변수임을 보여준다.

(1) 일본: 자원봉사 네트워크를 통한 공동체 중심 재난 대응

일본은 동일본 대지진 당시 자원봉사자 네트워크를 통해 이재민 지원과 물자 전달이 체계적으로 이루어져 피해 최소화에 기여했고, 이는 지역 공동체의 자발적 참여가 위기 대응에서 중요한 역할을 한다는 점을 보여준다(The Guardian, 2011).

(2) 미국: 사회적 신뢰 부족으로 인한 재난 대응 실패

미국 카트리나 사태에서는 정부에 대한 불신과 공동체 연대의 부재로 인해 대규모 약탈, 폭동, 폭력사태가 발생해 사회 혼란이 가중되었으며, 이는 사회적 신뢰 부족이 위기 상황에서 취약계층의 안전을 위협하는 요인이 된다는 사실을 드러냈다(HRW, 2021).

(3) 스웨덴: 정보 공개와 시민 참여 기반의 신뢰 유지

스웨덴은 정부의 정보 공개와 투명성 유지, 시민 참여 유도 정책으로 위기 극복 과정에서 신뢰를 유지하며 사회적 안정성을 높였고, 이는 시민과 정부 간의 신뢰 형성이 재난 대응의 효과를 결정짓는 핵심 요소임을 입증한 사례다(SWB, 2020).

3) 개선방안

사회적 신뢰와 공동체 회복은 단순한 복지 기능을 넘어 재난 대응의 핵심 기반이자 사회 전체의 복원력을 높이는 필수 요소로 인식되며, 이를 위해 평상시부터 신뢰 형성과 협력체계 구축에 주력해야 한다.

(1) 평상시 공동체 기반 사회적 자본 강화

지역 내 소모임, 자원봉사 조직, 이웃 돌봄 네트워크 등을 평소부터 활성화해 주민 간 상호 지원과 정보 공유의 기반을 강화하며, 위기 발생 시 자연스럽게 공동체 중심의 대응이 이루어질 수 있도록 촘촘한 사회적 자본을 쌓아야 한다(김정우 외, 2023).

(2) 정부의 정보 투명성과 피해자 중심 정책 설계

정부의 재난대응 과정에서는 신속한 정보 제공과 투명한 사실 확인, 피해자 중심의 정책 설계를 통해 국민적 신뢰를 얻어야 하며, 이를 통해 사회 혼란을 최소화하고 피해자의 사회 복귀를 촉진할 수 있도록 해야 한다(한국보건사회연구원, 2023).

(3) 디지털 플랫폼을 통한 주민 주도 위기 대응 체계 구축

디지털 플랫폼과 앱을 적극적으로 활용해 주민 참여형 위기 대응 체계를 마련하고, 재난 발생 시에도 주민 주도의 상호 지원과 실시간 정보 공유가 가능하도록 지역 단위의 협력 체계와 소통 채널을 구축해야 한다(SWB, 2020).

7. 기후 위기 등 복합재난 시대의 사회복지 방향

1) 기후위기와 재난의 복합화가 사회복지에 미치는 영향

(1) 폭염과 에너지 빈곤층의 취약성

폭염은 냉방 취약계층에게 치명적 위협으로 작용하며, 주거환경이 열악하거나 냉방기구 이용이 어려운 노인, 저소득 가구의 건강권 침해가 심각하게 나타난다. 2018~2020년 폭염으로 인한 온열질환 사망자 중 다수가 저소득 취약계층에 속하며, 현장 사회복지사들은 "폭염 피해자의 대부분은 에어컨조차 가동하지 못하는 이들"이라고 증언한다(강한들, 2022; 행정안전부, 2021).

(2) 재난 중첩과 복지서비스 접근성 약화

코로나19 팬데믹과 폭염이 중첩된 시기에는 방역 조치로 인해 무더위 쉼터 등의 공공시설 운영이 제한되면서, 에너지 빈곤층 노인들이 대피처를 찾지 못해 건강 위험에 노출되는 사례가 발생했다. 이는 복합재난 상황에서 기존 복지시설의 기능 약화와 취약계층 보호의 공백이 동시에 나타남을 보여준다.

(3) 기후위기가 심화시키는 불평등

기후위기는 저소득층, 농어촌 지역, 고령자, 장애인 등 특정 집단에 더 큰 피해를 집중시키며 사회적 불평등을 악화시킨다. 기후 변화의 충격은 재난에 취약한 지역과 집단에 비대칭적으로 작용하여 사회적 약자의 건강, 생계, 안전에 심각한 위협을 가중시킨다(임완섭 외, 2023; 이상은, 2023).

2) 복합재난 대응을 위한 사회복지 정책·제도 방향

복합재난 시대에 사회복지의 역할은 사전 예방, 긴급 대응, 장기 회복을 아우르는 통합적 지원 체계 구축에 있다. 이를 위해서는 취약계층 보호를 위한 제도적 기반 강화와 지역사회 중심의 대응 역량 제고가 필수적이다.

(1) 사전 예방과 조기 발견 체계 구축

폭염, 한파, 감염병 등 재난 유형별로 고위험 취약계층 명단을 사전에 관리하고, 평소 모니터링 체계를 통해 위험 상황을 조기에 발견해 즉각 개입할 수 있는 시스템이 필요하다. 이를 위해 지역사회 돌봄체계와 복지전달체계의 연계를 강화하고, 재난 위험도 높은 지역에 대한 선제적 지원 방안을 마련해야 한다(Choi et al., 2020).

(2) 복지서비스의 신속 대응과 지원 강화

긴급복지지원 발동 요건을 완화하고 지원 범위를 확대하여, 재난 시 생계 위협과 돌봄 공백에 직면한 가구를 즉각적으로 구제해야 한다. 예를 들어 산불 피해 지역 주민에게 지급된 긴급복지지원금과 심리지원 사례를 참고하여 재난 피해자 지원의 표준화된 절차와 기준을 정비해야 한다(보건복지부, 2025).

① 위기가구 신속 발굴 체계 강화

AI 상담채널과 모바일 현장조사, 동 단위 복지팀 인프라 확충을 통해 위기가구를 조기에 신속하게 발굴하고, 위기상황 판단 기준 완화로 다양한 위기상황에 즉각 대응하고 있다(보건복지부, 2025).

② 맞춤형 긴급지원 및 사례관리

생계 · 의료 · 주거 등 맞춤형 긴급복지지원과 사례관리를 강화하여 위기가구의 다양한 필요에 즉각 대응하고, 지원 후에는 사후 모니터링을 통해 복지 사각지대 해소와 자립 지원을 연계하고 있다(엔젤시터, 2025).

③ 민관 협력 및 지역 네트워크 활성화

민관 협력과 지역 네트워크를 활성화하여 지역공동체 자원을 연계하고, 지자체와 복지기관의 협업으로 위기가구 지원의 효율성과 접근성을 높이며 다양한 채널을 통해 복지서비스를 제공하고 있다.

(3) 재난 대응 매뉴얼과 교육 · 훈련 체계 정비

지자체와 사회복지기관의 재난 대응 훈련 정례화와 표준 매뉴얼 마련이 필요하며(Choi et al., 2020; OECD, 2021), UNDRR의 재난 복원력 스코어카드(UNDRR, 2023)[4]를 활용해 지자체별 사회복지 연계 대응 성과를 점검해야 한다. 국내에서는 울산, 인천 등 일부 지자체만 재난 복원력 평가를 시행 중으로 전국구로 센다이 프레임워크 기반 평가와 복지 전달체계 반영 확대할 필요가 있다.

3) 실제 사례: 복합재난 대응 사회복지 실천 사례

복합재난 상황에서 사회복지 현장은 취약계층의 안전과 회복을 위해 신속하고

4) 도시 재난 복원력 스코어카드(Disaster Resilience Scorecard for Cities)는 **UNDRR(UN재난위험경감사무소)**에서 개발한 평가 도구로, 지자체가 재난위험경감을 위해 센다이강령의 이행 과정을 점검하고, 기후변화와 재난에 강한 도시 만들기 10대 필수사항을 기준으로 복원력 수준과 대응 능력을 평가하며, 재난 발생 시 사회적, 경제적, 환경적 피해를 최소화하기 위한 실행 계획 수립을 지원하는 역할을 한다(UNDRR, 2023).

실질적인 지원을 제공해야 한다. 국내외 사례는 이러한 대응의 필요성과 효과를 보여주며, 재난 대응 복지 실천의 방향성을 제시한다.

(1) 국내 사례: 폭염과 산불에 대한 사회복지 대응

① 폭염 대응: 무더위 쉼터 및 냉방용품 지원

서울시는 경로당과 복지관을 무더위 쉼터로 지정해 운영하며, 독거노인과 에너지 빈곤층에게 냉풍기, 쿨매트, 선풍기 등을 제공해왔다. 그러나 팬데믹 시기에는 쉼터 운영이 제한되자, 비대면 안부 확인과 방문건강관리서비스를 통해 돌봄 공백을 보완했다(유청모, 2021).

② 산불 피해자 긴급 지원: 사회복지 현장의 신속 대응

2022년 경북 · 강원 산불 당시 사회복지공무원과 자원봉사자들이 긴급 투입돼 임시대피소를 운영하고 구호물자를 배분했으며, 심리 상담을 지원했다. 또한 전국재해구호협회와 대한적십자사에서 모금한 800억 원 이상의 성금이 피해 주민의 생계비와 주거 재건에 쓰였다(조선비즈, 2025).

(2) 해외 사례: 미국과 호주의 재난 대응

① 동아프리카: 홍수 피해자 대상 심리사회적 회복 지원

2024년 케냐, 탄자니아, 부룬디 등에서는 대규모 홍수로 수십만 명의 이재민이 발생하자, UNICEF와 국제 NGO들이 긴급 식수 · 보건 지원과 함께 심리상담, 트라우마 회복 프로그램, 공동체 기반 정서 지원을 통합적으로 실시하였다. 이러한 복합적 재난 대응 체계는 단순 구호를 넘어 지역사회의 회복탄력성 회복에 실질적으로 기여한 사회복지 실천 사례로 평가받는다(UNICEF, 2024; Le Monde Africa, 2024).

〈사진 12-2〉 2024년 4월 25일, 나이로비 마타레 지역의 폭우로 침수된 지역에서 한 남자가 자재를 제거하고 있다. 루이스 타토/AFP

출처: Le Monde Africa(2024.05.02), rica, trauma from climate disasters lingers, ttps://www.lemonde.fr/en/le-monde-africa/article/2024/05/02/in-africa-the-trauma-from-climate-disasters_6670155_124.html?utm_source=chatgpt.com

② 미국: 폭염 대응과 에너지 빈곤층 지원

미국 뉴욕시는 폭염에 취약한 저소득 노인 가구를 대상으로 에어컨 무료 설치와 전기요금 바우처를 제공하는 프로그램을 운영하여 건강 피해를 예방했다. 이 사례는 기후위기 속 사회적 약자 보호의 중요성을 보여준다(UNDRR, 2022).

③ 호주: 산불 피해자 맞춤형 사례관리 지원

호주는 초대형 산불 피해 시 사회복지사를 피해 주민의 사례관리자로 지정해 주거 재건, 생활비 지원, 심리 상담 등 통합 지원을 제공했으며, 이러한 개별 맞춤형 접근은 피해자의 회복탄력성 향상에 기여했다(UNDRR, 2022).

토론 주제 / 논의할 문제

1. 고용보험의 소득 기반 확대 방안은 특수고용직, 프리랜서, 자영업자 등의 생계안정에 어떤 영향을 미칠 수 있는가?

2. 'SMART 시니어 라이프디자인 모델(SLD-M)'과 같은 지역 기반 디지털 돌봄 모델은 사회복지서비스 전달체계의 혁신을 어떻게 이끌 수 있을까?

3. 재난 · 위기 상황에서 사회복지사의 역할과 전문성은 어디까지 요구되며, 이를 위해 필요한 교육 및 훈련 체계는 무엇인가?

4. 재난대응 사회복지 모델의 법제화 및 재정 기반 마련은 사회복지 실패를 예방하는 데 어떤 기여를 할 수 있으며, 이를 전국적으로 확대 적용하기 위한 과제는 무엇인가?

Chapter

13

실패를 넘어 지속가능한 복지로

제13장은 사회복지실패학의 마지막 장으로서, 12장까지 다루어온 다양한 사회복지 실패 사례와 이론, 정책 및 실천의 교훈을 종합하여 새로운 관점의 지속가능한 복지 체계를 모색하는 데 그 목적이 있다. 사회복지 실패는 단순한 오류가 아닌 변화의 기회이며, 이를 통해 배움을 얻고 더 나은 미래를 위한 혁신적 대안을 모색하는 과정이 필요하다. 본 장은 실패를 단순한 부정적 사건으로 보지 않고, 이를 학습과 성찰의 자원으로 전환하며, 회복탄력적 사회복지체계(Resilient Welfare System) 구축을 위한 방향성을 제시하고자 한다.

1. 실패로부터 배우는 제도 혁신의 원리

사회복지의 실패는 단순한 잘못이 아니라, 더 나은 제도를 만들기 위한 성찰과 학습의 기회이다. 본장에서는 실패에서 배운 교훈을 바탕으로 사회복지제도의 혁신 원리를 탐구한다.

1) 혁신의 필요성과 실패의 교훈

사회복지정책의 실패는 단순한 실수가 아니라 발전을 위한 배움의 과정이다. 실패에서 드러난 문제점을 분석하고 개선하는 과정은 혁신의 출발점이 된다. 따라서 실패를 두려워하지 않고 이를 성찰하며 나아가는 자세가 필요하다.

(1) 실패의 발견과 혁신의 시작

정책 실패는 기존 제도의 한계를 드러내고 새로운 해결책을 찾는 계기를 제공한다. 실패를 단순한 잘못으로 끝내지 않고 이를 혁신의 출발점으로 삼아야 한다. 이를 통해 사회복지 시스템은 점진적인 개선과 발전을 이룰 수 있다(Trein & Vagionaki, 2024).

(2) 실패의 교훈과 비판적 성찰의 중요성

OECD는 실패 경험이 반복되는 오류를 줄이고 향후 정책결정 과정에서 중요한 교훈을 제공한다고 강조한다. 실패를 분석하고 교훈을 얻는 과정은 실질적 개선으로 이어지며, 미래의 정책 설계에 밑거름이 된다. 실패를 비판적으로 성찰할 때만이 정책의 지속적 발전이 가능하다(OECD, 2023).

(3) 실패 사례 공개의 책임성과 투명성 제고

실패를 숨기지 않고 공개함으로써 사회 전체가 문제 해결의 지혜를 공유할 수 있다. 이는 정책 과정의 신뢰성을 높이고 공공부문의 책무성을 실현하는 데 필수적이다. 특히 기후위기 대응 등에서도 실패를 공유하며 함께 배우는 문화가 필요하다(이재희, 2023).

2) 실패 사례의 학습과 적용 방안

실패 사례를 단순히 오류로만 보는 관점을 넘어, 이를 통해 정책의 문제를 파악하고 대안을 모색하는 과정이 필요하다. 특히 국내외 사례를 분석하고 이를 교훈 삼는 것은 반복되는 실패를 줄이는 데 도움이 된다.

(1) 해외 실패 사례에서 배우는 제도 개혁의 교훈

선진국의 복지 개혁 경험은 낭비와 중복 문제를 해결하기 위한 전략적 교훈을 제공하며, 이러한 실패 사례는 국내 복지체계 개선을 위한 중요한 참고자료로 활용될 수 있으며, 제도 혁신의 기초 자료로서 분석과 학습이 필요하다(임완섭 외, 2023).

(2) 국내 복지 제도의 한계와 현장 중심 개편의 필요성

국내 복지 제도는 복지 사각지대, 전달체계의 비효율성, 주민 참여 부족 등의 문제를 안고 있으며, 이는 지원의 형평성과 정책 실효성을 저해하므로 현장 중심의 복지체계 개편과 근본적 운영 방식의 변화가 필요하다(박지수 & 임철희, 2023).

(3) 실패 분석과 점진적 개선 전략의 필요성

복지정책의 실패를 반복하지 않기 위해서는 원인 분석과 교훈 도출, 점진적 개선(iterative improvement) 전략이 필수적이며, 비판적 반성은 잘못된 선택을 바로잡고, 점진적 개선은 작은 변화의 축적을 통해 혁신을 실현하는 핵심 과정이다(Trein & Vagionaki, 2024).

3) 실패에서 혁신으로: 새로운 접근의 필요성

단순한 제도 보완을 넘어 근본적인 문제 해결을 위해 새로운 접근 방식이 필요하다. 특히 기후위기와 복지 실패의 상호작용은 복지정책의 한계를 명확히 드러내며, 이를 해결하기 위한 다차원적 전략이 요구된다.

(1) 기후위기와 복지 실패의 연계성 인식

기후위기는 사회적 취약계층에게 불평등한 피해를 주며, 이를 복지정책에 반영하지 않으면 사각지대가 심화되므로 기후위기 대응과 복지정책의 통합적 고려를 통해 사각지대 해소와 재난 대응 역량 강화를 함께 추구해야 한다(송아영, 2023).

(2) 네트워크형 복지국가 모델로의 전환 필요성

공공, 민간, 시민사회의 협력을 강화하는 네트워크형 거버넌스는 다양한 주체의 참여를 보장하고 현장 중심의 의사결정 구조를 마련하며, 자원의 효율적 배분과 문제 해결 능력을 높이는 핵심 전략으로서 복지정책의 실효성을 높인다(임완섭 외, 2023).

(3) 실패에서 배우는 전략적 학습으로서의 혁신

혁신은 단순한 반복이 아닌 실패에서 배우고 교훈을 얻어 문제의 원인을 분석하고 개선책을 마련하는 전략적 학습 과정이며, 실패를 회피하지 않고 학습 자원으로 활용할 때 지속적인 발전과 정책 혁신이 가능하다.

2. 데이터 기반 복지정책으로의 전환

앞서 살펴본 실패로부터 배우는 혁신의 원리는 사회복지 시스템의 개선과 발전을 위한 근본적인 태도를 보여준다. 이러한 태도를 구체화하기 위해서는, 데이터를 활용한 근거 기반 정책 수립이 필요하다. 이에 따라 다음에서는 데이터 기반 복지

정책의 필요성과 구현 방안을 살펴본다.

1) 데이터 복지의 개념과 필요성

데이터 복지는 직관과 경험 중심의 기존 복지정책 결정 방식을 넘어, 과학적 근거와 객관적 분석을 바탕으로 한 정밀한 정책 설계를 가능하게 한다. 이를 통해 정책의 신뢰성과 효율성을 높이고, 사각지대 해소와 선제적 지원 체계 구축을 실현할 수 있다.

(1) 데이터 기반 복지의 의미와 역할

데이터 기반 복지는 직관과 경험에 의존했던 기존 복지정책 결정 방식을 정량적 분석과 과학적 근거에 기반한 합리적 의사결정으로 전환하여, 정책의 신뢰성과 공정성을 높이고, 자원의 효율적 배분과 사각지대 해소를 실현한다(임완섭 외, 2023).

(2) 행정정보 공동이용과 사회보장정보시스템의 기능

행정정보 공동이용과 사회보장정보시스템은 다양한 기관의 데이터를 실시간으로 연계해 소득, 재산, 건강 정보를 자동 검증함으로써 복지 대상자의 자격 확인을 정확하게 하고, 행정 절차를 간소화하여 정책 효율성과 서비스 접근성을 향상시킨다(savingsocialscience.tistory.com, 2023).

(3) 취약계층 조기 발굴과 예측 복지의 실현

취약계층 조기 발굴과 예측 복지는 전력 · 수도 체납, 공공요금 연체 등의 데이터를 활용해 위기가구를 사전에 탐지하고, 이를 통해 필요한 지원을 선제적으로 제공하여 복지 사각지대 해소와 위기 예방 중심의 맞춤형 복지를 실현한다(보건복지부, 2022).

2) 데이터 복지의 구현 사례

데이터 복지는 이론에 그치지 않고 현장에서 다양한 방식으로 구체화되며, 이를 통해 복지 사각지대 해소와 정책 실효성을 높이는 성과를 만들어낸다. 특히 복지멤버십, 위기가구 탐지 시스템, 직권신청 체계는 데이터 복지의 대표적인 실천 사례로 평가된다.

(1) 복지멤버십을 통한 생애주기별 지원

복지멤버십은 국민의 연령, 소득, 가족 상황 등 생애주기별 정보를 분석해 받을 수 있는 복지 혜택을 사전에 안내하여 필요한 지원을 빠짐없이 제공하고, 정보 접근성 격차를 줄여 복지 사각지대 발생을 예방한다(mohw.go.kr, 2022).

(2) 빈곤 가구 탐지 시스템의 활용 사례

빈곤 가구 탐지 시스템은 전력 · 수도 요금 체납 데이터와 같은 비정상적 신호를 실시간 분석해 위기 징후를 조기에 포착하고, 이를 신속한 지원 체계와 연결하여 돌봄 공백과 긴급 상황을 최소화한다(jeonmae.co.kr, 2024).

(3) 직권신청 체계 구축의 필요성과 방향

지방의회는 주민이 직접 신청하지 않아도 필요한 복지 혜택을 자동으로 제공하는 직권신청 체계를 도입해 정보 접근성과 신청 절차의 장벽을 낮추고, 포괄적 복지 체계를 통해 사각지대 없는 지원이 가능하도록 구축할 것을 요구한다(박상현, 2024).

3) 데이터 복지의 한계와 과제

데이터 복지는 효율성을 높이고 사각지대를 해소할 수 있는 혁신적 도구이지만, 개인정보 보호, AI 윤리, 데이터 편향 등의 문제를 해결해야 한다. 이를 위해 법적·제도적 장치 마련과 사회적 신뢰 형성, 포용성 확보가 필요하다

(1) 개인정보 보호와 AI 윤리의 문제

데이터 기반 복지는 민감한 정보를 다루는 과정에서 개인정보 유출과 오남용, AI 알고리즘의 편향성 문제를 동시에 안고 있어 이를 예방하고 신뢰를 확보하기 위한 법적·제도적 장치 마련과 사회적 공감대 형성이 반드시 필요하다(임완섭 외, 2023).

(2) 데이터 편향과 디지털 격차의 한계

데이터 분석은 소득과 거주지, 학력 등 다양한 요소에 따라 편향될 수 있으며, 정보 접근성의 불평등은 복지의 형평성을 저해하기에 데이터 해석의 공정성과 디지털 격차 해소를 위한 교육·인프라 지원이 함께 고려되어야 한다(오후 & 원정훈, 2023).

(3) 기술 발전과 사회적 수용성의 균형 필요

데이터 복지는 기술적 혁신만으로 실현되기 어렵고, 국민의 신뢰와 참여, 공감대

를 바탕으로 사회적 수용성을 확보해야 하며, 이를 통해서만 데이터 기반 복지의 지속가능성과 실효성을 담보할 수 있으며, 정책 효과 또한 극대화될 수 있다.

3. 사회복지 거버넌스 재편 방향

데이터 기반 복지는 과학적 근거와 합리적 의사결정을 통한 정책의 정밀화를 가능하게 하지만, 이를 실현하기 위해서는 복지 거버넌스의 구조적 개혁이 필수적이다. 이에 이어, 사회복지 거버넌스의 한계와 이를 극복하기 위한 재편 방향을 구체적으로 탐구하고자 한다.

1) 기존 거버넌스의 한계

현재의 사회복지 거버넌스는 협력과 조율의 원리를 충분히 반영하지 못하며, 형식적인 운영과 중앙집권적 한계로 인해 지역사회 중심의 실질적 문제 해결이 어렵다는 비판을 받고 있다. 이를 극복하기 위해 구조와 역할의 재정립이 필요하다.

(1) 시 · 도 협의체의 형식적 운영 문제

시 · 도 사회보장위원회와 지방 협의체는 지역 복지계획 수립과 실행 과정에서 단순한 자문 역할에 그치고, 논의 결과가 실제 정책 반영으로 이어지지 않아 실질적인 문제 해결과 조율 기능을 수행하지 못하고 있다(grireview.gri.re.kr, 2023).

(2) 중앙집권적 모델의 지역성 한계

중앙정부 중심의 관료제 모델은 지역별 사회적 요구와 특성을 충분히 반영하지 못해 지역 상황에 맞는 정책을 수립 · 집행하는 데 한계가 있으며, 자율성과 책임성이 제한된 획일적 운영 문제를 야기하고 있다(임완섭 외, 2023).

(3) 민관협력 참여 제한과 문제 해결의 어려움

민관협력 구조는 법과 제도상 존재하지만 실제 참여 주체가 제한적이고, 시민사회 · 이용자 · 전문가 등 다양한 이해관계자의 참여가 보장되지 않아 현장 중심의 실질적 문제 해결과 정책 개선을 이끌어내는 데 어려움이 많다(김동진, 2024).

2) 거버넌스 혁신을 위한 제언

현행 복지 거버넌스의 한계를 극복하고 지역 특성과 주민의 목소리를 반영하는 체계를 구축하기 위해서는 제도적 개혁과 실질적 참여 확대가 필요하다. 법 · 제도 정비, 수평적 협력 강화, 주민참여 확대는 필수적 과제로 제안된다.

(1) 부처 · 공공기관 공식 참여 의무화

모든 부처와 공공기관의 공식 참여를 법과 조례로 의무화하여 복지계획 수립과 실행 과정에서 각 부처의 역할과 책임을 명확히 하고, 부처 간 협력을 강화하며, 이를 통해 계획 수립에서 실행까지의 책임성 있는 참여 구조를 마련해야 한다(grireview.gri.re.kr, 2023).

(2) 이해관계자 참여 확대와 협력체계 구축

이해관계자 참여를 형식적 수준에 그치지 않고 서비스 이용자, 시민사회, 지역 전문가 등 다양한 주체의 실질적 참여를 보장해 수평적 협력 구조를 형성하고, 이를 통해 정책의 현장성과 실효성을 높여야 한다(임완섭 외, 2023).

(3) 지역사회보장협의체 권한 강화와 주민 참여 보장

지역사회보장협의체의 권한을 강화해 예산 편성과 평가 단계에서부터 주민의 의견이 반영되도록 참여를 보장하고, 이를 통해 지역주민이 복지계획 수립과 의사결정 과정에 실질적으로 참여할 수 있는 구조를 마련해야 한다(보건복지부, 2024).

3) 해외 사례와 국내 적용

해외 국가들은 지역사회 중심의 복지모델과 참여 거버넌스를 통해 사회복지 체계를 혁신해왔다. 이러한 사례를 바탕으로 한국은 지역 맞춤형 협력체계와 네트워크형 복지국가 모델을 발전시킬 필요가 있다.

(1) 일본 · 영국의 지역 중심 돌봄체계

일본과 영국은 지역 내 돌봄 서비스와 장기요양을 통합 운영해 공공 · 민간 · 주민이 함께 참여하는 협력 모델을 구축하며, 지역사회 밀착형 복지체계의 실효성을 높이고 사회적 돌봄 수요를 효과적으로 충족시키고 있다(임완섭 외, 2023).

(2) 시민 참여형 위원회의 예산 결정 사례

영국과 덴마크는 주민이 직접 참여해 예산 배분과 우선순위를 결정하는 시민 참여형 위원회를 운영해 주민 의견이 정책에 실질적으로 반영되고, 이를 통해 민주적 거버넌스를 실현하며 정책의 신뢰성을 높이는 성과를 보여주고 있다(송아영, 2023).

(3) 한국형 네트워크형 복지국가 도입 필요성

한국은 중앙집권적 복지구조의 한계를 극복하고 지역사회와 시민사회의 참여를 확대해 공공 · 민간 · 주민이 협력하는 네트워크형 복지국가 체계를 구축함으로써 현장의 다양한 요구를 반영하고 실질적 문제 해결과 사회적 연대 강화에 기여해야 한다.

4. 시민참여형 복지모델 제안

사회복지 거버넌스의 재편은 제도의 구조뿐 아니라 시민과 지역사회의 참여를 통해 실질적 문제 해결로 이어져야 한다. 이에 따라, 보다 구체적인 대안으로 시민참여형 복지모델을 제안하며, 그 개념과 실천 방안을 살펴본다.

1) 시민참여형 복지의 개념과 필요성

시민참여형 복지는 단순한 복지 수혜를 넘어 주민과 이용자가 직접 참여해 복지를 함께 설계하고 운영하는 공동생산 체계를 의미한다. 특히 기후위기 등 복합적 문제 해결을 위해서는 이해관계자의 적극적인 참여와 목소리 반영이 필요하다.

(1) 시민참여형 복지의 정의와 공동생산 구조

시민참여형 복지는 주민과 서비스 이용자가 복지정책의 설계와 실행 과정에 직접 참여해 공동생산(co-production) 구조를 형성하며, 이를 통해 정책 과정에 당사자의 목소리를 반영하고 권리를 보장하며, 현장 중심의 실질적 문제 해결과 복지서비스의 질적 향상을 도모하는 것을 목표로 한다(Arnstein, 1969).

(2) 복합적 사회문제 대응과 참여의 필요성

기후위기, 재난, 돌봄 공백 등 복합적 사회문제는 한 기관이나 정부의 노력만으로 해결이 불가능하기 때문에 다양한 이해관계자의 참여와 협력이 필수적이며, 이를 통해 문제 해결의 실질성과 정책의 지속가능성을 높이고, 사회적 합의를 바탕으로 실현 가능한 대안을 마련해야 한다(임완섭 외, 2023).

(3) 취약계층 참여와 현장 중심 개선방안

특히 아동, 장애인, 고령층 등 취약계층 당사자의 직접 참여는 정책의 실효성을 높이는 핵심 요소로, 당사자의 경험과 요구를 정책에 반영함으로써 현장의 실제 문제를 해결하고, 단순한 공급자 중심 복지를 넘어 수요자 중심의 실질적 개선방안을 마련해야 한다(송아영, 2023).

2) 시민참여형 복지의 실천 전략

시민참여형 복지는 개념적 차원을 넘어 다양한 실천 전략을 통해 구체적으로 실현될 때 효과를 발휘한다. 이를 위해서는 제도적 기반 마련, 참여 채널의 다양화, 그리고 지역 중심의 협력체계 구축이 필요하다.

(1) 사회적경제 협력을 통한 돌봄과 경제 활성화

사회적경제조직과의 협력은 주민이 지역 내 돌봄 서비스를 직접 운영하고 참여함으로써 일자리 창출과 경제 활성화를 동시에 실현하며, 공동체 기반의 지속가능한 돌봄 체계를 형성하는 실천 전략이다(보건복지부, 2020).

(2) 주민참여 예산제 및 협의체 제도화

주민참여 예산제와 협의체 운영은 주민이 복지계획과 예산 편성 과정에 참여해 지역의 문제를 직접 논의하고 정책 우선순위를 결정하며, 이를 제도화해 실질적인 참여 권한을 보장하는 구조로 발전시켜야 한다(임완섭 외, 2023).

(3) 온라인 플랫폼과 디지털 참여 확대

온라인 플랫폼과 디지털 기술은 시간과 장소의 제약 없이 다양한 시민의 의견을 폭넓게 수렴하는 창구로 기능하며, 이를 통해 복지정책의 민주성과 투명성을 높이고, 시민의 목소리를 정책에 반영할 수 있는 참여 기반을 마련한다(보건복지부, 2024).

3) 해외 사례와 시사점

해외는 다양한 시민 참여형 복지 모델을 운영하며, 정책 설계 · 실행 과정에서 주민 참여를 보장하고 있다. 이러한 사례는 한국형 모델 개발의 참고 자료가 되며, 디지털과 오프라인을 결합한 참여 시스템의 필요성을 강조한다.

(1) 영국 시민예산회의의 주민 참여 모델

영국의 '시민예산회의'는 주민들이 복지 예산의 우선순위를 직접 결정하는 참여 모델로, 단순 의견 수렴을 넘어 실질적인 의사결정 권한을 부여하고, 참여 거버넌스의 실효성을 높이는 중요한 사례로 주목받는다(Arnstein, 1969).

(2) 덴마크 시민 패널을 통한 참여적 의사결정 제도화

덴마크는 복지정책 수립 과정에서 시민 패널을 운영해 다양한 주민의 의견과 경험을 정책에 반영하며, 이를 공식 제도로 운영함으로써 민주적 거버넌스 실현과 정책의 정당성을 강화하는 데 기여하고 있다(송아영, 2023).

(3) 한국형 참여채널 개발의 필요성

한국은 해외 사례를 참고해 온라인 플랫폼 등 디지털 기반 참여 채널과 지역 회의나 공청회 등 오프라인 참여 방식을 결합한 복합형 시민참여 모델을 개발해 실질적 참여 보장과 다양한 의견 반영을 동시에 실현할 필요가 있다.

5. 한국형 지속가능 복지체계의 재구성

한국 사회는 고령화, 저출산, 기후위기라는 복합적 위기 상황 속에서 기존 복지체계의 지속가능성에 대한 근본적인 재구성을 요구받고 있다. 특히 시민참여형 복지모델의 확대와 함께, 복지정책 전반의 구조적 개편이 필요하다.

1) 한국 복지체계의 지속가능성 문제

한국 복지체계는 고령화, 저출산, 기후위기 등 복합적인 사회변화 속에서 구조적 한계를 보이며, 재정 부담과 사각지대 문제가 지속되고 있다. 이를 해결하기 위해서는 제도 전반의 재검토와 새로운 대응 전략이 필요하다.

(1) 고령화 · 저출산과 재정 부담 심화

고령화와 저출산으로 복지 수요는 빠르게 증가하는 반면, 재정 지출의 지속적 확대는 국가 재정의 부담을 가중시키고 미래 세대의 부담으로 전가될 위험을 높이며, 이에 따른 지속가능성 위기를 초래하고 있다(한겨레, 2025).

(2) 소득보장제도의 사각지대 문제

기초연금과 국민연금 등 주요 소득보장제도는 제도의 설계와 수급 기준의 제한으로 인해 여전히 사각지대가 발생하며, 특히 저소득층, 비정규직, 여성 등 취약계층이 충분한 지원을 받지 못하는 문제는 복지 형평성을 해치는 심각한 한계로 지적된다(김현정, 2023).

(3) 기후위기 대응체계의 미비

기후위기, 재난 등 사회적 위협에 대응하기 위한 복지체계는 여전히 미비하며, 특히 폭염, 산불, 집중호우 등의 자연재난에서 고령자와 저소득층의 피해가 집중되는 현실은 기존 복지제도의 한계를 드러낸다.

〈사례 13-1〉 찾아가는 복지 서비스 도입– 현장 전달력 부족 문제

올해 온열질환자가 전년 대비 2.5배 증가했으며, 사망자도 2.7배 늘었다. 고령자와 저소득층이 폭염에 가장 취약하며, 에너지 바우처 지원에도 수급 누락과 정보 접근성 문제로 실효성이 떨어진다는 지적이 있다. 정부는 찾아가는 복지 서비스 도입을 시도하지만 여전히 현장 전달력 부족 문제가 남아 있다(매일일보, 2025.07.21)

〈사진 13-1〉

출처: 매일일보(2025.07.21). **온열질환자 사망자 전년 대비 2.7배… 폭염에 '고령자 · 저소득층' 직격탄**, https://www.m-i.kr/news/articleView.html?idxno=1263297&utm_source=chatgpt.com

〈사례 13-2〉 기후적응형 통합 복지 모델 -제도화

2025년 7월, 경기도 가평 등 중부 여러 지역에 기록적 집중호우가 내리며 최소 17명의 사망자와 다수의 실종자가 발생했다. 극한호우의 영향으로 도로 침수, 산사태, 반지하 주택 침수 등이 발생했으며, 특히 고령자 · 반지하 거주자 · 장애인 등 사회적 취약계층이 피해에 집중되었다. 이 사례는 복지 전달체계의 긴급 대응 역량 부족과 재난 대응의 사각지대를 드러내며, 기후적응형 통합 복지 모델의 시급한 제도화를 요구한다(경향신문, 2025.07.21)

〈사진 13-2〉

출처: 경향신문(2025.07.21). 우리가 알던 상식은 끝났다… '상시 재난 시대'를 사는 법. 경향신문. https://www.khan.co.kr/newsletter/cube/article/202507210701071

2) 재구성을 위한 정책 제언

한국의 복지체계는 고령화, 저출산, 기후위기 등 복합적인 사회 변화에 대응하기 위해 구조적 개편이 필요하다. 이를 위해 재정 안정성, 형평성, 지속가능성을 높이는 종합적 정책 접근이 요구된다.

(1) 연금개혁과 다층소득보장체계 전환

연금개혁과 다층소득보장체계로의 전환은 고령화로 인한 재정 부담을 완화하고 사회안전망의 지속가능성을 확보하기 위한 필수 과제로, 이를 위해 기금 운영의 안정성과 공정성 확보를 위한 법제화와 사회적 합의 형성이 필요하다(mohw.go.kr, 2023).

(2) 취약계층 중심 소득보장 및 돌봄 통합

취약계층 중심의 소득보장과 돌봄서비스의 통합 제공은 중복과 누락 없는 맞춤형 지원 실현과 수요자 중심의 복지체계 구축을 목표로 하며, 특히 고령층, 장애인, 저소득층의 생활 안정과 복지 사각지대 해소를 위한 핵심 전략이다(임완섭 외, 2023).

(3) 복지재정 전략의 다변화

복지재정의 지속가능성을 확보하기 위해서는 전통적 세수 중심 방식에서 벗어나 사회적 가치 투자, 사회적 금융 활성화, 친환경 세수 확대 등 다양한 재원 조달 전략을 모색하고, 이를 통해 안정적이고 지속가능한 복지재정 기반을 마련해야 한다(송아영, 2023).

6. 기후위기와 사회복지의 통합적 대응방안

지속가능한 복지체계의 구축은 단순한 정책 개편을 넘어, 기후위기라는 복합적 사회문제에 대응하는 통합적 관점이 요구된다. 이에 기후위기와 사회복지의 접점을 중심으로, 통합적 대응 방안을 모색해본다.

1) 복지와 기후위기의 접점

기후위기는 단순한 환경 문제를 넘어 사회적 불평등과 취약계층의 생존권에 직접적인 영향을 미치는 복합적 위협이다. 이에 따라 사회복지 정책은 기후위기 대응과 연계해 예방, 대응, 회복의 전 단계에서 통합적 전략을 마련해야 한다.

(1) 사회적 불평등과 기후위기의 악순환

기후위기는 단순한 환경 문제가 아니라 자연재해, 폭염, 홍수, 식량위기 등 다양한 위험 요인을 통해 사회적 불평등을 심화시키며, 특히 저소득층, 고령자, 장애인 등 취약계층의 생활 안정과 생존권을 위협하는 복합적 위험 요소로 작용한다.

〈사례 13-3〉 정의로운 기후전환과 재난 대응의 구조적 개혁필요성

> 2025년 7월 집중호우로 전국적인 피해가 발생하자, 녹색당은 이를 단순한 장마가 아닌 기후위기의 결과이자 불평등한 재난 구조의 문제로 지적했다. 침수와 붕괴 피해는 주로 반지하 · 노후주택 등 취약계층 거주지에 집중되었고, 이는 기후재난이 사회적 약자에게 더욱 가혹하게 작용함을 보여주는 사례다. 이에 따라 정의로운 기후전환과 재난 대응의 구조적 개혁필요성이 제기되었다(이로운넷, 2025.07.18)

〈사진 13-2〉

출처: 이로운넷(2025.07.18), 전국 폭우 피해에 "장마가 아닌 기후위기…불평등한 재난 구조 바로잡아야",
https://www.eroun.net/news/articleView.html?idxno=59751&utm_source=chatgpt.com

(2) 적응력의 격차

취약계층은 재난 발생 시 주거지와 생활환경의 열악함, 건강상 취약성, 사회적 지원 부족 등으로 인해 재난 노출 빈도가 높고 회복력은 낮으며, 이로 인해 기후적응력의 격차가 심화되고 복지정책의 사각지대 문제가 지속된다(박지수 & 임철희, 2023).

(3) 예방-대응-회복의 연계 전략

사회복지 시스템은 기후위기로 인한 피해를 최소화하기 위해 예방-대응-회복의 단계별 연계전략을 마련해야 하며, 이를 통해 사전 위험 예측과 대비, 재난 발생 시 긴급지원, 피해 후 회복지원까지 통합적이고 지속가능한 지원 체계를 구축해야 한다(임완섭 외, 2023).

2) 통합적 정책 설계 방향

기후위기로 인한 사회적 불평등과 재난 피해를 최소화하기 위해서는 단편적 대응을 넘어 통합적이고 체계적인 정책 설계가 필요하다. 이를 위해 건강권 보장, 법·제도 정비, 사회적 협력 체계 구축이 핵심 과제로 제시된다.

(1) 건강권과 심리회복 지원

재난취약계층의 건강권을 보호하고 심리회복을 지원하기 위해서는 위기 발생 시의 응급대응뿐만 아니라 장기적 회복까지 고려한 포괄적 지원체계를 강화해야 하며, 이를 통해 재난 이후의 삶의 질 향상과 사회적 불평등 해소를 실현해야 한다(김동진, 2024).

(2) 사회보장의 기후 적응성 강화

기후위기 대응을 위한 사회보장제도의 환경 적응성을 높이기 위해 법·제도 정비가 필수적이며, 이를 통해 복지정책이 환경 변화에 유연하게 대응하고, 재난 상황에서도 안정적인 보호와 지원이 가능하도록 체계적인 기반을 마련해야 한다(임완섭 외, 2023).

(3) 협력적 거버넌스 구축

기후위기 대응은 한 기관이나 주체만의 노력으로는 불가능하므로, 시민사회, 공공기관, 민간 부문이 함께 참여하는 사회적 연대와 협력 기반의 거버넌스를 구축하고, 이를 통해 지속가능한 기후복지체계를 실현해야 한다(송아영, 2023).

3) 사회복지학의 새로운 과제

기후위기와 복지의 접점이 확대됨에 따라 사회복지학은 기존 틀을 넘어 기후위기 대응, 불평능 해소, SDGs(Sustainable Development Goals) 연계 등 새로운 연구와 실천 과제를 탐색하고 이를 통해 학문과 현장 실천의 변화를 주도해야 한다.

(1) 학문과 정책 실천의 연계

기후위기 불평등 연구는 단순한 학문적 논의를 넘어 실제 정책 실천과 연결되어야 하며, 이를 위해 사회복지학은 재난, 건강, 돌봄, 주거 등 다양한 분야와의 교차 영역 연구를 활성화해 실질적 문제 해결에 기여해야 한다(임완섭 외, 2023).

(2) 사회복지사의 역할 전환

기후정의 실현을 위해 사회복지사는 단순한 서비스 제공자를 넘어 기후위기로 인한 불평등과 사회적 위험에 대응하는 적극적인 권리옹호자이자 현장 실행자로서의 역할을 재정립하고, 이를 위한 전문성 강화와 실천 전략을 마련해야 한다(이태혁, 2023).

(3) 지속가능발전목표(SDGs) 연계 교육혁신

사회복지학은 기후위기 대응과 지속가능발전목표(SDGs) 달성을 위해 교육과정과 실천 현장을 혁신해야 하며, 이를 통해 환경, 사회, 경제의 통합적 관점을 반영하고, 차세대 사회복지사의 역량 강화를 위한 교육혁신 모델을 개발해야 한다(UNEP, 2023).

7. 미래 사회복지 혁신의 전망과 과제

기후위기, 기술 발전, 초고령사회 등 급변하는 환경 속에서 사회복지는 기존의 틀을 넘어선 혁신과 재구조화를 요구받고 있다. 이 장에서는 이러한 변화 속에서의 미래 전망과 과제를 구체적으로 제시한다.

1) 미래 사회복지의 변화 전망

미래 사회복지는 기술 발전, 기후위기, 초고령사회 등 복합적 변화 속에서 혁신적 대응이 필요하며, 이를 통해 복지정책의 지속가능성과 사회적 포용성을 높여야 한다. 기존 체계를 넘어서는 새로운 패러다임과 실천 전략이 요구된다.

(1) 기술과 복지체계의 재편

기술 발전은 복지 전달 방식에 큰 전환을 요구하며, 이는 서비스 접근성과 질을 향상시킬 수 있는 기회이자 기존 체계의 한계를 드러내는 계기가 되며, 디지털 전환에 따라 복지행정의 신속성과 투명성 또한 크게 강화될 수 있다.

(2) AI와 데이터 기반 복지의 부상

AI와 빅데이터를 활용한 예측 중심의 복지는 위기가구 조기 발굴, 맞춤형 지원 제공 등 복지의 선제적 대응을 가능하게 하며, 복지정책의 전략성과 효율성을 크게 향상시킬 뿐만 아니라 복지서비스의 과학적 근거와 정책 신뢰도 제고에도 기여할 수 있다.

(3) 통합적 지속가능성 관점의 필요

복지는 더 이상 사회적 약자 보호에 국한되지 않고, 환경 · 경제 · 사회가 통합된 지속가능성의 관점에서 설계되어야 하며, 장기적 대응 전략이 요구되며 이는 기후위기 · 경제불안 · 사회불평등 등 복합위기 대응의 핵심 프레임이 되어야 한다.

2) 기술과 사회복지의 융합 과제

미래 사회복지는 데이터, AI, 디지털 기술의 융합 속에서 새로운 혁신의 전환점을 맞이하며, 이를 복지 현장에 효과적으로 접목하기 위한 전략적 접근과 사회적 신뢰 확보가 필요하다.

(1) 데이터 기반 서비스 혁신

디지털 기술은 복지서비스를 개인화하고, 복잡한 사회문제를 예측·분석하여 효율적인 정책 대응을 가능케 한다. 이를 통해 예방 중심 복지로의 전환이 가능하며, 실시간 데이터 기반 의사결정을 통해 위기 대응의 속도와 정확도를 향상시킬 수 있다.

(2) 개인정보 보호와 디지털 불평등

기술 활용이 특정 계층에 집중되지 않도록 정보 보호, 알고리즘의 공정성 확보, 디지털 접근성 향상이 병행되어야 하며, 이는 복지의 신뢰성과 포용성을 좌우한다. 동시에 디지털 소외계층에 대한 교육 및 접근성 강화 정책이 병행되어야 기술 복지의 형평성이 실현된다.

(3) 법·제도 기반의 기술 신뢰 구축

기술 혁신은 법적 기반, 시민 참여, 공공성 강화와 함께 추진되어야 하며, 사회적 수용성과 책임성을 확보하는 방향으로 제도화가 필요하다. 이를 위해 기술 윤리 기준 마련과 함께 공공의 투명한 감시체계가 구축되어야 한다.

3) 기후위기와 복지의 통합적 대응

기후위기는 단순한 환경 문제가 아닌 사회적 약자와 취약계층에게 불평등한 영향을 미치는 복합적 위협으로, 이에 대응하는 복지정책은 새로운 패러다임으로의 전환이 필요하다. 기후위기 대응과 복지정책의 통합은 미래 사회복지의 핵심 과제로 주목받고 있다.

(1) 기후적응 기반 복지체계 구축

기후위기에 대응하기 위해 복지정책은 재난위험 관리와 복지서비스를 통합하여 취약계층 보호에 실질적 효과를 거둘 수 있는 체계를 갖추어야 한다. 이를 위해 건강, 주거, 소득 등 기초생활 영역에 대한 기후위기 대응 매뉴얼과 지역 맞춤형 적응 전략이 필요하다.

(2) 단계별 연계 대응 체계 마련

위기 발생 전 예방, 위기 중 긴급지원, 사후 회복지원까지 연계된 시스템을 구축하여 기후재난의 피해를 최소화하고 대응 역량을 강화해야 한다. 특히 사회복지 전담 인력과 재난 대응 조직 간의 유기적 협력 체계를 구축해 신속성과 지속성을 높여야 한다.

(3) 사회 · 경제 · 환경 통합 접근

복지는 환경적 지속가능성과 사회경제적 불평등 해소를 아우르는 새로운 통합 정책으로 발전해야 하며, 이는 향후 복지 패러다임의 핵심 축이 된다. 이를 통해 복지는 단순한 보전이 아닌 미래세대의 삶의 질을 보장하는 적극적 기후정의 실현 수단이 되어야 한다.

4) NPO와 사회적경제의 역할 강화 필요성

NPO와 사회적경제조직은 공공과 시장의 한계를 보완하며 지역 중심의 복지 서비스를 제공하고, 사회 문제 해결을 위한 중요한 파트너로서 주목받고 있다. 이들의 역할은 지속가능한 복지체계 구축과 사회적 연대 강화의 핵심 축으로 평가된다.

(1) 지역 기반 돌봄과 거버넌스 주체화

NPO와 사회적경제조직은 지역 돌봄, 사회서비스 제공, 참여형 거버넌스 실현의 핵심 주체로서 중요한 역할을 담당하며, 이를 통해 지역사회의 자생력 강화와 복지 서비스의 지속 가능성을 함께 실현해야 한다.

(2) 역량 강화와 공공 지원 확대

이들의 역량 강화와 공공 지원, 혁신 네트워크 구축은 지속가능한 복지체계 발전의 필수 조건이며, 이를 통해 지역 중심의 문제 해결과 사회적 연대 강화를 동시에 이루어야 한다.

(3) 공동책임 기반 협력 모델 정착

정부-민간-시민사회 간 파트너십을 통해 사회문제 해결의 공동 책임 구조를 강화해야 하며, 이를 통해 다양한 이해관계자가 참여하는 협력 모델을 구축해 복지의 실효성과 지속성을 확보해야 한다.

8. 지속가능한 복지 실현을 위한 제언

앞서 살펴본 모든 논의를 종합하면, 사회복지 실패 사례는 단순한 과거의 오류가 아니라 더 나은 미래를 위한 학습의 기회가 된다. 이제는 이를 교훈 삼아 지속가능한 복지체계로의 전환을 위한 전략과 실천 과제를 정리해보고자 한다.

이를 위해 다음과 같은 3대 전략을 제안한다.

1) 제도 개혁과 평가 체계 강화

(1) 정책의 구조적 문제를 진단하고 지속적 모니터링과 피드백 시스템을 구축하여 복지정책의 효과성을 높여야 한다.

(2) 반복적 실수를 방지하기 위한 순환형 정책평가체계(Plan-Do-See-Feedback)를 제도화할 필요가 있다.

2) 사회적 약자 중심 맞춤복지 설계

(1) 수요자 중심의 맞춤형 서비스 설계를 통해 복지 사각지대를 해소해야 하며, 특히 고령자, 장애인, 여성, 저소득층 등에게 적합한 통합지원체계를 강화해야 한다.

(2) 지역사회 특성과 개별 욕구를 반영한 데이터 기반 사례관리 시스템 구축이 필요하다.

3) 공공-민간-시민사회 협력 기반 강화

(1) 공공기관, 민간, 시민사회가 함께 참여하는 통합 협력체계를 구축하여 정책 실행의 효과성과 신뢰성을 확보해야 한다.

(2) 정보 공유, 공동 목표 설정, 상호 책임의 원칙을 통해 사회적 자원을 최대화하는 협력 모델이 지속가능한 복지의 핵심이 된다.

나아가 회복탄력적 사회복지체계는 단순한 복지제도의 보완을 넘어, 변화하는 사회에 능동적으로 대응하며 위기 상황에서도 지속 가능한 지원을 제공할 수 있는 유연성과 복원력을 갖춘 체계를 의미한다. 이를 위해서는 실패의 교훈을 학습자원으로 활용하고, 정책과 조직, 서비스 현장에서 이를 반영하는 지속적 혁신이 필수적이다.

마지막으로, 본 교재는 학생과 현장 실천가 모두가 함께 배우며 성장하는 학습의 장으로 기능하며, 실천과 연구를 연결하는 다리 역할을 수행함으로써 한국 사회복지의 미래 발전에 기여하는 소중한 지침서로 자리매김할 것이다.

"실패를 두려워하지 않는 사회, 배움을 멈추지 않는 복지 현장이야말로
우리가 함께 만들어가야 할 지속가능한 복지의 미래이다.
실패에서 배우고, 함께 성장하며, 더 나은 내일을 향해 나아가는 이 길에
우리 모두의 역할이 필요하다."

토론 주제 / 논의할 문제

1. 사회복지 실패 사례를 단순히 오류로 넘기지 않고, 이를 학습 자원으로 삼아야 하는 이유는 무엇이며, 이를 위한 효과적인 사례 공유와 성찰 방법은 무엇일까?

2. 회복탄력적 사회복지체계 구축을 위해 정책과 조직, 서비스 운영 방식에서 어떤 혁신이 필요하며, 특히 기후위기와 같은 복합위기 대응을 위해 어떤 구체적 방안을 마련해야 할까?

3. 데이터 복지를 통해 사각지대 해소와 맞춤형 서비스 제공의 효과를 높이는 방안을 모색하면서, 개인정보 보호와 AI 윤리 문제를 해결하기 위한 현실적 대안은 무엇일까?

4. 공공, 민간, 시민사회 간의 협력 거버넌스 구축이 왜 중요한지 이해하고, 이를 활성화하기 위해 필요한 제도적 장치와 참여 확대 전략은 무엇일까?

참 고 문 헌

강남종합사회복지관(2024). SMART 시니어 라이프디자인 모델, 디지털사회복지실천사례 공모전 수상자료집. 보건복지부.

강민영, 김교성(2024). 복지국가는 돌봄을 어떻게 위기(委棄)하는가?-돌봄의 공식화, 탈시장화, 탈젠더화에 기초한 퍼지셋 이상형 분석. **한국사회복지학, 76**(2), 159-193.

강철희, 김미옥, 연보라(2024). 비영리조직 고액모금 담당자의 성공 및 실패 경험: 개인과 조직 및 전략 요인을 중심으로. **한국사회복지행정학, 26**(4), 143-182.

강철희, 김미희, 허수연(2012). 기업 사회공헌 확대계획의 영향 요인에 대한 탐색적 연구. **보건사회연구, 32**(3), 191-220.

경기복지재단(2023). 경기도 긴급복지 지원사업 운영 실태와 개선방안 연구. 경기복지재단 정책연구보고서.

경기복지재단(2024). 경기도형 긴급복지제도 운영 실태와 개선방안 연구. 수원: 경기복지재단.

경기도청(2024). 사회복지직 공무원 이직률 및 업무환경 실태조사 보고서. 내부 비공개 자료.

경기도청 복지정책과(2024). 제5기 경기도 지역사회보장계획 2024년 연차별 시행계획(안). 경기도청.

경남교육청(2024). 2023년 감사결과보고서.

고종환(2024). 난민문제가 야기한 한국사회의 갈등양상: 프랑스의 갈등양상을 중심으로. **인문사회과학연구, 32**(4), 137-163.

과학기술정보통신부(2024). 정보격차 실태조사.

국가법령정보센터. 대한민국헌법 제34조 제1항.

국민권익위원회(2024). 공무원 대상 악성민원 실태조사 보도자료.

국토교통부(2024). 2024년 청년주거정책 실태조사.

권순애(2024). 사회복지사의 사회적 책임성 확보를 위한 제도적 접근. **한국사회복지행정학, 26**(4), 211-244.

권순애(2024). 사회복지사의 사회적 책임성 확보 일에 관한 제도적 문화기술지: 사회복지 프로그램을 중심으로. **사회복지연구, 56**(1), 85-112.

김기룡(2025). 10년 공들인 사회공헌 사업, 왜 좋은 평가를 못 받는 걸까. 더버터 오피니언. https://www.thebutter.org/news/articleView.html?idxno=1119

김나성(2024). AI 활용한 행정지원 서비스, 2024년부터 시범운용. 메디컬월드뉴스.

김석동(2024). 불평등에 관한 발전국가 모델에 대한 평가: 한국 사례. **아시아리뷰, 14**(3), 199-236.

김성기(2011). 사회적 기업의 성공요인과 내부고객만족이 기업성과에 미치는 영향. 제주대학교 대학원 석사학위논문.

김성천, 김수경(2020). 한국 사회복지현장의 비판적 실천에 관한 연구: 사회복지사의 경험을 중심으로. **한국사회복지학, 72**(4), 33-61.

김성철(2018). **사회복지경영학**. 공동체

김성철 외(2014). **프로그램개발과평가**. 양서원

김성철 외(2023). **비영리기관운영관리**. 박영사

김성철 외(2024). NPO ESG **경영론**. 양성원.

김성철 외(2024). **사회복지경영론**. 양성원.

김성철 외(2025). **비영리조직경영론**. 양성원.

김성철 외(2025). NPO**경영혁신론**. 양성원.

김성철 외(2025). **여성복지론**. 양성원.

김수연, 이지은, 박선우(2023). 민관 협력기반 복지서비스 전달체계의 구조와 과제. **사회복지정책, 50**(2), 123-150.

김수연, 최무영, 김영미(2023). 네트워크 거버넌스로서 공공기관의 사회적 책임 이해와 성공요인: 제도분석틀(IAD)을 활용한 한국보건복지인재원 사회적 책임 실천 사례분석을 중심으로. **지방정부연구, 27**(3), 85-109.

김영미(2023). 윤석열 대통령의 사회서비스 시장화 발언에 숨겨진 것들. 시사인.

김영미, 권현지(2024). 젠더불평등의 복합적 변화와 여성의 선택, 그 인구학적 함의. **경제와 사회**, 141, 42-71.

김영철(2022). 복지행정의 형식적 평등과 실질적 불평등. **사회복지정책, 49**(3), 88-106.

김윤정(2024). 공공기관 운영관리 부실 사례 분석. **한국사회복지행정학, 26**(4), 145-174.
김은영(2024). 지방공무원의 책임 부담과 행정 책임성에 관한 연구. **지방정부연구, 28**(1), 33-52.
김이배(2017). 사회복지전담공무원 인사행정 현황과 개선방안: 부산광역시를 중심으로. **한국사회복지행정학, 19**(1), 63-99.
김인영(2024). [심층분석] 정부실패, 정치실패, 국가실패. 미래한국 Weekly.
김종걸(2025). 고령화를 시대의 부채가 아니라 기회로! ①. 라이프인.
노법래(2024). 빅데이터 · 인공지능 시대, 사회복지가 해결해야 할 주요 실천 과제. 복지타임즈.
노회찬재단(2024). 자료집: 지역사회 통합돌봄(커뮤니티케어), 누가 무엇을 해야 하는가. http://www.hcroh.org/media/vision/2024/09/19/자료집_지역사회_통합돌봄_최종_240829.pdf
박강산(2024, 11월 10일). 2024년 청년 주거 실태. 대학원신문. https://gspress.cauon.net/news/articleView.html?idxno=30393
박명준(2023). 사회복지제도의 경로 의존성과 정책 실패. **복지행정논총, 40**(3), 55-79.
박상희(2023). 사회복지사 전문성 강화 방안 연구. **한국사회복지교육학회지, 25**(1), 51-76.
박정훈, 김도균(2024). 사회적 배제와 빈곤 경험에 관한 질적 연구: 호네트의 인정이론을 중심으로. **한국사회정책, 31**(3), 121-149.
박진호(2022). 사회복지 공무원의 전문성 확보를 위한 인사제도 개선 방안. **한국사회복지행정학회지, 24**(1), 45-67.
배광빈, 권남호, 손호성(2021). 인사전보 빈도 감소를 통한 공무원 조직의 안정성과 경쟁력 강화 방안. **한국행정학회**.
법제처(2024). **2024 사회복지 지침 해석 및 표준 사례집**. 정부출판센터
보건복지부(2022). '22년 5차 복지사각지대 발굴 추진. 복지로 공식 블로그.
보건복지부(2023). 2023년 사회서비스 수요 실태조사 결과보고서.
보건복지부(2025). 초고령사회와 돌봄 서비스 보고서.
성은미, 박예은(2024). 경기도형 긴급복지사업 급여개선방안 연구: 간병비 및 긴급통합지원비를 중심으로. 경기복지재단.

송다영 외(2024). 사회복지 전달체계의 효율화와 재정 지속 가능성 확보 방안. 서울: 한국사회복지정책연구원.

송다영, 백경흔, 장수정(2024). 돌봄주류화 관점에서의 저출산고령사회기본법과 기본계획의 예산추이 분석 및 평가: 저출산 부문을 중심으로. 비판사회정책, 83, 81-114.

오영삼, 이재원(2023). 광역과 기초지방자치단체 간 사회복지 사무배분과 재정분담에 관한 논의: 부산광역시 재정분담 개선 방안에 대한 제언을 중심으로. **보건사회연구, 43**(4), 194-210.

윤민석, 변금선, 문진영, 이승재(2024). 복지사각지대 유형화를 통한 사회복지서비스 개선방안(서울연구원 정책리포트 제410호). 서울: 서울연구원.

이두진(2023). 지역사회 공생성을 높이기 위한 자원개발. 서울복지교육센터. https://wish.welfare.seoul.kr/swflmsfront/board/boardr.do?bmno= 10001&bno=98044&opno=10002

이상수(2023). 「행정기본법」상 법령해석제도의 의의와 몇 가지 쟁점. 법제논단, 2023년 제9호, 법제처.

이슬이, 장백산(2024). 국고보조사업이 지방정부 복지지출에 미치는 영향. **정책분석평가학회보, 34**(2), 141-162.

이승윤, 김규혜, 강민영(2023). 복지국가 연구에서 페미니스트 제도주의의 적용과 유용성. **비판사회정책**, 78, 97-128.

이인숙(2017). 사회복지 실천현장의 신자유주의적 성과주의 역설: 사회복지사의 경험을 중심으로. **한국사회정책, 24**(1), 239-275.

이재완(2025). 사회복지 정책 집행과 전달체계의 구조적 문제와 개선 방안. **사회복지행정학보, 20**(1), 33-58.

이재완(2025). 사회복지전달체계 발전과정에서 보건과 복지영역 간 통합서비스의 변화와 한계. **한국지역사회복지학**, 92, 31-66.

이홍범(2024). 성장레짐 관점에서의 한국 복지국가 변화 분석: 고용보험제도 변화과정을 중심으로. 서울대학교 대학원 박사학위논문.

임진섭 외(2018). 사회복지 전공자의 현장실습 질 제고를 위한 제언. **사회복지교육연구**, 27(3), 45-67.

장수정, 강신원(2024). 노인돌봄정책에 기반한 ICT 활용 방향 연구: 일본, 스웨덴 사례 고찰. *Journal of Information Technology Applications & Management, 31*(6), 33-48.

장영신(2024). 한국 사회복지 지식 생산 체계의 비판적 검토: 이론 중심주의와 현장 실천의 괴리. **인간과 문화연구**, 36, 65-90.

정미경(2023). 지방공무원의 심리적 소진과 조직문화 연구. **행정문화연구, 14**(3), 63-78.

정영미(2024). 오픈액세스 학술지와 부실의심 학술지에 대한 이해. **인간과 문화연구**, 36, 1-38.

제주도청(2025). 2025년 예산 분석 보고서.

조관자(2024). AI시대 새로운 자본주의와 널리 이로운 가치의 생성: 복지공급자로서 사회연구원 되기. **한국동양정치사상사연구, 23**(2), 197-230.

조정민, 조지현, 정소영, 신차수, 김인수(2024). 포커스 그룹 인터뷰를 통한 지역사회 고독사 위험 요인 탐색. **한국생활환경학회지, 31**(6), 524-536.

참여연대(2025). 보건복지 예산안 분석 보고서.

최나실(2022). 긴급복지지원제도의 사각지대와 제도적 개선방안. 한국사회복지협의회 이슈리포트, 17호.

최성근(2024, 9월 5일). 기초생활보장제도 밀실 정책 논의, 행정예고 위반. 시사저널e. https://www.sisajournal-e.com/news/articleView.html?idxno=405567

최정숙, 김희수, 양혜원(2023). 지역사회복지관 사회복지사 소진 경험에 관한 질적 연구. **사회과학연구, 34**(4), 161-200.

최혜지(2025). 재난 위험 인식의 유형화와 지역성. **한국지역사회복지학**, 92, 133-166.

충남대학교 사회과학연구소(n.d.). 예비사회복지사의 사회복지현장실습에서의 성찰경험에 관한 질적연구.

한국보건사회연구원(KIHASA)(2022). 정신질환자 지역사회 복지서비스 연계 방안 연구. 보건복지부 정책보고서.

한국보건사회연구원(KIHASA)(2023). 복지 전달체계 혁신을 위한 대안적 고찰. Research@KIHASA.

한국보건사회연구원(KIHASA)(2023). 지역복지와 중앙-지방 협력방안 연구. 보건복지부 정책연구서.

한국보건사회연구원(KIHASA)(2024). 2023년 한국복지패널조사 통계분석보고서.

한국보건사회연구원(KIHASA)(2024). 사회복지통합관리망 개선 보고서.

한국사회복지교육학회(2024). 사회복지 교육과 전문성 위기 보고서.

한국사회복지행정연구회(n.d.). 복지자료.

한국사회복지협의회(2025). 2024년 긴급복지지원사업 안내.

한국장애인단체총연맹(2023). 2023 전국 시 · 도별 장애인 복지 · 교육 비교 조사 자료집. 서울: 한국장애인단체총연맹.

한국행정연구원(2024). 정부 부처 간 협업 활성화를 위한 의제 보고서.

함영진 외(2023). 복지 전달체계 혁신을 위한 대안적 고찰: 취약계층 발굴정책 개선을 중심으로. 한국보건사회연구원.

행정안전부(2025). 국가공유데이터 플랫폼 구축 계획.

허선, 한경훈(2023). 서울형 기초보장제도의 평가와 한계. **한국지역사회복지학**, 84, 145-175.

허선, 한경훈. (2023). 사회복지 정책의 한계와 개선방안: 정책 설계와 집행의 관점에서. **복지정책연구**, 43(2), 77-99.

현대경제연구원(2011). 사회적 기업도 기업이다: 성공 · 실패 사례와 핵심 성공요인.

홍석철(2024). 일 · 가정 양립 지원만으론 부족…저출산 해결 위해 '가족 가치' 높여야. 노동법률. https://www.worklaw.co.kr/main2022/view/view.asp?bi_pidx=37148

1코노미뉴스(2025, 7월 15일). 1인 가구 사회적 고립 여전…고독사 예방 정책 실효성 미비.

KBS 뉴스(2024, 5월 22일). 청주 일가족 사망 사건, 발달장애인 가족 돌봄 체계의 한계 드러나. https://news.kbs.co.kr/news/view.do?ncd=7969583

KBS충북(2024, 5월 22일). [무슨일 이슈] '발달장애인 사망' 2년 간 20여 건…"사회 안전망 부실" / KBS 2024.05.22.[영상]. YouTube.
http://www.youtube.com/watch?v=g2kRziIaH6I

Klog(2015). 복지사업 지방재정 부담 실태. Klog 복지칼럼.

SBS STORY(2023, 9월 24일). 늘어나는 독거노인, 증가하는 고독사! 그 원인은 바로 질병? [사피엔스클럽][영상]. YouTube.

경향신문(2025. 7. 21.). 우리가 알던 장마는 끝났다… '상시 재난 시대'를 사는 법.

나무위키(2025). 복지국가-사회복지실패학.

https://namu.wiki/w/%EB%B3%B5%EC%A7%80%EA%B5%AD%EA%B0%80

나무위키(2025). 저출산/관점-사회복지 실패학.

https://namu.wiki/w/%EC%A0%80%EC%B6%9C%EC%82%B0/%EA%B4%80%EC%A0%90

네이버 블로그(2023). 업무 혼자 배우는 '독학생 공무원'.

매일일보(2025. 7. 21.). 온열질환자 사망자 전년 대비 2.7배… 폭염에 '고령자 · 저소득층' 직격탄.

https://www.m-i.kr/news/articleView.html?idxno=1263297

법제처(2024). 지침 해석의 일관성과 책임구조 개선 방안. 행정법제 브리프, 2024년 2월호.

복지뉴스(2023, 5월 10일). 폭언 · 폭행에 노출된 사회복지 공무원들…지원은 부족.

복지뉴스(2024, 12월 11일). 강남종합사회복지관, 'SMART 시니어 라이프디자인 모델'로 보건복지부 장관상 수상.

https://www.welfarenews.net/news/articleView.html?idxno=106161

서울신문(2022, 1월 25일). 경쟁률 50대1인데 38%가 입주 포기… 허울뿐인 청년주택, 망설이는 청년들.

서울신문(2024, 5월 29일). 악성민원 방지 대책, '원점 재검토' 하라고요?.

서울신문(2024, 8월 26일). 공무중 과로사 · 자살 이젠 그만… 아픈 공무원 '직무 중단' · 공무원 주치의 제도 도입.

서울신문(2024, 8월 29일). 日 올해 상반기 고독사만 약 4만명…고령화의 그늘.

https://www.seoul.co.kr/news/international/2024/08/29/20240829500193

서울신문(2025, 3월 28일). 같은 30대, 너는 자가 나는 월세… 청년 주거 양극화.

https://www.seoul.co.kr/news/society/2025/03/28/20250328009004

소셜포커스(2023, 6월 22일). 찾아갔지만 도울 수 없었다…위기가구 발굴의 사각지대.

소셜포커스(2025, 2월 13일). [긴급진단] 장애인 탈시설 속도전 '경악'.

https://www.socialfocus.co.kr/news/articleView.html?idxno=21147

아시아투데이(2025, 4월 13일). "年 300조 쓰고도…여전한 '복지 사각지대'".

https://news.nate.com/view/20250413n13768

에이블뉴스(2025, 5월 8일). "여전히 먼 이동권 보장의 길", 장애인콜택시 해결 과제 산적.

https://www.ablenews.co.kr/news/articleView.html?idxno=221152

연합뉴스(2024, 7월 12일). 중앙-지방정부 협조 안돼…공무원 설문서 '협조적' 응답 20%대.

영광신문(2025, 3월 31일). 복지사각 독거노인 사망 닷새 뒤 발견.
https://www.ygnews.co.kr/news/articleView.html?idxno=314704

오마이뉴스(2023, 11월 15일). 복지정책 일방 시행…지자체 '현실 모른다' 반발.

이로운넷(2025, 7월 18일). 전국 폭우 피해에 '장마가 아닌 기후위기…불평등한 재난 구조 바로잡아야'.
https://www.eroun.net/news/articleView.html?idxno=59751

전주매일(2023, 9월 12일). 공무원 인수인계, 시스템 부재로 '복지공백' 우려.

전주매일신문(2024, 1월 12일). 공무원업무 인수인계 근본적인 개선 필요.

전주시의회(2023). 제344회 임시회 제3차 본회의 회의록.

조선일보(2022, 9월 12일). "복지 받는다고 손가락질"…수급자 자녀 학교서 차별 경험.

중앙일보(2023, 7월 10일). "옷 열 벌 갖고 와라"… 50만 원짜리 수상한 사회복지사 실습.
https://www.joongang.co.kr/article/25176040

중앙일보(2023, 8월 10일). 청년구직지원 예산 끊겨 사업 중단 위기.

중앙일보(2023, 8월 8일). "복지급여 잘못 분류로 민원 폭증…새내기 공무원 '멘붕'".

프레시안(2024, 9월 5일). 송파 세 모녀 사건 10주기, 여전히 해결되지 않은 복지 사각지대.

한겨레(2025). 사회서비스 접근성 기사.

한국경제(2023, 3월 8일). 청년 주거정책만 101개… "몰라서 못 쓴다".

한국일보(2023, 11월 14일). 기초연금 도입… 노동개혁 · 국정교과서 갈등.

Acemoglu, D., Johnson, S., & Robinson, J. A. (2012). *Why nations fail: The origins of power, prosperity, and poverty*. Crown Business.

Cabinet Office, UK. (2023). *Social value act and nonprofit performance evaluation*.

Eleanor Hayward, & Chris Smyth. (2025, March 13). *10,000 jobs to go as Keir Starmer abolishes NHS England*. The Times.

Greenpeace International. (2024). *Paying the Price: The cost of climate disasters for the world's poorest*. Greenpeace Briefing Paper. https://www.greenpeace.org

Kangas, O., Jauhiainen, S., Simanainen, M., & Ylikännö, M. (2020). *The basic income expe riment 2017–2018 in Finland: Preliminary results.* Reports and Memorandums of the Ministry of Social Affairs and Health, 2019:9.

Kushner, R. J. (2024). *The invisible balance sheet.* Nonprofit Quarterly.

Le Monde Africa. (2024, May 2). *In Africa, trauma from climate disasters lingers.* https://www.lemonde.fr

The Guardian. (2025, July 20). *Death toll from South Korean rains rises to 17.* https://www.theguardian.com/world/2025/jul/20/south korea rains weeks deathtoll rises to11with more missing

UNICEF. (2024). *Humanitarian Action for Children: East Africa Flood Response.* https://www.unicef.org

Yunus, M. (2010). *Building social business: The new kind of capitalism that serves humanity's most pressing needs.* PublicAffairs.

저 / 자 / 소 / 개

김성철

백석대학교 보건복지대학원장
백석대학교 대학원 NPO 경영학과 주임교수
한국평화사회복지연구소 대표
Sympson University Mission Korea Vice President
NPO NEWS President, Pneuma School President

인천발전연구원 〈인천비전 2050〉 연구위원, 한국종합사회복지관협회 자문위원, 교육위원장, 보건복지부 사회복지기관 평가위원, 한국사회복지협의회 평가위원, 한국보건사회연구원 평가위원, 사회보장정보원 평가위원, 국민건강보험공단 평가위원, 한국복지경영학회장, 한국사회갈등조정학회장, 한국표준협회 전문위원, 통일부 통일교육위원, 한국감사인연합회 운영위원, 한국사회복지역사연구회 지역사회복지사 연구위원장, 한국사회복지사협회, 한국사회복지협의회, 경기복지재단, 중앙사회서비스원, 서울사회복지사협회, 인천사협, 인천협의회, 경기, 충남, 충북, 전남, 전북, 경남, 경북, 강원, 제주협의회 특별강사, 인성교육전문지도사, 비영리마케팅전문가, NCS 전문위원

사회복지실패학

1판 1쇄 인쇄 — 2025년 8월 27일
1판 1쇄 발행 — 2025년 9월 1일

저　　자 - 김성철
발 행 인 - 강철원
발 행 처 - 양성원
주　　소 - 경기도 파주시 검산로 173번길 29-12
전　　화 - 031-946-3861(代)
팩　　스 - 031-946-3864
이 메 일 - tnwpub@naver.com
홈페이지 - tnwpub.co.kr
출판등록 - 2015년 8월 31일 제 2015-000211 호

ISBN 979-11-6126-660-2

정가 25,000원